中国法学会后期资助项目文丛

BOOK SERIES FUNDED BY CHINA LAW SOCIETY

作为共治主体的行业协会法治研究

Legal Research on
Trade Association as the Subject of Co-governance

段传龙◎著

法律出版社
LAW PRESS·CHINA
—— 北京 ——

图书在版编目(CIP)数据

作为共治主体的行业协会法治研究 / 段传龙著. --
北京：法律出版社，2023
(中国法学会后期资助项目文丛)
ISBN 978-7-5197-8115-6

Ⅰ. ①作… Ⅱ. ①段… Ⅲ. ①行业协会-组织管理-研究-中国 Ⅳ. ①F279.21

中国国家版本馆 CIP 数据核字(2023)第 138611 号

作为共治主体的行业协会法治研究
ZUOWEI GONGZHI ZHUTI DE HANGYE XIEHUI FAZHI YANJIU

段传龙 著

责任编辑 黄倩倩 杨悦芊
装帧设计 李 瞻

出版发行 法律出版社
编辑统筹 学术·对外出版分社
责任校对 杨锦华 张翼羽
责任印制 陶 松
经 销 新华书店

开本 710 毫米×1000 毫米 1/16
印张 19.75 **字数** 251 千
版本 2023 年 8 月第 1 版
印次 2023 年 8 月第 1 次印刷
印刷 北京虎彩文化传播有限公司

地址：北京市丰台区莲花池西里 7 号(100073)
网址：www.lawpress.com.cn
投稿邮箱：info@lawpress.com.cn
举报盗版邮箱：jbwq@lawpress.com.cn
销售电话：010-83938349
客服电话：010-83938350
咨询电话：010-63939796

书号：ISBN 978-7-5197-8115-6
定价：85.00 元
凡购买本社图书，如有印装错误，我社负责退换。电话：010-83938349

中国法学会后期资助项目文丛

文丛说明

为进一步落实中央《关于加强中国特色新型智库建设的意见》，充分发挥中国法学会作为党和政府联系法学法律界桥梁和纽带的作用，着力实现中国法学会作为国家法治建设领域核心智库的发展目标，为专家学者开展法学研究和成果转化提供支持，不断丰富和发展中国特色社会主义法治理论体系，中国法学会特决定设立后期资助项目，对具有重要理论和实践价值的优秀法学研究成果予以后期资助，纳入“中国法学会后期资助项目文丛”出版。2015年中国法学会后期资助项目设立以来，累计立项80余项成果，已交付出版70余部。

中国法学会研究部

2021年1月

序　言

社会组织是我国社会治理实践之中的重要主体力量，是完善与保障我国社会建设领域的重要组织基础，因此提升我国社会组织的总体治理能力，尤其是其整体法治水平，将成为构建新时代“共建共治共享”社会治理格局的关键突破口。然而在理论、实践层面，社会组织的类型纷繁复杂，各类组织的功能、性质与地位存在特定差异。因而对于不同类型的社会组织，很难在概括、抽象的普遍性层面上进行统一归纳，深入开展细致与具体的研究。为了突出研究重点，本书选择行业协会这一社会组织的典型代表作为研究对象，力图对其在立法、执法、司法等治理过程中所面临的法治困境予以全面阐述，并尝试结合本土经验给出相应的制度解决对策。

从整体来看，目前我国行业协会治理的制度发展环境仍然不够完善，行业协会治理实践中的立法、执法与司法的监管水平仍待提高。在治理实践的过程中行业协会不仅要接受行业主管部门的监督管理，也享有制定行业自治规范、开展行业管理以及惩治行业违法行为等多项公共管理权力，因而在治理者与被治理者的角色切换当中也随之产生了多种法律问题。当下我国针对行业协会的研究仍较多局限于政治学、历史学以及公共管理学等领域，缺乏从法学尤其是行政法学的研究视角对其在成立、运行以及注销等各个实践治理环节所面临的法治困境进行一次全面的实证分析与总结，从而梳理出当下我国行业治理中所存在的真实法治问题的研究。因此，本书从规范公权力、保障私权利的公法视角出发，以行业协会作为贯穿全文的研究对象，立足于考察和分析其在参与社会治理过程中所面临的困境与挑战，并在充分总结国内外行业协会治理的历史经验基础上尝试提出行业治理制度改革的本土性回答，以期从法学层面为打造中国特色社会组织管理体制、新时代“共建共治共享”社会治理格局作出应有的学术贡献。

在此书稿即将出版之际，本人特此感谢我的博士生导师、学术的领路人谭宗泽教授，感谢在读博期间他对我学术论文写作的指导和批评。感谢我的博士后导师、学术的引路人李林教授，感谢他对我学术发展和前进过程中的关怀与栽培。感谢付子堂教授、汪太贤教授、周尚君教授、翟国强教授、王学辉教授、曾哲教授、刘艺教授、喻少如教授、王勇教授、李勇教授等各位师长对此文稿提出的多项宝贵建议。鉴于本人才疏学浅，此书对于我国行业协会的法治研究探讨仍然存在多项不足，烦请学界同人不吝批评指教。

于北京市海淀区大有庄 100 号

2021 年 9 月 16 日

目　　录

Contents

引　言

法治社会是构筑法治国家的基础，法治社会建设是实现国家治理体系和治理能力现代化的重要组成部分。卡尔·马克思（Karl Marx）曾断言，社会需要通过公社的形式将国家政权重新收回，从而将国家统治社会、压制社会的力量变为社会本身充满生气的力量，进而获得人民群众真正意义上的社会解放。[①] 并且他还在《共产党宣言》中提出，共产主义不会剥夺任何人占有社会产品的权力，而只会剥夺利用这种占有去奴役他人劳动的权力，真正的资本是一种社会力量而非个人力量。[②] 深入考察我国的社会治理创新领域，党的历届代表大会屡次提出保障社会组织参与，构建多元化主体治理格局以及释放社会治理整体活力等核心议题。因而展望我国未来的社会治理改革，只有更好地统筹社会力量、平衡社会利益、调解社会关系、规范社会行为，扩大社会组织参与的深度与广度才能从最大层面上促进社会资本的有效积累，实现国家的长远发展和复兴。

与此同时，为了更好地服务人民，加快构建新时代“共建共治共享”的社会治理格局，建设人人有责、人人尽责、人人享有的社会治理共同

---

① 参见［德］马克思、［德］恩格斯：《马克思恩格斯选集》（第3卷），中共中央马克思恩格斯列宁斯大林著作编译局编译，人民出版社2012年版，第138～144页。

② 参见［德］马克思、［德］恩格斯：《马克思恩格斯选集》（第1卷），中共中央马克思恩格斯列宁斯大林著作编译局编译，人民出版社2012年版，第415～416页。

体，全国各级政府也在不断深入推进“简政放权”“放管服”“行业协会直接登记”“行政机关同行业协会脱钩”等组织机构改革。可见在新时代我国社会治理创新的过程当中，党和政府始终都是为了实现3个核心目标，即社会主体治理能力和水平的提高、社会权力与职能的培育和保障，以及国家与社会在实现权能分工层面的高效合作。因此，新时代要实现我国人民自由而全面的发展，就需要通过科学、系统、有效的制度性建设，逐步让国家权力与社会权力实现平衡，让个人力量有效整合于社会组织，让社会组织协同、规范地助力于中华民族伟大复兴。

一、选题的背景和意义

在当下，我国社会的主要矛盾已经从党的十一届六中全会提出的“人民日益增长的物质文化需要同落后的社会生产之间的矛盾”转化为党的十九大提出的“人民日益增长的美好生活需要和不平衡不充分的发展之间的矛盾”。而从“物质文化需要”到“美好生活需要”，从“落后的社会生产”到“不平衡不充分的发展”这两大核心变化可以看出，人民正在对当下社会治理的服务供给与整体效能提出更高的要求。因此，在新时代背景下我国社会治理的改革与创新首先应关注以下四大方面的宏观问题。

第一，社会治理应当更加高质高效，实现精细化与专业化治理。随着我国新时代经济基础的不断增强与物质资料的极大丰富，人民的生活需求已经不仅停留在基础性的物质文化层面，更高层面的权利诉求也在大幅扩张及日益丰富，如要求获得更多的政治权利、社会经济权利、环境保护权利以及精神文化自由等。因此，为了有效回应人民群众在新时代更为多元化的美好生活需求，提升全民的整体福利水平，国家权力不能再粗放式地大包大揽，而应在两大方面作出调整：首先，政府应主动革新自身治理的方式与理念，应更多强调同社会组织的分工与合作，更多采用以行政指导为代表的“软性”治理方式和措施，即在社会治理的过程中，政府除了行使处罚、许可、强制、征收等传统行政权力以外，给付、服务甚至福利行政等其他治理方式应逐步得到更大范围的运用。其次，国家权力要适当“松绑”，要重新统筹和配置社会治理过程中的权力组织结构与权利义务关系，赋予不同专业领域的社会主体更多的治理权能，从而保障其在不同行业领域能够发挥其独特的治理功能与作用。如此不仅能在具体层面及时回应不同职业、行业、阶层人民群众的需求，也能从宏观层面为政府治理减压，促进社会治理和谐有序。

第二，打破单一治理主体的不平衡格局。中国社会治理的核心理念是“以人民为中心”，一切治理的创新与改革都应以实现为人民提供高效、优质的公共服务为目标。而这里的“人民”指向的是不同行业、不同职业以及不同阶层的14亿中国人民。由于其庞大的人口规模，相互之间的权益诉求具有各自的特殊性与差异性，因而需要各类社会组织发挥功能作用，通过各种形式和途径参与管理国家事务、经济文化事业、社会事务，积极助力、参与、协调党和政府完善社会治理工作。确保社会治理创新实现全过程人民参与，成效人民评判，成果人民共享。与此同时，面对庞大的社会治理任务与公民不断扩张的经济、文化和权利诉求，如完善社会保障体系、预防社会风险、化解社会矛盾、保护生态环境、帮扶地区脱贫攻坚以及促进民族宗教和谐等，仅仅依赖以政府为代表的国家权力已难以有效、及时、有针对性地处理所有社会治理事项及回应所有的具体需求。因此，尽管国家在治理过程中长期占据着举足轻重的地位和影响，但我国需重视社会权力的制度领域，不断扩充社会治理的主体类型，保障多元社会主体的合法地位，释放和调动社会发展活力，在政府负责的前提下实现其与政府在回应公民权益诉求方面的高效协作。

第三，明晰社会治理主体的权责内容与边界。新时代的社会治理创新需要实现制度化、规范化、程序化、法治化等目标，推进社会组织明确权责、依法自治、发挥作用。目前，我国行政法的制度构建主要依据“法无明文规定不可为”的行政主体理论，关注的是以行政机关为核心的国家公共行政领域，解决的是如何规范行政机关的组织设置与权力运作的问题。这就导致了无论从学理还是实践层面，社会主体的权责问题一直缺乏关注，并且“社会权力”尤其是中国特色的社会权力问题在制度定位上也存在概念不明、内容不清以及界限模糊等多方面的理论困境，同时也间接导致了社会组织在实践发展过程中产生了独立性欠缺、治理能力不足以及角色定位认知不清等多种问题。

需要特别明确的是，不同于西方宣扬的“做事最少的政府就是最好的政府”这一“有限政府”理论，我国社会治理的实践更需要“有为政府”。中国面临完全不同的国情，拿着西方社会治理的标尺来衡量中国当下社会治理的实践是值得警惕的。在中国社会公共治理的实践当中，政府一直是社会、经济、市场活动的主导者和统筹者，因而人民群众的利益诉求要想得到充分实现，在将“权力关进制度的笼子里”的限权措施之外，完善公权力的激励机制从而保障政府积极履职同样非常重要。我国的政府治理权力虽然需要得到规范与监督，但应当是在保障其治理主导地位与充分授权前提之下的规范与监督，否则各地方国家机关工作人员会由于治理手脚被过分束缚而长期秉持“多为多错”“为官不为”的惯用思维，最终受损的还是广大人民群众的利益。本书认为，在新时代社会治理格局构建的过程当中，党的领导与政府负责的前提应当始终坚持，“大政府—小社会”的结构模式应当坚定执行，政府公权力的积极作用应当予以承认。但党、政府、行业协会三者的权责界限应当从制度上予以明确，国家权力与社会权力之间应当有所区分并且合理分工，社会主体在特定领域的专业性、事务性、技术性等方面的特定治理功能需要得到制度上的保障与认可，以行业协会为代表的社会组织的权责问题也应得到明确落实和界定。只有如此，实践中多元化的社会主体力量才能有序、高效、深入地参与新时代的社会治理工作。

第四，我国对于行业协会治理的法治困境问题缺乏从当下立法、执法、司法等层面开展全面分析与梳理的实证研究方法，也缺乏对中国古代、近代等时期行业协会、社会团体治理的法治经验总结，导致现阶段行业协会治理的中国制度改革缺乏本土特色的创新方案。实践中由于行业协会在我国社会治理的过程中同时充当了被治理者与治理者的双重角色，本书尝试提出如下问题：其一，行业协会在被治理（作为行业主管部门的相对人）的过程中，其权利保障的水平如何？现有立法是否在治理行业协会层面具有系统性与可操作性？是否赋予了行业主管部门科学合理的法定管理权限？行业主管部门的执法能否满足合法行政与合理行政的标准？司法机关在面对相关争议诉讼时能否对行业主管部门的管理权力发挥有效的监督功能？其二，在行业协会作为治理者（行业成员或其他利害关系人作为相对人）的过程当中，其内部治理能力与权力规范的水平如何？行业内部治理的规范依据是否健全？行业自治规范、业务标准是否合法合规、程序完善？行业内部治理的组织机制是否成熟？实践中行业主管部门是否存在不当介入与干涉行业内部治理的情形？行业协会违法侵犯其成员权利时的救济机制是否完善？而上述多项疑问都需要研究人员收集充分的立法规范文本、行业主管部门的执法案例、行业争议诉讼的司法判例以及行业协会的内部治理章程才能真正解答，否则所有问题的提出都是“假问题”，所有的回答也是缺乏事实依据的。为了给出有针对性的对策建议，本书收集了近200个司法判例、200余个执法案例、200余个相关法律法规和行业内部章程作为佐证。除此之外，在全面归纳、梳理与总结上述实践问题后，基于本土的行业治理经验，我国又应当提出何种具有中国特色的制度解决方案？回溯历史过后，可以发现中国古代、近代（以民国时期为代表）以及中华人民共和国成立初期，全国范围内行业协会已经产生并有所发展，行业协会的管理规范也有所构建。这就需要我们反思：上述3个时期我国是如何治理行业协会的？这3个时期有何可供总结与反思的本土性制度经验？目前我国学术界同样对此领域缺乏深入的探讨和细致的总结。除上文所述的相关反思，本书的选题还受到了以下几方面内容的实践启发与深刻影响。

（一）我国社会组织的飞速发展

现代社会的文明开放保障了公民拥有更多的财富盈余和时间，更多自主选择的机会与能力。随着市场经济的发展与利益格局的变化，各类新兴的专业职业群体，如创业、技术、管理以及自由职业人员以社会组织为依托出现在了慈善救助、商业协会、社区服务、学术团体等多个行业领域中，他们掌握了越来越多的生产资料、资本与财富，并且正以一种自由活跃的主体角色走上自治性、规范性、组织性的社会化道路，投身到新型的现代社会关系网络之中，带动了各类社会组织和公益事业的蓬勃发展，组成了新时代各行各业的社会新阶层。同时新时代宪法修改、“五位一体”总体布局以及“共建共治共享”的治理目标也为我国社会组织的发展提供了制度环境、战略框架以及行动指南，国家逐渐规范公民的结社自由标准，民众的公益精神与公共责任意识也在不断增强，大量的社会组织开始涌现。根据民政部的官方数据统计，自 2014 年至 2021 年的 7 年间，我国社会组织的数量规模正以较高的增长速度迅速扩张（除去 2020 年、2021 年，整体增速有所下滑，见图 0－1），其总体数量已由 2014 年的 60.6 万个增长到 2021 年的 90.2 万个。[①] 现已发展成为一股不可忽视的组织主体与治理力量。

① 参见我国 2013 年至 2021 年《民政事业发展统计公报》，载中华人民共和国民政部官网（民政数据栏目）2023 年 2 月 1 日，https：//www.mca.gov.cn/article/sj/。

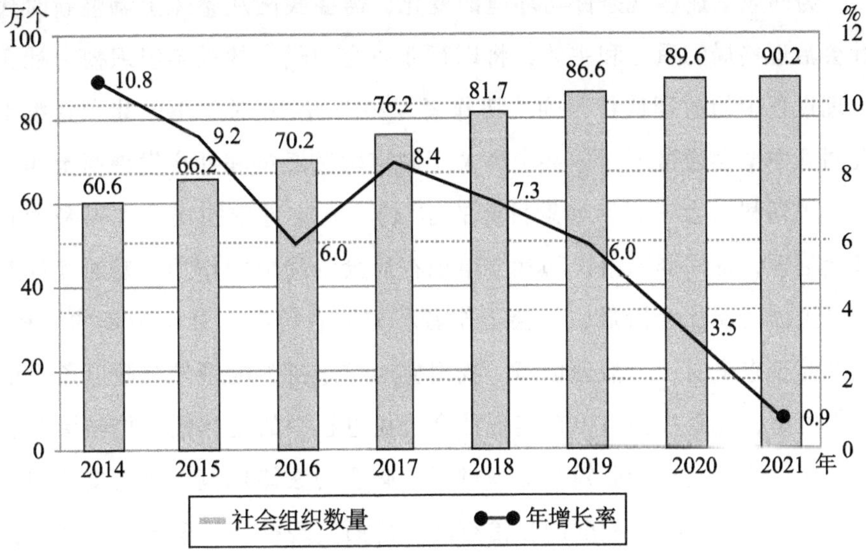

图 0－1　2014 年至 2021 年社会组织数量变化

与此同时，除数量规模上的大幅度增长之外，社会组织涉猎的公共服务领域也在不断扩大，并已逐渐形成门类齐全、覆盖广泛的社会服务体系。现如今我国社会组织已广泛分布在文体、教育、卫生保健、社会服务与救助、生态环境保护、社区服务、咨询、公益基金与志愿服务、国际交流与援助、宗教、行业以及其他共 12 大类，辐射近 30 个行业领域，[①] 并且其在内部建设与外部服务等实践方面的治理能力和功效也在持续增强。截至 2021 年年底，社会组织在养老、精神卫生、儿童福利、收养与保护、社会救助以及慈善事业等诸多服务领域的供给能力都得到了相当程度的提高与改进。而上述变化不仅体现了社会组织参与我国社会治理的需求与动力在不断增强，提供各类公共服务的专业性与科学性在持续提升，而且反映出社会组织正逐步具备承担上述社会服务的能力与水平。

① 参见清华大学非政府组织研究所对我国民间组织的 27 种分类，在这里民间组织的概念、范围基本等同于社会组织，只是名称有所不同。

为回应上述客观条件与环境的变化，需要我国从整体上调整新时代社会治理格局的重心和主体，将以行业协会为代表的社会组织视为社会治理过程中的治理伙伴与通力协作者。2020 年 10 月，中国共产党第十九届五中全会通过了《中共中央关于制定国民经济和社会发展第十四个五年规划和二〇三五年远景目标的建议》，在文件中指出要加强和创新社会治理，发挥群团组织和社会组织在社会治理中的作用，畅通和规范市场主体、新社会阶层、社会工作者和志愿者等参与社会治理的途径。因此对于未来的社会治理创新，我国应当在坚持党的领导与政府负责的前提之下，尊重社会组织在实现社会公益过程中的主体性地位与治理功能作用，给予其在专业领域治理过程中必要的法律规范、政策支持与政治包容，保障其必要程度的自治空间，进而实现社会治理的中心和主体从传统政府垄断的一元化走向社会组织广泛参与的现代化、多元化与民主化治理格局，最终形成科学完善、分工合作、责任共担的新时代社会服务与治理体系。

从微观层面来讲，社会组织尤其是以行业协会为代表的特定组织，正在越来越多地享有本应由政府行使的公共管理权力（主要体现为行业自治），并且其也能够给予特殊的个人实现普遍目的的职业与机会。“越来越多的社团不再同以前一样，仅服务于社员的私人生活，而是公开参与他们所在职业的经济的和社会政策方面的利益……并由此对整个社会秩序发生着影响，其作用已远远超出了司法的范围。”① 同时政府也越来越多地通过授权或委托的形式将社会事务交由其施行，但任何主体有权必应有责，保证以行业协会为代表的社会组织合法行使其“行政管理权”也是社会治理实现善治目标的题中之义。然而从本书搜集的 200 余个行业协会章程及相关法律规范来看，我国行业协会在内外治理层面的法治水平仍然不高，诸

① ［德］卡尔·拉伦茨：《德国民法通论》，王晓晔等译，法律出版社 2003 年版，第 205、226 页。

多问题需要予以梳理、归纳与解答。因此本书拟尝试回答 3 个核心问题：在新时代提倡释放社会组织活力的政策背景之下，行业协会治理的实践困境究竟为何？如何从法治层面助力行业协会善治目标的实现？如何以行业协会为突破点，寻找中国社会治理的改革与创新路径？

（二）我国社会管理体制的改革尝试及实践运行

自党的十八大以来，我国越来越重视社会建设，尤其是社会组织管理方面的制度建设。在充分贯彻科学发展观的基础上，2012 年党的十八大报告提出我国应“全面落实经济建设、政治建设、文化建设、社会建设、生态文明建设‘五位一体’总体布局，促进现代化建设各方面相协调”①。同时大会还提出要“加强社会建设，必须加快推进社会体制改革。要围绕构建中国特色社会主义社会管理体系，加快形成党委领导、政府负责、社会协同、公众参与、法治保障的社会管理体制，加快形成政府主导、覆盖城乡、可持续的基本公共服务体系，加快形成政社分开、权责明确、依法自治的现代社会组织体制，加快形成源头治理、动态管理、应急处置相结合的社会管理机制”②。

对于社会组织管理的改革与创新问题。2013 年党的十八届二中全会保持了同党的十八大的一致性与连贯性，其首先指出我国应“贯彻党的十八大关于建立中国特色社会主义行政体制目标的要求，以职能转变为核心，继续简政放权、推进机构改革……改革社会组织管理制度、改善和加强宏观管理、加强基础性制度建设、加强依法行政等作出重大部署。要深刻认识深化行政体制和政府机构改革的重要性和紧迫性，处理好政府和市场、

① 胡锦涛：《坚定不移沿着中国特色社会主义道路前进　为全面建成小康社会而奋斗——在中国共产党第十八次全国代表大会上的报告（2012 年 11 月 8 日）》，人民出版社 2012 年版，第 9 页。

② 胡锦涛：《坚定不移沿着中国特色社会主义道路前进　为全面建成小康社会而奋斗——在中国共产党第十八次全国代表大会上的报告（2012 年 11 月 8 日）》，人民出版社 2012 年版，第 38 页。

政府和社会、中央和地方的关系，深化行政审批制度改革，减少微观事务管理，以充分发挥市场在资源配置中的基础性作用、更好发挥社会力量在管理社会事务中的作用”①。同时大会通过了《第十二届全国人民代表大会第一次会议关于国务院机构改革和职能转变方案的决定》（以下简称《机构改革方案》），其以4类特定的社会组织为突破口，指出我国应“加快形成政社分开、权责明确、依法自治的现代社会组织体制。逐步推进行业协会商会与行政机关脱钩，强化行业自律，使其真正成为提供服务、反映诉求、规范行为的主体。探索一业多会，引入竞争机制。重点培育、优先发展行业协会商会类、科技类、公益慈善类、城乡社区服务类社会组织。成立这些社会组织，直接向民政部门依法申请登记，不再需要业务主管单位审查同意。民政部门要依法加强登记审查和监督管理，切实履行责任。坚持积极引导发展、严格依法管理的原则，促进社会组织健康有序发展。完善相关法律法规，建立健全统一登记、各司其职、协调配合、分级负责、依法监管的社会组织管理体制，健全社会组织管理制度，推动社会组织完善内部治理结构……加强社会管理能力建设，创新社会管理方式。公平对待社会力量提供医疗卫生、教育、文化、群众健身、社区服务等公共服务，加大政府购买服务力度”②。随后为了促进行业协会有效实现自治，2015年中共中央办公厅、国务院办公厅印发了《行业协会商会与行政机关脱钩总体方案》，此方案提出在行业协会的治理领域，要积极稳妥推进行业协会商会与行政机关的脱钩工作，厘清行政机关与行业协会商会的职能边界，并且政府要加快转移适合由行业协会商会承担的职能。2016年8月，中共中央办公厅、国务院办公厅印发了《关于改革社会组织管理制度促进社会组织健康有序发展的意见》（中办发〔2016〕46

① 《中国共产党第十八届中央委员会第二次全体会议公报》，人民出版社2013年版，第4页。

② 《国务院机构改革和职能转变方案》，人民出版社2013年版，第12～13页。

号），对新形势下开展社会组织管理工作提出了新的具体要求，文件对于加强党对社会组织工作的领导、完善扶持社会组织发展、社会组织登记审查、社会组织管理和监督、社会组织自身建设以及社会组织涉外活动等共十大方面的问题作出了详尽的指导意见，是目前关于社会组织的重要中央文件。

2017年10月18日，党的十九大胜利召开，报告提出新时代我国要打造共建共治共享的社会治理格局。那么何为“共建共治共享”的“社会治理现代化”目标，其包含的具体内容和标准是什么？党的十九大已经对此问题给出了科学与全面的回答——新时代的“社会治理现代化”目标是指我国应在今后的社会治理领域不断改进和完善民主参与制度，达成和实现社会治理的社会化、法治化、智能化以及专业化的总体目标与现代化标准。而在其中，提升社会治理的“社会化”水平是打造“共建共治共享”治理格局的核心关键之一。

在社会治理体制改革的实践方面，我国也的确发生了重大变化。在“简政”方面，我国严厉打击官僚主义作风，不仅精简、撤销、合并以及重新配置冗杂的政府机构，深入推进国务院大部制改革，裁减庞大的行政人员编制，而且在社会主义市场经济体制的发展过程中，行政审批的程序和权限也被不断简化和完善，公民、企业以及社会组织的主体性地位正在不断凸显和强化。而在“放权”方面，政府一直为了更好地适应社会主义市场经济体制而不断地进行职能的变化和调整。为消除公权力过分侵占私权领域的权力滥用现象，政府积极变革职能权限，对于市场经济的秩序和流通领域逐渐采用由“直接管理”转向“间接管理，微观干预”再转向“市场调节为基础，宏观调控为主”的治理方式。国家公权力逐步向社会、市场转移，公民自治与公私合作的形式也逐渐丰富起来，如社会团体、基层自治组织等各种非政府组织（NGO）、非营利组织（NPO）纷纷建立并逐渐增多，行政外包、投标招标等多种公私合作形式也趋于普及。现如今社会组织越发成熟，政府也越来越重视行业协会在其特定领域所具有的信息资源和专业技术优势，它们越来越多地与上述各种行业协会组织合作，并通过与其合作、互动而更加高效地达成行政目标。

（三）社会行政权力的相关理论存在缺失

郭道晖教授曾经提出了“社会权力”的概念，指出所谓的社会权力就是社会主体（公民特别是社会团体、非政府组织）所拥有的社会资源（物质和精神资源）对社会和国家的支配力。[①] 社会权力的载体主要是政府组织以外的各种社会组织，或称非政府组织，其中又可分为营利性和非营利性组织两大类，后者又被称为“第三部门”（the Third Sector），即独立于政府组织和社会营利组织的第三类组织。[②]

然而由于国家行政权强大的实践运行历史，社会行政权在我国学术界的探讨和研究并不广泛。从宏观层面来讲，社会行政权的理论探讨更多强调的是一种国家与社会之间权力适度分享，理念互相借鉴，信息共同交换的协同合作模式。其在公法领域具体表现为以下内容：（1）政府将公共职能委托给社会组织，或通过政府购买的方式强化同社会主体的合作与交流；（2）政府越来越多地求助于市场竞争、协商合作的管制方法，以取代命令—控制规则；（3）政府治理更多地适用社会、市场的组织模式与运作理念；（4）政府治理倾向于适用市场模式的程序运作过程，如协商性的规则制定过程。这种整体模式的转变意味着法律制度关注的重点已经从主要实现新扩张的公共权力和新增加的国家干预合法化，转向实现公权力与社会权力的新混合、社会权力的新利用以及越来越依赖市场方法以达成公共

---

① 参见郭道晖：《权力的多元化与社会化》，载《法学研究》2001 年第 1 期。

② 郭道晖：《权力的多元化与社会化》，载《法学研究》2001 年第 1 期。

目标等领域的合法化、合理化等问题。

目前在我国“大政府—小社会”的权力组织机构之下，行政法主要依据“法无明文不可为”的行政主体理论，关注以行政机关为核心的国家公共行政领域，解决如何规范行政机关的组织设置及权力运作问题。然而在新时代社会治理巨变的背景下，政府垄断式的国家行政理论在多个实践应用方面已显得力不从心：首先，现代国家的行政事务日益扩展，需要及时对其作出反应，完全由各级政府机关承担与负责，在能力、精力和时间上都不具有现实可能性。其次，行政机关对特定行业领域的治理存在专业知识上的局限，所以个别公共管理事务由社会组织承担也就顺理成章。[①] 当然，法人制度的完备也为各类公共管理主体的出现创造了条件，西方“公法人机构”的出现就是法人技术在治理层面充分运用的结果。最后，行业协会参与社会治理是国家稳定发展的需要。面对现代多元化的利益格局，国家治理的体制需要一种新的秩序来保障社会稳定与发展，因此需要我国在行政主体之外建立合理的法律制度来保障多元化治理主体的合法权利与独立地位，解决不同利益主体的冲突矛盾。

纵观社会治理的本土实践，自中华人民共和国成立以来，政府一直是政治、经济、文化活动的主要倡导者和引领者，并长期担负着社会治理规划、发展和创新的主要任务。而这样的治理实践就导致了公法理论长期存在两大问题：其一，国家权力无所不包，导致其权能的界限定位比较模糊。在公法视野之下，国家权力的不确定性将导致公法范围的不确定性以及行政争议法律后果上的不确定性，这些法律后果包括是否使用特殊程序、特殊法院或特殊的归责原则。学者沙蒙（John William Salmond）曾在其著名的《法理学》（Jurisprudence）一书中界定了现代国家的含义，其将“战争和司法”界定为国家“首要的和必不可少”的第一职能，但他同时

① 参见薛刚凌：《行政主体之再思考》，载《中国法学》2001 年第 2 期。

也承认国家拥有在数量上不受限制的第二位职能，即国家第二位的职能。其具体可以分为两类。“第一类是那些为了保证有效地实现首要职能而设的职能，主要有两种，即立法与税收……剩下的职能包括所有其他形式的活动——基于某种理由，他们被认为特别适合由国家来完成……这类考虑，特别是在现代，导致国家承担数量巨大的第二位的、非本质的职能；在一个和平、守法的社区里，第二位的职能甚至会使那些真正体现了国家本职的首要职能相形见绌、隐而不现。”[①] 这让人不禁思考，上述提到的第二位国家权能的种类为何，权限范围为何，其相对于社会、公民自治的边界和限制为何？其二，行政主体理论较多关注国家行政权，而冷落社会行政权力。在我国政府负责的治理实践之下，公法与私法之间的区别长期依赖于一种流行的、严密的、发达的国家理论，并且该理论赏识国家行政并赋予其一些使特定法律后果正当化的特质。一直以来，我国学术界持续重点关注行政机关的内部机构组织改革，而忽视了从完善社会主体的视角出发，对基于国家授权或社会自治而形成的多元化主体，比如行业自治、公务自治和村民自治等相关公法理论开展细致与深入的法学研究。伴随《最高人民法院关于适用〈中华人民共和国行政诉讼法〉的解释》（法释〔2018〕1号）的颁布施行，司法实务与学术界都越来越倾向于认为，当下行政主体的范围不仅应包括作为国家行政主体的行政机关和法律、法规授权的组织，而且应包括作为社会公共行政主体的非政府公共组织。[②] 因此，面对当下行政权力的种类、范围急速膨胀，为更好地解决非政府公共组织行使公权力所产生的法律问题，需要进一步开展对社会主体及其权力规范的法律解释。

除此之外，与权力相对，社会权利的理论概念也同样需要得到关注。

---

① J. W. Salmond, *Jurisprudence*, Stevens and Haynes, 1907, p. 184 – 191.

② 参见石佑启：《论公共行政之发展与行政主体多元化》，载《法学评论》2003 年第 4 期。

大体来说，社会权利兴起的目的就是为解决和矫正不平等而被授予的特殊权利。换言之，社会权利始终呈现出一种改变整个不平等模式活动的外貌，因而它与部分市场化运行的机制、规则、程序是格格不入的。在当下构建新时代“共建共治共享”的社会治理格局过程中，社会权利不应只立足于解决贫穷与富有个人主体之间的权利差异，而且应当保障以行业协会为代表的社会主体与行政主体之间在数量、权力、规模等方面的发展平衡，这不仅是社会治理的客观需要，也是文明社会在道德伦理层面的主观要求。

具体来讲，我国对社会行政权的现有研究，主要存在两大方面的理论缺失：其一，社会行政的主体与权力理论的缺失，包括社会组织的设置、社会主体的监管与权力的救济等。以我国行业协会为例，当下其主要面临两大治理困境：首先，在作为被治理者的外部监管层面。在当下提倡行业协会与行政机关脱钩，强调社会主体充分参与社会治理的大背景下，部分地区管理行业协会的政策法律文件仍然存在不同缺陷与困境，导致行业协会成立、发展与运行受到一些束缚。其次，在作为治理者的内部监管层面。实践中较多行业协会在特定的行业领域内行使不同层面的管理权限，且较多行业管理行为存在合法性与合理性质疑。同时行业协会的内部法人治理机制欠缺，行业内部的争议纠纷无法得到实质性解决，行业内部的利益诉求难以得到充分的表达，行业会员或利害关系人在受到内部违法管理权力的侵害之时也缺乏相应的救济手段。上述内外困境必将影响以行业协会为代表的社会主体发挥其治理层面的独特功能和作用。而我国目前在制度层面上对于上述多重实践困境尚未能开展有效的回应、完善与补足。

其二，政府机构与社会主体间的合作理论缺失。在我国，虽然部分社会主体行使着部分“公”权力，具有一定的“公”属性，但在国家与社会组织的合作领域，如政府购买、承包服务等，社会组织相对于国家而言仍被视为“私”领域。公私合作的部分理论对我国的社会治理实现社会化、法治化、专业化等目标是有积极意义的。首先，提升社会治理的社会化水平是多元主体共同参与社会公共事务治理，共享发展成果的过程。其主要推动力来自降低政府成本的需求，而公共服务的社会供给者间的良性竞争将会提升公共服务的供给效率。其次，推进政府公共职能的社会化意味着政府并未达到新时代公民日益增长的物质文化需求——至少没有满足必要的社会领域在效率、公平以及专业等方面的全部要求。最后，在社会治理理念上将市场方法与效率和公共利益等同，其将成为社会治理的重要变革，在整体上是以新的方式融合了政府与社会组织，其不是孤立现象，而是更大范围的、正在出现的、试图以节约高效的方式履行公共责任的政府管理模式的组成部分。但是目前我国存在的理论问题是，公法规则在什么程度上可适用于合作关系中的社会组织？政府与社会主体间的合作应当以什么样的模式、理念和规范展开？政府与社会主体的权责边界为何？在更为抽象的哲学层面存在的问题是公法所保护的各种价值能否翻译成社会治理中的效率、公平等“自治话语”？社会治理中自由与秩序的价值关系和位阶应当为何？对于上述有关社会行政权的多项核心理论问题，我国学术界目前仍然处于研究的薄弱环节。

二、研究对象和范围

行业协会作为社会组织的典型代表之一，其同时也是产生历史最久，发展最为成熟的社会组织类型之一。根据民政部及各省市地区民政厅（局）网站的公告显示，全国已登记的行业协会数量已逐渐迫近 40 万大关。在近十数年关于社会组织的成立、变更以及撤销等业务主管部门的管理实践活动中，行业协会的发展运行实践也最为活跃。由此可以看出，相对于其他社会组织，行业协会的治理问题尤其值得重点关注，对其治理实践开展细致与全面的实证研究与制度创新将成为未来新时代社会治理创新、改革、发展的关键。

按照国家依附程度、市场自主程度以及行业自治程度的分类标准，自中华人民共和国成立以来，行业协会可粗略划分为以下五大类：第一类，纯官方型协会。这一类协会的生存与发展高度依赖政府、政党所提供的人力、物质资源，其独特职能被国家高度统合，其经济、服务以及协调功能被政治动员、代表功能所替代，其扮演着近乎于国家机关的角色，并直接服务于国家层面的政治经济需求。该类行业协会以 1949 年至 1978 年成立的全国各级工商联合会为典型代表。第二类，半官方型行业协会。虽然此类协会相较于纯官方型协会在组织结构上逐渐倾向于多元化，但其职能权限设置仍然是构建在法律法规授权或政府职能转移的基础之上，政治依赖仍然是其建基的根本。该类行业协会以律师、医药及证券行业协会等为典型代表，其行业管理职能的发挥受到政府在一定程度上的支持与保障。第三类，纯市场型行业协会。此类行业协会主要集中在新兴产业和市场化程度较高的独特领域中，具有相当程度的自主性、专业性与独立性，其可以凭借自身的专业知识、经验以及人才队伍自主经营，对政府的依赖较少。建筑工程、有色金属以及信息软件行业协会等都是该类的典型代表。第四类，半市场型行业协会。此类行业协会既不过度依赖政府的扶持与保障，也不过分依赖市场资源。其生存与发展主要依赖于会员企业提供的会费与各类服务费等资金支持，但因对地方经济发展的贡献有限，其未能在制度空间的发展层面上得到政府的支持与重视。此类行业协会以工具、模具等轻工业、手工业类行业协会为代表。第五类，民间松散型行业协会。例如，酒业协会、同乡会、同学会以及书法协会等各类基于小部分会员的共同爱好而自愿组成的文化、艺术、娱乐及体育等团体性不强的区域性协会。其运作模式也各有不同，见表 0－1。

表0-1 各类型行业协会运作模式对比

	纯官方型协会	半官方型行业协会	纯市场型行业协会	半市场型行业协会	民间松散型行业协会
创办主体	政府部门	政府发起、企业组织	企业	企业	企业或个人
协会定位	协助政府管理，兼服务企业	以服务企业为主，兼有政府引导	服务企业	服务企业	服务个人或企业
决策机构	政府主管部门或政府任命的协会领导	会员大会、理事会	会员大会、理事会	会员大会、理事会	会员大会、理事会
工作人员	政府退休或分流人员	协会聘任	协会聘任	协会聘任	协会聘任
会费收缴率	较低	较高	较高	较高	较高
政府资助	有较高的财政补贴	少量	基本没有	基本没有	基本没有
企业对协会的认同度	较低	较高	较高	一般	较低
协会对政府的期望	政府财政支持并转移相关行政职能	政府赋予一定的行业治理职能	政府赋予一定的行业治理职能	政府较少赋予行业治理职能	几乎不会赋予行业治理职能
政府职能转移	较多	少量	基本没有	基本没有	基本没有

由于行业协会在数量种类上存在多种类型，本书无法一一对其开展研究。出于权力规范与权利保障的核心目的，本书主要针对在行业治理的实践过程中能够行使处罚权等公权力，拥有足够的公益与公共属性，以公法法则作为行为依据，能够独立承担公共责任的特定行业协会开展细致考察，其行业管理行为在较多领域上无异于政府的行政管理行为，而此类行业协会在上述前四大种类中皆有所涉及。同时本书在考察行业协会治理问题的过程当中，对相关治理行为采取综合判断和考察的研究方法，在配套观察相关组织的法律地位的基础之上，着重观察相关权力事务、治理行为

以及行为效力等实质内容，而非单纯关注行为主体是社会组织还是行政机关，其职能权限的设定依据是内部行业章程还是现行法律法规等单一的形式内容。实践中，尽管有些行业处罚等治理权限的直接依据是内部性的协会章程，但从其权力的性质、治理的对象范围、行为的种类以及管理行为对相对人利益的影响等方面来看，其权力实质上应当属于行政管理权力而非行业自治事务，应当遵守合法性、合理性以及法律保留等原则，需要接受立法、行政、司法权力的合法监督。需要特别指出的是，上述前四类协会一般在职业领域内具有全国普遍范围的影响力，因而组织体系较为系统完整，具有较大数量规模。并且不同层级的行业协会统一行使着行业相关的管理职能，而此种权能因其属于特别的权力责任关系可能更容易造成协会成员或者非成员权利的不当侵犯。而对于第五类行业协会，其组织、规模及影响力有限，未能在实践中形成内外有效治理的管理机制，因此并不作为本书的研究重点。

法学乃正义之学，本书除了少量关注国家与社会关系的历史、现状及未来之外，更倾向于考察国家能否将精力更多地投入相关社会组织、行业协会等主体治理的合法性与合理性问题。因此本书在展开对行业协会的论证时，侧重研究的是其作为行业治理者与被治理者的法定权限、法定权利以及法律责任等纯粹法规范学问题，即主要致力于解答两大问题：党和政府未来应如何合法、合理地领导与管理行业协会？行业协会的自治权力应当如何合法、合理行使？与此同时，不同于政治学者、社会学者以及管理学者以行业协会为考察对象，以国家与社会两者的关系为分析工具，以国家与社会关系变迁为研究内容的整体研究方法，本书更多关注实践过程中行业协会发展、运行与监管等方面的治理规则体系与制度环境，并通过对规则的再补充、制度的再完善来重新界定新时代行业协会同内部成员、政府之间应有的权力、权利、责任、义务新内涵。因此，本书要考察的是行业协会所蕴含的“行政法属性”，这是一个回归法学研究本真的“传统”

视野。从行政法角度研究行业协会的规范问题，具体可从以下5个方面切入：第一，行业协会自治权利（力）的授予，行政管理和行业自治的界限。第二，政府应当承担为行业协会自治、政府职能转移等目标创造规范、完善、有利的制度环境的职责。第三，政府对行业协会监管的合法性、合理性授权。第四，保证行业协会自治权力（利）受到行政机关非法侵犯后的救济。第五，保证行业协会会员权利受到行业协会非法侵犯后的救济。①

三、国内研究现状简述

总结归纳国内现有研究文献，目前研究有关社会组织、行业协会以及社会治理等问题的期刊论文数量较多，涉猎内容范围较广，但法学领域的相关研究仍然较少。并且在学术理论层面大致存在四大方面的研究缺陷：首先，论文的时效性不足。目前引用、下载率较高的行业协会法学研究论文，其发表时间大都集中在2000年甚至更早之前。当时党中央对于“共建共治共享”的新时代社会治理目标还未提出，行业协会的直接登记与行政机关脱钩改革也未全面铺开，江苏省、深圳市、广西壮族自治区等多地区行业协会立法还未制定，相关制度创新还未落实。从时间段分布来看，上述论文已经难以反映当下行业协会的发展实践。其次，研究方法不足。目前较多论文的讨论仍然采用抽象学说、理论建构的研究方法，内容过于抽象，可操作性不足，缺乏个案与判例研究。同时还存在比较研究方法的滥用，行业治理、社会治理乃至国家治理都需要立足于本国的治理逻辑与经验，现有论文仍采用较多篇幅论述西方国家与社会等理论，对于新时代我国本土的行业管理、社会治理改革适用性不强。再次，研究内容欠缺。虽然目前对于国内个别省市地区的社会组织、行业协会以及治理经验的实

① 参见沈岿：《平衡论：一种行政法认知模式》，北京大学出版社1999年版，第261~266页。

证性研究数量有所增多，但整体仍然较少，深度仍然不够，考据仍待商榷。出于篇幅字数限制，相关期刊论文过多关注于讨论行业协会治理中的个别具体、微观的“小问题”，而缺乏在对个案“小问题”总结归纳的基础之上开展整体性、宏观性的普遍抽象研究，实践与理论的结合度与紧密度不强。同时现有相关法学研究所关注的协会种类较少，已有的论文较多聚焦于律师协会、单项体育协会或快递协会等个别行业协会，不具有普遍代表性。并且现有论文大都关注行业协会的自治内容，对于行业协会从发起、设立、登记、变更乃至注销等外部发展制度环境也缺乏关注。最后，研究视角单一。从法学研究的制度环境视角探讨上述问题的论文仍然较为缺乏，对于行业协会侵权或被侵权的救济路径、行业协会的内部治理规范等行业自律机制问题的研究依然薄弱，多是“点到为止”、浮于表面，缺乏有深度、有分量的专项研究成果。同时，已有的少数法学论文大多数都是从经济法、民商法、法理学、国际经济法等视角关注行业协会。虽然行业协会在实践中同时具有治理者与被治理者的双重角色，但从宪法行政法视角开展研究的论文却相对又少。

对于论文文献，本书尝试提出以下疑问：什么是国家？它是从哪里开始，又到哪里结束？什么是国家行政的特殊功能或权力？既然行业协会等社会组织开始承担越来越多的原本属于行政机关的公共服务职能，那么它的权力类型、种类应当控制在多大范围之内才较为合理，权力本身的效力和边界应当如何界定，责任应当如何合理承担？何种类型的社会组织可以共享使用公法的某些规则、原则和程序？目前我国以行业协会为代表的社会组织，其产生、发展的制度环境是什么样子，存在什么问题，又应当如何改善？这都需要法学领域尤其是宪法与行政法学专业应当予以回答的重要问题。“法学家的疑问不是解除管制、私有化等做法是否有充分的理由——那被留给经济学家和政治学家去研究，站在法学家的立场，他们问的是：在那些解除管制的领域，是否要保留（至少是部分地保留）原有的行政法规范要求？在那些新近被私有化的领域，原来政府承担的责任是否也应（或许是部分）移交给私人？"[①] 而上述论文资料在开展有关社会组织、行业协会有关问题的研究过程之中都未能予以深入、细致、全面的实证性探讨，导致对于实践中社会组织、行业协会所面临或存在的制度规范问题并未产生太大的学术价值和意义。

同时针对行业协会研究的博、硕士论文来看，我国现阶段对于社会组织、行业协会研究大多数集中在行政管理学、政治学、社会学、历史学以及国际贸易等学科领域，仅有鲁篱博士的《行业协会经济自治权研究》、侯璐博士的《行业协会价格垄断行为法律规制研究》、陆晶博士的《我国非政府组织管理法治化问题研究》以及张迎涛硕士的《律师协会惩戒权的行政法研究》等少数几篇学位论文，其中从行政法视角展开的研究论文则寥寥无几。在法学领域，现有博、硕士论文屈指可数，并且大致存在以下4个突出问题：第一，社会组织的种类繁多，性质各异，如果按照上述论文的研究方法和重点来过度抽象地统一研究社会组织的相关指导理论、功能作用、处罚权限、法律规制等宏观问题，其是否具有普遍适用不同类型主体的指导意义？不同种类的社会组织间存在的独特性与差异性该如何解决？而这一差异性的解决则需要针对行业协会、民办非企业及基金会等特定的、具体种类的社会组织分别展开研究。第二，法学专业研究社会组织这一主体应重点关注"权"与"责"两个核心法律问题，应立足于分析与梳理国内外现有的法规范文本、行业惯例、国家文化习俗、民间地方惯例等正式与非正式的"规则制度本身"，以主体、行为、程序、责任、争议解决机制的法律逻辑顺序展开对社会组织的探讨，而非对过于抽象的社会组织理论与制度构建侃侃而谈，显得论文不够严谨，问题不够具体、集中

---

① ［新西兰］迈克尔·塔格特：《行政法的范围》，金自宁译，中国人民大学出版社2009年版，第2~3页。

和突出，脱离了法学的研究视野和方法，使得法学层面的学术价值供给不足。第三，当下多数法学论文未能搜集足够的本土实践研究素材，如司法判例等。仅凭西方的国家与社会理论就用较大篇幅开展对相关问题的制度建构，而非将重点放在对本土客观资料的解释、分析之上，显得论据不充分，资料不充实，最终的制度建构难以令人信服。第四，上述论文在内容上过分注重宏观、理论制度的构建，相互间存在研究内容交叉、冲突及重复的现象，文章论述创新性不足。

而从研究内容较为系统的学术专著来看，国内对于社会组织、行业协会的研究也是较多集中在公共管理学等非法学领域，较为具有代表性的是学者王名等所著的《中国社会组织（1978—2018）：社会共治——正在生成的未来》一书，该书分为十一章，分别对我国社会团体、民办非企业、基金会以及行业协会商会等社会组织有关的历史发展、税收制度、结构关系、评估机构等内容开展了较为详尽的论述，对于社会治理创新与善治、公民结社权利等内容也有所探讨，但关于社会组织监管的相关法律和政策则仅有一章，且论述较为宏观与粗略。而法学类著作则主要有学者沈岿的《谁还在行使权力：准政府组织个案研究》，该著作于 2003 年公开出版，以罗豪才教授的“平衡论”理论为研究起点，力图指出中国非政府组织研究在“国家—社会”关系演进过程中的学术意义，并提出了作为法律学者在研究非政府组织领域应当采取的研究方法，其中收录了对中国证券监督管理委员会、中国消费者协会、公立高等学校、村民委员会以及行业协会等多种组织的代表性文章，为非政府组织的行政法学研究提供了有价值的研究思路。但由于篇幅的限制，沈岿教授并未对具体的非政府组织开展深入、细致的研究，而只是大致指明宏观思考方向，扮演了抛砖引玉的作用。对于行业协会研究的相关著作主要有黎军教授的《行业组织的行政法问题研究》与《行业自治研究》，其将研究重点主要放在了 4 个问题上，即行业协会管理权力的法律来源、行业协会与其成员的法律关系、行业协会规章的法律地位及效力以及行业自治的相关问题。同时他还提出行政法应当主要规范法律授权和政府委托给行业协会的管理权力，并且对于行业协会与其成员形成的契约性权力也应纳入到行政法调整的范围中来，以免行业协会不当侵犯成员的正当权利。但黎军教授仅是从宽泛、宏观的角度探讨了行业协会的行政法问题，缺乏对具体规则、对象以及个案的分析，因此抽象意义上的概念探讨和理论分析显得缺乏论据。在此部分，本书挑选了国内最具有代表性的5部专著，但其在学术供给层面对于当下行业协会等社会组织的研究仍然存在不同程度的缺陷：首先，在时效性方面，后四部著作都是二十世纪末和二十一世纪初所写，对于新时代社会治理理念、政策与模式发生巨大转变的实践背景下已显得适用性不足。其次，在内容方面，上述专著内容都在集中论述“国家与社会关系”、“社会治理创新模式”、“社会发展制度”以及“公民结社权利”等中观偏宏观的理论问题，缺乏实践发生的个案做支撑。在探讨社会组织的制度环境之中，法治环境是由立法、司法、执法构成，但目前研究则只是将重点较多地放在立法层面。再进一步观察，司法与执法环境的判断应从具体判例与执法案例中窥探，但现有专著则往往在缺乏上述个案材料支撑的基础上就对此两大领域下判断、出结论，令人难以信服。最后，在研究方法层面，除上述专著之外，目前我国对于社会组织、社会治理以及行业协会的研究缺乏对本土经验观察的研究视角，国外理论、模式讨论较多，但中国本土行业治理的相关经验实践则归纳较少。

四、研究思路和方法

关于展开行业协会的法治研究问题，本书主要采取了4种研究方法，具体如下：文本分析法。我国目前行业协会的管理规范体系是由党的政策性文件、法律法规、地方行业立法等规范共同组成，这也是行业协会成立、发展、运行的基本制度环境。因此从静态层面上来讲，本书首先应从我国的现行政策法规范文本中全面总结、分析与归纳出当下我国行业协会发展的整体制度规范环境，包括行业协会成立与注销的法定条件、行业主管部门的管理内容、行业协会有关诉讼纠纷的审判实践以及行业自治领域的法定依据等。其次，本书通过对比我国不同时期、如清末、民国时期的政策与法规范文本，梳理出我国民间组织、社会团体的历史发展特征和规律，并且上述两个层面的文本梳理和分析也是本书开展理论创新的基础依据。最后，行业章程是行业自治的重要文本规范。行业协会的章程是其赖以生存的组织法，是其权力行使和责任承担的法定依据，更是其运行中宗旨、业务范围、活动地域等最直观、形象的载体。因此，本书深入我国行业协会的内部治理实践之中，对于不同级别、种类的现有行业协会的章程也开展了较为全面的分析和梳理。

比较分析法。首先，历史比较的研究方法是本书使用的重点，因其能反映出我国行业协会治理的本土经验。本书以古代"公""私"概念为载体，通过对中国古代包括春秋战国、宋、明、清等时期的公理思想进行全面梳理，对于清朝与民国时期人民团体的有关立法、监管实践进行细致考察以及对于中国当下社会治理中的历史经验与实践改革进行分析总结，能够很好地立足本土实践特色从而回答今后我国行业协会、社会组织以及社会治理的发展方向和完善路径。其次，中西比较的研究方法也同样在一定层面予以使用。法治国家、法治社会的建设从来没有一种划一的模式，各国地方性、知识和经验的差异性构成了制度资源的多样性，因此我们不能排除借鉴别国经验尤其是在公共治理层面的多元性。具体看来，西方对于行业协会的治理主要是依赖于对第三部门理论的讨论，因此本书尝试对美国、欧洲第三部门各自的理论特点和两者间的理论差异进行梳理，以期总结和反思西方社会在治理第三部门领域的有益经验。但需要注意的是，西方社会的治理经验仅是参考，是辅助更是我们应当予以反思的对象，而非丈量我国社会治理水平的标准。目前国内多数学者往往采用"法律事实问题归纳——有关法律问题的国内立法分析——国内立法存在缺陷——域外寻找解决经验”的四段论式的刻板研究方法，然而这样的研究模式和思路就会产生两个负面结果：其一，如果针对特定问题找到了看似相对应的解决经验，如何判断这一域外经验是否适合中国国情？法学是社会科学的分支，“好”的经验判断更多偏向于主观的判断，而并非同自然科学一般可以采用具体的标准、方程所衡量。其二，如果找不到相应的解决经验，很多学者便止步于此，仅作浅显层面的立法批判，只“破”而不“立”，这种研究方式的说服力恐怕更加有限。因而新时代行业协会治理创新的正确思路应在本土的问题与经验之中充分总结，应当按照本土的治理逻辑寻找合适的答案和出路。

实证分析法。实证分析法是研究行业协会治理问题的重中之重。从法学视角探究行业协会的治理问题，就需要从整体上考察行业协会从成立、运行到注销等各个阶段存在的立法、执法与司法困境，并给予可操作性、有针对性的解决措施。这就需要对于近些年行业协会在实践当中权力、职能、责任运行的状态、变化、规律以及经验等问题进行全面梳理，需要选取特定的调研对象和时间跨度来开展田野调查、文本考察。具体在文本的实证考察方面，本书搜集了200余个民国、清末与现行的法律法规、社会团体立法、地方行业立法以及行业协会章程等规范文本，200余个当代行业监管的执法案例，近200个当下行业争议纠纷的行政诉讼判例，并尝试通过一个个鲜活的立法文本、执法个案以及司法判例全面反映出现阶段我国行业协会治理层面所真实存在的制度性困境。同时在田野调查的实证考察方面，本书的调查研究方法并非仅采取问卷调查、采访询问、会议纪要的书面方法，而是真正地在所研究的领域付出足够的时间精力，深入这一行业领域的实践工作中，认真留意实践部门、工作者的工作模式、程序与方法，听其言、观其行，尝试发现比较真实且具有代表性的实践问题，提出比较接地气且有说服力的解决方案。具体而言，笔者奔赴北京市、上海市以及南京市等国内行业协会发展较为领先的地区开展调查，对当地律师协会、公共关系协会、机械工程协会、照明协会、复合材料协会以及保健协会等多个地方行业协会开展实践调研工作，采取问卷调查、责任人面谈等多个方式研究上述地区行业协会的实践成立、运作与发展，党和政府对其领导与监管实践，政府与其之间的合作经验以及各类行业协会的资金来源、财政支持和经济实力等多个行业治理问题。

多学科知识综合运用的方法。法学不是一门狭隘的专门学科，而是社会科学体系中的一个分支，按照黑格尔的论断，法学只是哲学的一个部门。因此在本书开展具体研究的过程中应时刻谨记法学研究的先天性不足是什么，时刻要学会及时跳出法学研究的局限，吸收政治学、社会学、历史学等社会科学研究积累的有益理念，避免陷入“自说自话”或“法律万能论”的窘境之中，避免研究的内容因充斥着法条的堆砌而变得苦涩且缺乏理论厚度。正如奥地利法社会学家尤根·埃利希（Eugen Ehrlich）所述：“道德、宗教、伦理习俗、礼仪、言行得体，甚至是理解和时尚都不仅仅处理非法律关系，它们也常常影响到法律领域，没有任何一个法律上的联合体能完全依靠法律规范的方式来维持它的存在……缺少上述所提及的每一种社会规范的合作，任何东西都不能提供社会机制运转的完整图景。”[①]因此，本书在研究行业协会治理的制度性问题当中，法学本身的东西要有，但其他社会科学的内容如中国治世的公理思想、中国行业协会的历史治理经验、西方第三部门理论的创新理念以及中国社会治理的改革创新等同样必不可少。只有如此才能在制度层面上为我国行业协会治理提供科学性、系统性的创新方案。但需要强调的是，法学研究的视角与方法仍然是本书的核心，因此行业协会治理在立法、司法、执法等领域的合法性、合

① ［奥］尤根·埃利希：《法律社会学基本原理》，叶名怡、袁震译，中国社会科学出版社2009年版，第39页。

理性问题就是本书的研究基石。本书以最为传统、朴素的法学研究视角详细梳理了有关行业协会治理在实践工作中可能遇到的所有关联性的法律问题，通过立法规范文件、行业章程、执法案例以及司法判例等完整地呈现出了行业治理的法治症结，通过实地考察不同地方的行业管理总结出有益的治理经验，从而在整体上描述我国行业协会发展的制度环境，并最终尝试从法学视角对我国行业协会治理、社会治理创新等宏观领域提出针对性、创建性的本土回答。

五、研究的创新之处

本书的创新之处是在充分考察法律规范、执法案例、诉讼判例以及各类历史文献与实证资料的基础上，从宪法行政法学科独特的研究视角和方法切入，以我国动态发展中的行业协会为研究对象，以总结归纳其治理困境为问题导向，以探究其权责边界为核心命题，以实现对现有行业协会合理、高效、便利、科学监管为研究目的，最终致力于构建中国特色行业协会治理的制度规范。

具体展开，本书的创新之处大致有四点：第一，本书采用了判例与个案结合的实证研究方法。在讨论我国行业协会的内外治理困境之时，本书从中国裁判文书网以及各省市地区的民政部门官网上搜集了我国200余个行政执法案例与200余个我国有关行业协会的行政诉讼案例，并对上述执法个案与判例的争议内容、焦点、困境及完善建议等方面开展了详细的论述，力图从行政执法、司法规范等法治层面反映我国行业协会治理的现实制度环境，尽可能弥补我国当下学术研究在阐述行业协会治理困境层面的不足。

第二，本书重在从中国本土的治理经验出发开展创新研究，力图从中国本土的实证、历史资料中整理、归纳及总结出我国行业协会监管领域的有益法治经验。为此笔者先后奔赴北京市中国第一历史档案馆、南京市中国第二历史档案馆，查阅搜集清末行会、同业公会、民国时期《社会法规》（全3辑）等有关详尽史料。同时本书以春秋战国到民国初期的相关文史资料为依据，梳理了中国“公”“私”概念的发展史，进而归纳出中国自古以来在公理思想领域对“国家”、“社团”以及“私人”三者关系的认知变化。

第三，重在对西方治理理论的反思。西方的治理理论有其可借鉴之处，但却并不能有效解决当下我国社会治理过程中的实践问题。虽然本书阐述了美国与欧洲在第三部门领域的相关治理理论，但对于上述理论进行探讨的根本目的不在于生搬硬套西方的治理经验，而重在对其进行客观的阐述与经验的反思，从而避免西方第三部门理论在我国行业协会等社会组织治理等学术领域的滥用。

第四，为了全面反映我国行业协会的实践治理困境及运行制度环境，笔者奔赴北京、上海、江苏等地开展实地调研，深入考察了目前我国行业协会发展的历史背景与实践状况，详尽分析了现行有效的近100个具有代表性的行业协会章程，归纳出我国行业协会具体发挥的实践功能，并在此基础上总结了我国行业治理实践中的困境矛盾、治理逻辑以及实践模式。

第一章　我国行业协会的法律性质、地位与职能

在概念与名称方面，目前我国对于除行政机关以外，行使公共职能的其他各类组织在制度层面缺乏一个简洁、统一的名称与界定。《行政诉讼法》（中华人民共和国主席令第71号）根据行使公共职能的其他各类组织的权力来源，称之为“法律、法规、规章授权的组织”。最高人民法院的司法解释则根据其权力性质，称之为“具有行政职权的组织”。还有学者借鉴法国的理论，称之为“公务法人”。[①] 在英国，由于司法审查范围向来不限于行政机关的行为，人们经常用“公共机构”来概称所有行使公共职能的组织。在中国，行政机关以外行使公共职能的组织形态多样，有政党、社团、事业单位和企业。行使公共职能的社会组织，依其与行政机关的亲缘关系，已经构成一个“准政府组织”的谱系。[②] 从世界各国的立法规定与学术理论来看，行业协会大都隶属于社会组织（或称民间组织）、社会团体或第三部门的基本范畴，但不同国家与地区的具体名称却有所不同，如德国称其为“企业协会”，日本称其为“事业者团体”等。中国自古以来也存在各种各样的称谓，从清朝末期的“所”“社”“学会”“行

---

① 参见马怀德：《公务法人问题研究》，载《中国法学》2000年第4期。

② 参见沈岿编：《谁还在行使权力：准政府组织个案研究》，清华大学出版社2003年版，第1～16页。

会”到民国时期的“公会”“工会”“协会”“团体”，再到改革开放以来我国民政部确立的“行业协会”，称谓数量众多。

关于我国行业协会的法律性质和定位问题，国内学者有过不同程度的探讨，如学者张新文将其描述为四重属性，即经济团体之利益表达的结合体、市场经济体之中的民间组织、服务为主导方向的专业社会组织以及公共事务治理的居间载体；[①] 又如学者义海忠将其描述为以实现同行业共同利益为目的的非营利性社团法人、实行自律性管理的自律组织以及单一行业经营者依法自愿设立的非政府组织；[②] 再如学者苏振华将其描述为介于企业、政府之间具有共同治理特征的中介组织等。[③] 由此可看出我国行业协会同政府、企业之间存在紧密的组织结构关系，行业协会的性质也在更多层面上具有 3 种组织主体共通的复合型特征。

想要精准地把握我国行业协会的性质、地位与功能，首先要在组织结构层面将其同行政机关放在统一视角下观察。从最为普遍和宏观的意义上看，它们之间具有三大方面的共同属性：第一，两者同属于一种广泛意义上的“公共组织”，是由不同规模与身份各异的“成员”组成，并且维持不同组织形式良好的生存、运行与发展是其共同的直接目的。第二，两者同属于满足内部“成员”需求的资源配置机制，只是具体的运行方式、目的以及组织化程度有所区别。第三，在社会治理的大背景下，两者皆是社会治理的重要主体，只是具体发挥的功能有所差异。此外从具体层面展开，两者还共同拥有以下 4 类权力：一是组织设置权。行政机关需要设置相应的行政组织机构去运作，以实现公共利益；而行业协会同样需要设置

① 参见张新文：《非营利组织性质探讨——以行业协会为例的研究》，载《公共管理学报》2004 年第 4 期。

② 参见义海忠、郑艳馨：《对我国行业协会性质错位的思考》，载《河北法学》2008 年第 3 期。

③ 参见苏振华：《行业协会的性质与治理机制特征：以温州行业协会为例》，载《东北财经大学学报》2008 年第 6 期。

各级协会、内部会员大会以及理事会等相应的内部组织开展实践活动，以实现行业利益。二是公务组织权。行政机关可以依法就其所承担的公务进行组织和管理；而行业协会也同样需要对其领导任免、职员编制、行业职能规划以及职能权限开展组织管理。三是财政收支权。行政机关拥有自己独立的财政。行政主体财政收入的多少决定了其自治的程度，也决定了其与中央的关系。行政主体的财政收入由税收、国家救助金、杂项收入和借款组成。通常法律对行政主体的财政收入有严格的规定，但对其财政支出则没有严格的限制。而行业协会通过政府的资助、社会的捐赠以及会费的收缴等方式，同样具有一定的财政收支权限。四是财产管理权。行政主体可以在法定范围内自由地支配财产及决定其财产的管理方式；而行业协会也可在实现社会公益、提供会员服务等领域决定其财产的使用。在开展下文的相关论述之前，准确明晰行业协会与行政主体的异同是十分必要的。

第一节　行业协会的历史发展及演变

国家运行的制度环境塑造了一国的社会分工模式、公民生活状态以及公共利益的表达机制。同样在我国行业协会的治理过程中，国家本身是自变量，而行业协会的性质、地位、职能是国家体制、结构、定位以及文化背景下所产生的一个因变量。可以说，作为自治组织的代表之一，行业协会的发展、演进能够很大程度上反映出国家政治、经济、文化的制度特色。因此在对我国行业协会性质、地位以及职能等基本问题展开具体探讨之前，应当回溯我国行业协会产生与发展的历史进程，在整体国家制度背景下审视行业协会的角色与功能定位。

一、清末时期社会团体的产生

从社会团体的词源来看，梁启超曾在其著作《新民说》中将团体与个体置于相对立的视角来探讨二者的概念，其主要强调团体因其代表的“公义性”具有优越于个人代表的“偏私性”的整体价值，进而认为只有个人克服自身的利己主义与他人共存以实现整个社会团体的发展，个体才能真正从中获益。因此，虽然这里的“团体”与现代社会的团体含义有所不同，但有一点是相同的，即作为团体应当致力于实现公义，服务个人，从而使得个体之间能够实现和谐共存。

十九世纪后期，中国社会中各个群体的思想追求、价值观念以及兴趣爱好已逐渐多元化，社会整体已逐渐呈现职业、群体以及阶层的分化，为公民的广泛结社奠定了客观基础。同时在当时内忧外患以及西学（主要指西方进化论以及社会学理论）传入国门的背景下，尽管并不被国内律例所允许，但以实现国家“救亡图存”为口号的公民结社活动得到了社会舆论的强力拥护与推动。十九世纪八九十年代，由于国家实力每况愈下，中国社会的公民结社意义已经上升到了民族存亡的历史新高度。无论是严复在其著作《天演论》中对社团群体结合意义的极力推崇，还是康有为、梁启超在其《说群自序》等著作中对学会等社会团体在开民智、强国力等诸多作用的认同，都反映了清朝封建士大夫对公民结社的意愿和呼吁。自此清朝末期的公民结社逐渐增多，并于1901年前后得到了相对稳定的发展。1904年清朝商部颁布了《奏定商会简明章程二十六条》，商会的合法定位得到初步确定。1908年清朝颁布了《钦定宪法大纲》，其规定：“臣民于法律范围以内，所有言论、著作、出版及集会、结社等事，均准其自由。”① 以宪法为基础的结社制度的完善为清末公民结社的发展提供了保

① 故宫博物院明清档案部编：《清末筹备立宪档案史料》（上册），中华书局1979年版，第59页。

障，根据清末《结社集会律》的规定，清末的结社集会活动只要求向官府呈报政治性的结社集会活动，可见其法律政策环境相对宽松。

与此同时，除了上述提到的学会与商会，各式各样的立宪社会团体、同业公会以及地方自治团体等以团体内部章程为依据陆续成立并发展起来。并且，随着清末各类新式社团的产生，其内部组织建设也逐渐趋于完整，体现出一定程度的内部民主性特征，已有可查的清末社团章程、行规可谓数量众多，并且章程之中也规定了多项行业管理规则。[①] 据不完全统计，在辛亥革命之前，与地方自治有关的社会团体有近 40 个，[②] 立宪社会团体有近 80 个，[③] 商会类、教育类的社会团体也有 2000 余个，数量已经初具规模。此时的行会、商会尽管发挥了相对微弱的“自治作用”，如保护同业成员利益、限制不当竞争等，甚至部分行会承担了一定的宗教、慈善等社会治理功能，但是在中央集权对城市居民严密控制的背景之下，如保甲制、工商官营化等措施的严格执行，清代行会不仅很难发挥现代意义上的自治作用，反而沦为了替国家收缴税收、承担官差以及巩固中央集权的管制性工具。

但值得一提的是，在这一特定历史时期，与上述民间团体不同，清朝商会的发展却是独树一帜。在中央集权统治的传统背景下，清末民初的商会从组织结构、治理功能以及政治经济权力（利）等层面均分别展现出了

---

① 参见中国第一历史档案馆馆藏资料，清末社会团体的章程有：《工贾捐输章程》《法学研究会开办章程》《自治研究会章程》《山东全省地方自治研究所章程》《陕西法政学堂自治研究所章程》《江苏地方自治调查研究会草章》《重庆京师济良所章程》《保险公益会章程》《京师当行保险会章程》《按摩整容行业章程》《尚志学会章程》《广东宪友会简章》《京师化学会草章》《政治研究社章程》《天津体育社公定章程》《各省盐业工会简章》《工会简明章程》《运送章程》等共计 20 余个，其内部组织建设内容详细可见上述章程；还可参见彭泽益主编：《中国工商行会史料集》（上下册），中华书局 1995 年版；上海市工商业联合会、复旦大学历史系编：《上海总商会组织史资料汇编》（上下册），上海古籍出版社 2004 年版两本书中所提到的《同业菜花行规》《糖帮章程》等具体内容。

② 中国社团研究会编：《中国社团发展史》，中国当代出版社 2001 年版，第 358 页。

③ 郭建民、尹小满主编：《中国政党·中国社团概论》，华文出版社 2002 年版，第 16 页。

一定的独立性与自主性特征。首先，在组织结构层面，不同于其他社会团体系通过清朝政府行政命令的强制性方式组建而成，这一时期的商会系通过契约化、民主化的方式自发自愿组建而成的社会团体。同时在层级设置层面，商会分为总会、分会以及会所三级体制，具有一定的系统性与科学性；在具体执行层面，商会管理的负责人系由会员工商户自行选举产生，而非官府委派，商会运行的章程系由会员自行拟定，而非政府制定，商会运行经费系由会员、会友缴纳的会费构成，而非政府支持。其次，在治理功能层面，商会在参与制定法规、协调商事纠纷、优化工商教育、改善商品经济竞争秩序、促进商业融资国际化以及实现经济管理法制化等多个方面均发挥了不同程度的积极作用。并且其在当时协助参与的管理职能也涵盖了经济社团、铁路、农林、金融以及工商等多个领域。最后，在政治经济权力（利）层面，由于这一时期内忧外患的动荡局势，商会在抵制美货运动、请愿国会运动、地方自治运动以及辛亥革命等国内运动当中均发挥了重要的领导作用，并且伴随这一时期商会的不断发展与成熟，其在商业领域的宏观政策制定、教育研究发展以及整体统筹协调等功能权力（利）层面均逐步发挥着更为重要的推动甚至领导作用。但是，由于当时封建专制制度的深刻影响，国家政治经济制度也未能实现深刻变革，近代商会组织在自身发展基础本就较为薄弱的情况下仍需时刻与强大的集权式国家斡旋，导致其在发展的过程中不断受到中央集权统治的限制、干扰甚至扼杀而最终走向了消亡。

二、中华人民共和国成立后行业协会的发展

在中华人民共和国成立初期，为了满足国内外贸易的需要，1952 年专门成立了中国国际贸易促进委员会。其对内作为体制内的政府部门，对外作为体制外的社会组织，是中华人民共和国成立后政府推动下最早建立的行业协会之一。随后在中华人民共和国成立初期到改革开放之前（1953 年

至 1978 年）这一特定时段，我国行业协会的发展处于极不活跃的低潮期。究其原因是国家长期实行计划经济体制。从经济成分与资源配置上看，计划经济体制仅仅包括单一的公有制经济，在这一体制之下，国家独占一切重要资源并有权按照行政计划的方式进行公共权力与公共资源配置。从组织结构上看，国家各层级组织包括各级政府、代理政府职能的各级单位（包括部分企业）等均通过行政垄断式的组织或计划模式被严格管控。多元化的公有与市场资源被严格地按照行政管理的需要分层次地展开条块分割，管理者与被管理者之间组织严密，社会力量被行政组织系统过度吸收与整合，导致行业协会在组织结构与自治领域几乎没有发展的空间。

1978 年实行改革开放之后，为更好地服务于社会主义市场经济体制，充分回应多元化经济主体的实践需求，中共中央、国务院在全国范围内连续展开了 9 次大规模的党和政府机构改革。[①] 相关政治、经济体制改革的重心始终围绕调整公共权力范围，精简优化政府职能部门和人员，推进政企、政社分离并划清政府职责权限，培育和发展行业协会，优化公共服务与民生保障，释放市场发展活力以及完善政府宏观调控职能共 7 个方面展开，为行业协会的发展提供了必要的制度发展空间。自此中国的行业协会经历了从无到有、从单一向多元化发展的新的转型过程。

这一漫长过程主要包括三个阶段：第一，1978 年至 1984 年的 6 年，是我国行业协会发展的萌芽悸动期。1979 年年底，国务院提出了“按行业组织、按行业管理、按行业规划”的基本指导思路。行业协会的地位、作用逐渐得到政府的重视与认可，部分行业协会也开始在国家体制之内，依靠行政指令的增量方式自上而下地构建起来。尽管整体上计划经济的体制

---

① 全国范围内的几次党和政府机构改革分别于 1982 年、1988 年、1993 年、1998 年、2003 年、2008 年、2013 年、2018 年、2023 年颁布实施，并且相应通过了 8 个指导性的国务院机构改革和职能转变方案。

尚未彻底转型，但经济发展的客观需求和行业管理的实践需要催生了部分特定的行业协会。其中包括中国包装技术协会、中国电子音响行业协会等十几家全国性行业协会，但是这一时期的行业协会仍具有浓厚的行政色彩，地方性行业协会数量也相对较少。第二，1985 年至 1995 年的 10 年，是我国行业协会发展的快速成长期。随着政府机构改革和职能转变的不断深入，这一时期行业协会的数量有了较大增长，组织形态也逐渐丰富。其具体包括两大类：其一，自上而下成立的官办行业协会。这一类协会的产生主要得益于政府机构改革，是一部分专业经济管理的政府部门被撤销合并而产生的行业协会，其主要是为了承接政府原部门的经济管理职能。较为具有代表性的是 1993 年我国撤销了纺织工业部与轻工业部，分别组建了中国纺织总会、中国轻工总会。其二，自下而上成立的市场型行业协会。这一类主要出现在民营经济较为发达的沿海城市，包括温州、上海等地。虽然这一时期行业协会的种类有所增长，但由于组织基础薄弱，行政依附性依然较强，行业协会在治理层面所发挥的功能作用仍然较为有限。第三，1996 年至今的 20 余年，是行业协会大量增长的稳步发展期。中央到地方各级政府在这一时期对于行业协会的发展都较为重视，先后出台了一系列政策方案来保障行业协会的培育和发展。例如，1997 年《国家经贸委办公厅印发〈关于选择若干城市进行行业协会试点的方案〉的通知》（国经贸〔1997〕139 号），1999 年《国家经贸委关于加快培育和发展工商领域协会的若干意见（试行）》（国经贸产业〔1999〕1016 号），2002 年《国家经济贸易委员会关于加强行业协会规范管理和培育发展工作的通知》（国经贸委产业〔2002〕278 号）以及 2007 年《国务院办公厅关于加快推进行业协会商会改革和发展的若干意见》（国办发〔2007〕36 号）（以下简称《推进行业协会商会发展的若干意见》）等。与此同时，一方面由于市场经济逐渐走向成熟，以温州、上海、广州等地区为代表的行业协会开始在体制之外自下而上地大量增长，并且逐渐开始在整顿市场秩序、制定行业准则以及实施内部治理等方面扮演较为重要的治理角色。然而另一方面，由于行政垄断的历史独特性，这一时期除去体制外产生的行业协会，通过政府机构改革以体制内存量的转型方式所组建的行业协会仍然占有一定的比例。

总体来看，不同于西方的政治历史背景，行业协会在我国的出现并非仅仅为了满足企业的需要，也并非企业主动、自愿选择的结果，而是在满足政府实现公共利益的目标过程中，在政府主导推动的实践背景下的产物，企业、个人的推动作用较为有限。因此从历史实践出发，我国绝大多数的行业协会是在政府的主导推动下产生，是国家改革与建构下的被动产物，而这就导致了我国"社会团体层次与行政区划的高度吻合，政府部门的行政权力范围自然就成为它所推动形成的社团的活动范围"。尽管在改革开放之后，行业协会的治理功能被国家逐渐重视，但为将改革的风险保持在可控范围内，行业协会的发展除了被视为行业监管治理的必要经济机制外，还被视为一种补充性的政治机制，即在历次国务院机构改革的过程中，行业协会被视为政府机构精简和人员分流的"蓄水池"或"备用地"。同时，我国行业协会的发展历来高度重视行政机关的主导推进与保障激励，因此这种制度设计在无意中强化了行业协会的政治从属性地位，削弱了其发展的经济独立性。受此种机构改革与设置的历史背景影响，我国对行业协会的法律性质与地位认知也存在相应的偏差。

综上所述，我国行业协会的产生与国家体制机构改革密不可分，其生成途径主要包括 3 种：第一，国家体制内改革的实践结果。这一类行业协会的产生主要是为了充分回应社会主义市场经济体制的建立，是在政府机构改革与职能转变的背景下，通过国家行政部门或事业单位管理职能的分解与剥离，逐渐将职能交由行业管理的实践产物。这一类行业协会多半是由国家工业或专业经济部门通过机构改革转制而来，其组织职能基本体现了行政主管部门对特定市场管制功能的延伸，因此对特定行业的管理依然保留着近乎垄断性的公共管理权力，这类行业协会以中国建设工程造价管理协会、中国证券业协会等为代表。第二，国家法律法规授权产生的结果。这一类行业协会以注册会计师协会、律师协会以及各类体育协会为代表，其通常既有全国性的行业协会组织，也在省、自治区、直辖市乃至设区的市级地区设立地方性协会组织。这类行业协会虽然一般强制会员入会，但其职业化的管理模式与结构却完全属于竞争性质，行业内部成员与相关企业对此类协会的依赖程度并不亚于消费品的市场提供者。第三，国家外部指导、培育与协会内部自发组建的共同结果。这一类行业协会的发展既离不开政府层面的大力培育与扶持，也离不开各类经济主体的自愿加入与维护，并且政府与企业会员之间的协同合作较为密切，这类行业协会的典型代表是义乌市个体劳动者协会与义乌市保护名牌产品联合会等。除上述3种途径之外，部分行业内企业为了创造良好行业秩序，完全自发组建并取得社团法人资格的民办协会在我国也存在少部分的数量规模，例如温州市烟具行业协会、鞋革工业协会以及灯具商会等，但其仅限于我国民营经济较为发达以及商业文化氛围较为浓厚的小部分区域，并非我国大部分地区行业协会产生的主要路径和模式。

从中国行业协会的独特发展路径可以看出，虽然相关法律法规对行业协会的定义始终强调“自愿性”这一特征，但从中国改革的实际状况来看，中国政府对于行业协会发展的主导与推动作用不容忽视，而西方行业协会在国家体制外的自愿性、竞争性特征难以反映出中国行业协会产生与发展的主要特征与基本特点，因此不能生搬硬套在中国行业发展的模式选择上。从发展策略层面来看，不同于西方行业协会具有能在体制之外“野蛮生长”的客观条件，我国行业协会要想实现组织层面的持续性发展，提高自身汲取资源的范围与能力，必须积极主动地依赖政府的支持与保障，寻求同国家主导的“政企”“政商”关系的“体制之内的嵌入机会”，紧密协调好实践中所存在的冲突、对抗与合作等各类关系。① 虽然目前我国“放管服”改革与社会治理创新正在持续推进，国家层面也在组织、机构与职能等多方面进行大刀阔斧的革新，如实行四类社会组织直接登记等，但从政府对社会组织的治理实践中可以看出，全国绝大部分地区社会组织的独立性依然相对较低。

与此同时，从行业协会同政府的整体关系来看，“国家主导论”“附属论”“依附论”“庇护论”等仍是两者之间的主要关系特征。在我国企业主阶层（主要指行业会员企业）的独特发展模式的影响之下，个体企业在结社成为行业会员之后也很难成为政府部门在治理领域的有力伙伴：在内部层面，改革开放后大量新兴的民营、私营企业虽如雨后春笋般出现，但各类企业却由于背景身份、资源渠道、经营模式以及价值理念等差异，缺乏相互间同质性、普遍性以及统一性的阶级认同。在外部层面，由于我国对企业结社实行较高强度的审核监管模式，行业协会内部阶层与功能进一步分化，影响了会员企业为实现共同利益开展行业集体活动的动力。

第二节　“公”与“私”兼具的法律属性

实践之中，我国行业协会既包括同行企业、俱乐部组成的团体，如中国足球协会、中国室内装饰协会，也包括主要由同行个体人员组成的团体，如律师协会、注册会计师协会等。而上述行业协会往往在治理中行使市场准

① 我国有多个学者经过考察研究之后提出类似的观点。具有代表性的是学者葛亮提出的“非制度性依赖”概念，即行业协会等社会团体为了实现发展运行的高效益，越来越主动地寻求政府的支持与介入。在制度层面如发展资金、目标设定以及行政策略等尽管保持同政府的独立关系，但在非制度层面如权威、私人交情以及领导魅力等则倾向同政府保持越来越紧密的依赖关系。他指出在中国土地之上，主动割裂同政府之间的非政府制度关系，对于社会团体发展而言并非最好的选择。

入、标准制定和惩戒会员的权力。这些权力有的来自其团体成员订立的章程，有些还来自法律的确认或者授权，其中有些行业协会具有事实上甚至法律上的垄断地位，对其成员影响巨大。随着组织规模越来越大，职能权限越来越广，部分行业协会所行使的权力也有逐渐背离团体成员合意之势。

关于行业协会的法律性质问题，我国现行立法给出的定位较为一致，即行业协会是依据现行法律法规成立，依法实行自我管理的自律性组织，可见此种定位是更偏向于一种管理学视角的定义。但在关注法规范的实施与执行过程等法学研究视角之中，此种定义显然对于解决行业管理权力的规范与行业发展权利的保护等法治问题不具有指导性和可操作性。同时，随着新时代社会治理的复杂性与机构组织的多样性现状，对自律性组织的解读已经超出了其本身的字面性含义，必须结合其在实践中所行使的具体职能、发挥的功能作用，方能对行业协会的法律性质拥有更为精准的认知。

具体来看，在行业协会的法律属性上，其既不同于国家层面的“公”，也不完全等同于“个体层面”的“私”，而兼具“公”与“私”两大属性，在社会治理的实践中扮演着治理者与被治理者的双重角色。“公法的权利地位的实现不同于私法法律状况的实现”[①]，因此两者虽有相似之处，但关注的重点不同。从“私”的属性来讲，根据国务院颁布实施的《社会团体登记管理条例》（中华人民共和国国务院令第 666 号）第 3 条规定，行业协会首先也是民事主体，具有法人资格，享有收益权、隐私权、参政权以及市场竞争权等多项民事权利。从下文提到的广州市白蚁防治行业协会诉广州市发展和改革委员会案［广东省高级人民法院（2016）粤行申 1587 号行政裁定书］中可以看出，广州市白蚁防治协会在开展行业自治的过程中根据其内部会员公约可以收取涉案合同管理费等属于市场调节的经

① ［法］莱昂·狄骥：《宪法学教程》，王文利等译，辽海出版社、春风文艺出版社 1999 年版，第 39～40页。

营服务性收费。以此为例，除涉及市场与行业内的管理内容之外，行业协会在提供相关服务过程中面向政府、行业会员、非会员以及其他行业协会等主体收取经营服务类费用时，即属于市场调节范围内的私主体。

同时，行业协会还是《民法典》（中华人民共和国主席令第45号）第87条第2款所规定的非营利法人范畴下的“社会团体”。社会团体是指具备法人条件，基于会员共同意愿，为公益目的或会员共同利益服务等非营利目的成立的自由经济主体的联合体，具有一定的私法人属性。具体而言，在“私”的这一理论范畴，在内部治理层面，行业协会的成立、运行以及发展是以成员间自愿、平等协商的方式展开，因而家庭式的伦理道德因素、个人魅力的权威因素以及私人关系间的非正式、非强制性的管理运作模式在这一领域持续发挥作用。因此对于大多数行业协会，尤其是非官办性质的行业协会而言，要想更有活力、更高效率、更为持续地实现自身发展，不仅取决于行业内成员客观权利的充分保障，更要体现出行业协会对其内部会员主观意愿、自主性以及专业特性的尊重。而从外部层面来讲，私权利的属性则间接地体现为行政权对于行业协会自治权力的尊重。目前我国越来越重视行业领域的自治权力，因此代表更高层级和法律位阶的行政权应从该领域适当剥离，从而保障行业协会的专业性与自治性。与此同时，取得社会团体的法人资格需要在我国各地区的民政部门依法履行必要的登记程序，在现行法律的规定下接受主管机关的审核，这也意味着相对于行政机关而言，行业协会仍然是作为一种社团法人式的“私”主体而被管理和监督。

而从“公”的属性来讲，行业协会不论在客观运行层面上的组织、主体与规模，还是在特定行业领域所行使的公共管理权力，都决定了其具有“公”属性的特征。从整体来看，判断某一主体是否具有“公”的属性应主要考察其是否拥有足够的“公共成分”或是否须履行公法义务，但这一判断较为笼统与抽象，其可被视作万能标准而套用在任何考察对象上，难以帮助我们明确地了解与认知“公”属性的全部内容。因此，要切实具象地判断某一主体是否具有“公”属性，可从以下5个方面进行考察：第一，机构主体的内部管理是否按照全体成员自愿、一致同意的方式运作，是否在机构的职权范围内强加了某种集体主义的、单方性的统一秩序规范。第二，机构主体在实践过程中是否履行了一定的公共管理权限，如特定公共领域的规章制定权、许可审批权、认证权、纠纷处理权以及违法制裁权等，并且按照类似国家采用的标准，在与国家共治的前提下负责提供一定的公共服务。第三，权力的内容与范围，即特定组织所行使的权力是否属于政府在开展行政管理、市场管理等社会治理工作过程中必要的、不可或缺的一环，并且其权力的行使是否足以对一定数量的公共领域与成员的秩序、利益等方面产生重要影响。第四，机构组织的设置，即某一机构的成立与运行同政府机构在人员、经费、目的、模式以及业务领域等方面是否存在较为紧密的联系，政府机构能否对其发展产生实质性的影响力、威慑力、控制力甚至主导力，两者之间是否存在一种相互渗透与彼此共生的整体关系。第五，权力的来源问题，即法律法规或政府机构是否对其存在某种具体或抽象的授权形式，并且该权力已经超越了那些适用于平等个人关系的正式规则中产生的权力。如果权力拥有成文法的授权，那么可以首先假定该主体为公共机构。

本书认为，关于这一问题应当注意3个方面：首先，若严格适用这一标准，可能会使得任何成文法上有规定的机构皆被纳入公法范围，即使该机构在实践中通常在“私”的商业领域活动。其次，某机构主体的公共权力的确来自成文法，但并不能由此推定其从事的全部活动都会带来公法意义上的问题，地方政府及其他公法主体同样会从事一般商业范围内的活动。判断的实质并非作出行为的主体，而是行为本身。只要该行为在权力的性质上属于公法范畴，即使此类权力缺乏制定法或授权上的依据，也可判定其具有“公”属性。最后，在相关纠纷发生时，被侵权人是否拥有基于合同或侵权行为之外起诉该机构的法律依据。而从上述5个标准来判断，行业协会在行使自治权力的过程中具有“公”属性包含的多个特征。

在德国，“公权力行政内涵不仅包括支配关系明显的官权行政，也包括支配关系明显的单纯‘高权行政’，即国家基于公共目的所从事的一些社会性活动，比如国家进行公共建设、清理公共垃圾等，国家应积极向人民提供水电、煤气、公共交通工具等满足社会生活所必须的生存照顾”①，因此对于公权力的理解不能过于狭隘。随着公共行政的不断发展，政府难以包揽一切，越来越多原本由行政机关行使的“公共行政事务”的管理权通过法律法规或行业规章的授权，转由行业协会行使或参与行使。同时，对于企业难以独自承担而又与其发展运行较为密切的行业管理权能，既不适合交由政府部门管理，也不适合交予其他社会组织，同样转由行业协会承接，而这一权力具有一定的强制力。从而导致行业协会在社会治理的过程中不断扮演着某一特定领域的管理者与领导者，这样的角色类似于法、德两国中部分行业协会所扮演的“私益政府”（Private Interest Government）角色，并在财政税收、公共职能服务以及政策制定参与方面受到法律规范的制度保障。当行业协会有权制定行业标准，实行人员制度管理以及处罚行业成员时，其权力的行使与行业内组织机构与成员发展的利益息息相关，与通常意义上行政职权的行使很难作出区分。《最高人民法院关于适用〈中华人民共和国行政诉讼法〉的解释》第24条第3款规定，当事人对高等学校等事业单位以及律师协会、注册会计师协会等行业协会依据法律、法规、规章的授权实施的行为不服提起诉讼的，以该事业单位、行业协会为被告。因此行业协会在行使上述法定管理权限时，其可以被视为“行政主体”，同时因其权力的行使可能侵犯会员的利益，因而理应受到法律、社会和人民的监督，这就是行业协会“公”属性的表现形式。

最后，行业协会的“公”属性还体现在其治理功能层面，尤其在我国社

① 严益州：《德国行政法上的双阶理论》，载《环球法律评论》2015年第1期。

会治理的实践过程当中，它是政府、市场等主体之外管理公共事务、实现公共利益的重要组织团体和治理力量，它们对于行业领域的认知有更为深刻的理解和更为专业的判断。在我国强调“共建共治共享”的社会治理目标的时代背景下，行业协会应当在坚持党的领导与政府负责的前提条件下，为凝聚行业力量、协调行业关系、反映行业诉求以及维护行业市场秩序等多个方面贡献自己的整合力量，从而在政府、市场两大机制之外，更大限度地促进社会“公共利益”的实现。需要补充的是，法律属性同其权力、责任紧密相连。尽管实践中部分行业协会依照法令法规授权履行部分行政管理职能，或者更具体地说，是在行使一种“过渡性的、前置性的、辅助性或者非终局性的‘类行政管理权力’”，[①] 但是在其履行具体管理职权之时，其仍应被视为适格的行政管理主体。因此其在行使“公”权力时，也要同行政机关一样，遵循职权法定、行政合理、程序正当、信赖保护以及高效便民等行政法设定的基本原则，恪守“法无授权不可为”的原则底线，在对其内部成员履行法律和章程规定的管理权力时，一旦出现不作为或违法乱作为的行为就应承担相应的法律责任。

第三节　“准行政主体”的法律地位

探究我国行业协会的法律地位，从行政组织法的视角出发，应当将其同国家放在同一视角下进行比较研究。从更为具体的层面来讲，应当从其“公”属性的角度，即行业协会在国家组织机构体系中不同部门的整体位

---

① 例如，我国律师协会的面试审核权，职业律师想要顺利取得执业律师证书，必须通过律师协会负责的培训、面试程序后方能由当地司法局颁发执业证书，可见对于此类资质审批的最终决定权仍然在律师协会的主管机关手中。

阶来判断。行业协会是国家管理特定职业、行业领域的非营利性的社会团体，它虽然具有一定的能动性与自愿性，但由于其低于国家这一更高层级的组织权力位阶，因此需要在遵守国家法律规定、政策法规等构成的制度前提下成立、发展和运行。

在探究各类主体位阶高低的视野之下，首先需要列举出几个最为相关的核心概念，即家庭、市场与国家。从属性上来看，行业协会兼具了上述3个组织的多种不同属性，即国家与家庭的非营利性、国家与市场的正式性以及市场与家庭的私人属性，它是一个性质冲突但又混合共存的领域，而不单独隶属于上述任意一个组织，三者运行的模式、原则以及规则都可被选择性地应用在这一领域当中。同时，行业协会在我国的法律政策规定下具有公法人地位，在位阶上低于行政机关所代表的国家机构，并接受其监督与领导。但相较于市场与家庭而言，并不能简单地推断它们与行业协会之间的位阶高低关系。在这一整体逻辑之下，就需要进一步考察行业协会与国家之间的结构关系。如图1－1所示。

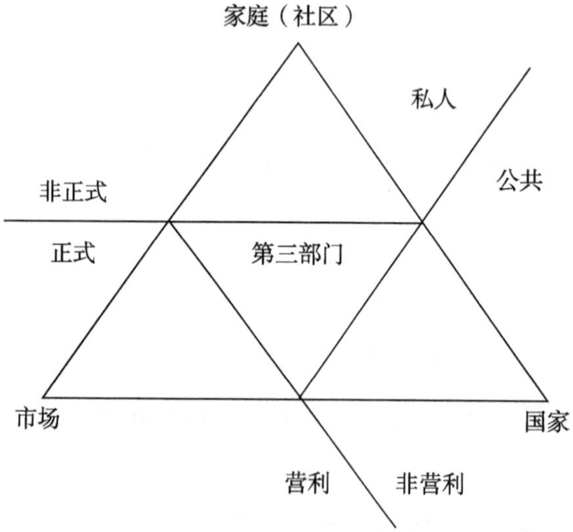

图1－1　行业协会同国家、家庭（社区）、市场的结构关系

从整体上看，“准行政主体”的法律定位是基于行业协会作为治理者与被治理者的治理实践所产生的。本书之所以将其定义为“准”行政主体，原因有二：其一，行业协会自治虽然具有法律法规授权的合法权限，其行为具有“公共服务”之性质，但其在组织位阶上低于行业主管部门，并需要依法接受相关职能部门的监督与管理。其二，从公法视角尤其是行政法视角出发，这一主体定位更有利于从立法层面指导与开展行业协会权力的监督及权利的保障。

具体而言，“准行政主体”的内涵主要包括4个方面：第一，从产生与发展的实践来看，行业协会的产生与发展与我国行政机关的改制与放权密不可分。其不同于西方式的社会、民间主体，因为西方式的社会主体发展是脱离、独立、平行于行政组织体系的，国家与社会发展系两条主线；而中国行业协会的产生、发展渊源不同，其原本隶属于行政组织体系，是伴随国家组织机构改革的推动而逐渐剥离、独立于行政组织体系的公法治理主体，因此我国行业协会发展是依附于、内嵌于行政组织体系的，国家与社会发展系由一条主线贯穿始终的。第二，从行政组织法的视角来看，行业协会尽管也属于公法人的范畴，具有浓厚的公法人色彩，但其在位阶上不同于或低于严格意义上的行政主体，因此需要接受我国行政管理机关以及公法规范的监督与规范。同时在理论层面，两者在授权成立的方式上也有不同，从我国现有的立法规定来看，行业协会系我国公民自发、自愿成立的结果，而非依据行政机关的有关组织法规设立。第三，从公共管理权力的视角来看，行业协会虽然行使着特定行业管理领域的诸多公权力，如行业规则制定权、行业惩戒权、纠纷裁决权等多项行业管理权力，但其却有别于国家行政的传统公共行政领域，在权力波及的对象与范围上相对较窄。第四，从行业自治的发展趋势来看，行业协会拥有在特定专业团体与业务领域所具备的独有特性，在历史传统上同国家一贯保持适当的距离和界限。因而“准行政主体”的称谓是为了突出行业协会相对的独立性与自治性，凸显其与行政机关的区分性，而这一性质上的定位有助于我国行业协会今后在组织性质、治理机制以及资金人员等多方面同行政主体实现实质上的脱钩。

一、作为“公”权力主体的行业治理者

行业协会行使行业管理的多项职能权限，具有公权力主体的属性。作为行业治理者，需要重点关注两个核心问题，即行业管理权的权力来源与权力合法性问题。法律法规授权、行政授权以及协会成员授权均应是行业协会管理权的主要权力来源，三者缺一不可。

首先，在法律法规授权层面，主要系由法律法规通过前瞻性立法的方式概括地授予行业协会管理权力，而具体管理的实施规定则是由协会自行制定。立法层面的权力授予内容十分广泛，其不仅授予了自治团体对于特定任务的执行，还包括发布自治性的组织规范甚至是干预公民基本权利的权力种类。[①] 具体如律师协会、注册会计师协会以及篮球协会等职业类团体协会等，通常是由《律师法》（2017 年修正）（中华人民共和国主席令第 76 号）、《注册会计师法》（2014 年修正）（中华人民共和国主席令第 14 号）以及《体育法》（2022 年修正）（中华人民共和国主席令第 114 号）等基本法律宽泛授权；又如证券协会、拍卖协会以及保险协会等行业类团体协会等，通常是由《证券法》（2019 年修订）（中华人民共和国主席令第 37 号）、《拍卖法》（2015 年修正）（中华人民共和国主席令第 24 号）以及《保险法》（2015 年修正）（中华人民共和国主席令第 26 号）等基本法律宽泛授权；最后如消费者协会、环境保护协会以及水利工程协会等经济社会管理类团体协会等，通常是由《消费者权益保护法》（2013 年修正）（中华人民共和国主席令第 7 号）以及《环境保护法》（2014 年修订）

---

① 参见于安编著：《德国行政法》，清华大学出版社 1999 年版，第 84 页。

（中华人民共和国主席令第 9 号）等基本法律予以宽泛授权。

但需要指出的是，“法律法规授权”虽然在字面含义上较为容易理解，但受制于目前我国行业协会立法发展不可避免的滞后性，现有法律法规的规定比较粗略、泛化，导致在多数执法或司法案例中难以判断某类行业协会的管理行为是否真正属于法律法规授权的范围，需要予以具体明确。以《体育法》第 65 条为例，其规定了“全国性单项体育协会负责相应项目的普及与提高，制度相应项目技术规范、竞赛规则、团体标准，规范体育赛事活动”。这就意味着中国足球协会、篮球协会等是法律授权管理全国足球、篮球竞赛的法定组织，它们有权根据《体育法》的授权开展单项体育活动的管理行为，属于行政诉讼法规定的“法律法规授权的组织”。但较多地方法院和相关协会却认为它们在法律属性上属于自愿成立的社会团体，其实践开展的具体管理行为，例如对涉嫌违纪违规的内部成员进行的惩戒性、自律性管理行为，是依照行业规章而非相关法律法规进行的，因此不应具备行政诉讼被告资格。由此看来，正是因为相关法律法规的表述不完善以及部分行业专门立法的滞后性发展，才在实践争议纠纷中对同一法律条文产生不同理解与争议。

其次，行政授权也是行业协会权力来源的重要内容，而这一授权的方式主要分为组织授权与委托授权两种。此时行业协会充当了一种“政府机构”的延伸，具有一种行政权的代理人或协助人身份。从组织授权层面来看，《地方各级人民代表大会和地方各级人民政府组织法》（2022 年修正）（中华人民共和国主席令第 110 号）（现已被修改）第 79 条规定，政府有权根据需要设立必要的工作部门，这就意味着其也有权调整与分配不同部门的权限。鉴于中华人民共和国成立以来行业协会的独特发展历史，行政授权主要体现为行政机关或行业主管部门在机构改革和职能转变过程中的放权、分权与职能调整行为。例如，中国科学技术协会、中国文学艺术界联合会等行业协会，其通常是同各级行政机关同设，由国家给予正式编制，享有对特定行业领域的协调、组织与管理权力。又如职业团体类、经济管理类等协会的权力大多是由行政机关改制放权而来。而从行政委托授权层面来看，委托的方式主要是基于行政合同，相关的法定责任仍保留在行政机关一方。但需要明确的是，尽管行业协会自治中的行业惩戒权源于行政合同等委托方式，但其仍然应当受到法律保留原则的规范与约束。实践当中，行政机关之所以会采取对行业协会委托的授权方式，主要是考虑到特定行业协会，如环保类，技术监督类协会等在人员配备、信息采集、地理因素上的检查、取证、执法便利或在个别专业领域的专业知识优势。并且，此类委托授权主要是集中在某些临时性、例外性、技术性以及具体事务性的行业管理领域，职能权限相对有限，对相对人权益的影响也相对较小。

最后，行业协会成员的契约方式同样是行业授权的重要途径之一。自主、自治既是行业协会治理的重要特征，也是维护行业高效有序运转的核心准则。因此，在一定程度上，行业协会依法享有自拟规范、自我管理以及内部裁决的自治权力，而这一权力的合法性基础则是来自全体成员的自愿授权与让渡，这一权力是成员私权的集合体。具体而言，行业协会的部分管理权力，如议事权、内部规约制定权、重大事项决策权、经费使用权、负责人任免权、申诉权以及行业违法行为的调查与裁决权等，是由协会成员为了增进各方共同利益，通过民主协商的契约方式所赋予的，它代表了行业成员的集体意志，并被所有成员认可与接受。这一类行业管理权力主要是由行业协会章程所规定，而行业协会章程又是经过会员（代表）大会的民主商议程序而订立的。除此之外，会员与协会之间签订标准合同、组织联合买卖、制定统一价格标准以及开展集体谈判等也是协会成员间接授权的重要方式。

需要补充的是，在明确了行业协会管理权的法定来源后，其权力与行为运行的规范与监管便成了关键问题。有权必有责，权责应匹配。作为行业协会事务的管理者，其管理权力的实施应当得到立法、司法、政府、社会以及行业成员等多方面的监督。同时，其在自治权力行使的过程中也难以避免同协会成员或部分具有利害关系的非会员发生争议纠纷，而这就需要我国在行业协会内部、主管部门以及司法机关不同组织体系中构建完善的救济途径。

二、作为“私”权利主体的行业被治理者

除去行使“公”权力的管理者身份，行业协会同时也扮演着作为“私”权利主体的被治理者。作为“私”权利主体的行业协会主要包括4个方面的具体内涵：其一，行业协会是基于公民自愿成立的社会团体法人，其在治理方式、运行模式以及纠纷解决机制等诸多方面具有非强制性、协商性以及自主性等“私”权利主体具有的内在特征。具体来看，在治理方式层面，行业协会在充分尊重行业会员意愿与诉求的基础上，通过民主协商程序，制定行业管理章程，选举领导成员，设定治理机构。在运行模式层面，行业协会更为注重民主决策，强调协商管理与平等协作，市场化的发展理念也有运用。在纠纷解决机制层面，行业协会更倾向于选择内部调解、复核与仲裁作为纠纷解决方式。

其二，行业协会作为被治理者，其在设立、发展、运行以及注销清算等各方面均需接受以主管部门为代表的相关主体的审核与监督，此时其作为相对人的“私”主体权利需要得到保障。具体来看，在行业协会的发起设立阶段，其成立的条件与名称、活动的范围与地域以及运行的数量与规模等方面均需接受主管部门的初步审核；在其发展运行的实践层面，行业会员、业务与机构的变更、行业惩戒与奖励等管理活动以及行业调解与仲裁等裁决性活动等同样需要在合法性、合理性层面接受主管部门、司法机关、行业成员以及社会大众的监督；在注销与清算的实践层面，由于行业协会行使重要的公共治理职能，其注销与清算均需在主管部门的必要监督

下有序进行，从而避免部分行业会员的合法权利受到侵害或特定行业领域出现管理权力真空的负面后果。

其三，在行业治理的过程当中，行业协会虽然也作为被治理者，但其“私”权利的主体性质决定了其部分自治性权力（利），例如行业惯例、行业规则制定权、行业许可权以及行业裁决权等需要得到管理部门的尊重与支持。具体来看，在行业协会设立的审批层面，行业主管部门应当积极推进直接登记改革，贯彻“一业多会”的包容性、竞争性治理理念，简化行政审批的程序与时限，实行形式性审查，避免考虑不相关因素。因此，在行业自治的权力保障领域，行业规则制定权、行业许可权以及行业裁决权等诸多自治性权力需要得到立法机关的明确授权、行政机关的充分放权以及司法机关的合理监管。

其四，行业协会作为“私”权利主体，其在构建规则体系与发展运行的实践过程中更多选择市场化的发展理念与目标。具体来看，市场化的发展理念注重竞争、效率与公平。首先，竞争意味着行业协会的发展要注重行业领域和主体的多元化、行业标准的专业化以及行业运作的灵活性，而这就要求特定地区、特定领域的行业协会发展应当避免“一家独大”，注重行业协会间的平等竞争，避免地方政府的过度干预，提升自身在人员管理、技术创新以及专业资质等方面的专业性与权威性。其次，效率意味着行业协会的发展要在保持较低治理成本的基础之上充分实现行业协会的治理活力，而这就决定了其发展理念应当同行政机关的部分行政管理理念，如秩序性、公益性、强制性等理念作出区分。最后，公平意味着行业协会的发展应当避免不正当竞争、行业垄断等特权行为，更加注重行业运行机制的公开性、参与性、民主性与透明性，保障不同行业协会间充分开展深入、流畅与高效的对话、合作与交流。

第四节　自律、服务、协调与代表的四大基本职能

从整体来看，我国行业协会应当充分发挥其两大方面的功能与作用：第一，在党的领导、政府负责以及法律法规授权的前提下，行业协会应在专业性层面充分行使对其成员的独特管理功能。特定行业领域有其独特的发展规律和专业性特点，应当遵循独特的管理方式和权限标准。独特，即行业协会对其成员的管理应当以国家普遍规定、伦理道德为参考基准，并以行业协会的职业属性为核心考量因素，进而制定出符合特定专业领域发展的管理措施。以中国足球协会为例，2018 年 10 月中国足球协会临时通知，要求从各中超俱乐部和中甲俱乐部中临时抽调 55 名职业足球运动员开展为期两个多月的国家队封闭集训。这一通知涉及了多个俱乐部的精英球员，导致包括广州恒大、山东鲁能在内相关俱乐部的争冠目标以及天津权健、大连一方等俱乐部的保级目标岌岌可危，侵犯了职业球员的利益，影响了足球职业联赛的正常运作。目前，我国在以足球协会为代表的一些行业领域缺乏稳定、科学、合理、专业的管理标准，成员的管理具有一定的随意性，政策规定的稳定性、可预期性不足，国家规定、伦理道德标准与行业协会专业性规定交叉重合，对行业协会成员的要求经常超出了职业领域的要求水平，影响了行业协会发展的活力。

第二，行业协会应在党、国家以及其他社会组织之外，发挥其必不可少的社会治理与整合功能。行业协会的功能类型及所占比例可见表 1－1。无论是特定职业的社会团体，如足球协会、律师协会、医师协会、注册会计师协会等，还是特定领域的社会团体，如科技协会、保险行业协会、证券行业协会等，抑或未经民政部门备案但又获得地方群众广泛

认可的“草根组织”，如地方社区的武术协会、棋牌协会以及书法协会等，在我国实践治理过程中，相对于政府而言，行业协会在其特定领域更能贴近市场与社会，亦更加了解行业信息和其成员的集体意向与利益诉求，因此能在协调会员内部利益、组织协会对外集体活动、制定行业规范和准入标准、收集行业协会信息数据、倡导政府公共政策、凝聚社会力量参与治理以及维护行业协会秩序等诸多方面发挥重要的治理与整合功能，有效地保障了行业运行与市场发展的秩序，成为政府与市场机制外的重要补充力量。但需要明确的是，承担特定的社会功能也同时意味着要拥有与之相匹配的社会权力与责任。

表1-1　行业协会的功能类型及所占比例

（*部分参考王名著《社会组织论纲》第148页）

行业协会的功能	所占比例/%
A. 参与制定行业规划或技改前期论证	41.38
B. 行业调研和政策立法建议	62.76
C. 行业统计	42.76
D. 参与制定行业标准	44.14
E. 制定行规行约	48.28
F. 协调价格	22.07
G. 参与质量管理监督	25.52
H. 参与行业许可证的发放和组织审查	13.79
I. 进行产品的认证或鉴定	11.72
J. 应对国际贸易摩擦和反倾销等问题	13.79
K. 办行业刊物	69.66
L. 办行业网站	62.76

续表

行业协会的功能	所占比例/%
M. 组织展销展览会等开拓市场的行为	53.79
N. 帮助企业改善技术和经营	45.52
O. 反映会员要求，为会员维权	79.31
P. 组织企业参加国际交流	62.07
Q. 法律信息咨询	48.28
R. 培训	82.76
S. 开展行业评比、评优等活动	56.55
T. 接受政府委托的工作	64.83
U. 倡导企业社会责任，发展社会公益事业	48.28

而从具体层面来看，根据相关行业协会的多部基本法律，如《消费者权益保护法》《保险法》《证券法》《拍卖法》等，以及相关行业协会的组织章程，如《中华全国律师协会章程》《中国注册会计师协会章程》《中国证券投资基金业协会章程》《中国银行业协会章程》等行业管理法规范文件和行业内部治理依据的规定，[①] 本书认为，我国现有行业协会从整体

① 有关行业协会职能的法律法规，参见《律师法》第46条规定的律师协会拥有制定行业规范和惩戒规则、对律师执业活动考核等24种法定职责；《体育法》（2016年修正）第45、65、66、67条规定了全国性的单项体育协会享有对本项目运动员注册管理，全国单项体育竞赛的管理、普及与提高，以及制定相应项目技术规范、竞赛规则、团体标准等权限；《消费者权益保护法》第36、37条规定的消费者协会拥有向消费者提供消费信息和咨询服务，受理、调查、调解消费者投诉以及就损害消费者利益行为提起诉讼等8大法定职责；《拍卖法》第16、17条规定拍卖行业协会具有考核拍卖师资格，组织统一考试，授予证书以及监督拍卖行业、拍卖师等职权；《证券法》（2014年修正）（已被修改）第174、176条规定了证券业协会具有调解会员之间、会员与客户之间的纠纷，监督、检查会员行为并对违法行为给予纪律处分等职能；《注册会计师法》第4、7、35、37条规定了中国注册会计师协会具有组织实施国家注册会计师统一考试，拟定注册会计师执业准则以及对注册会计师任职资格、执业情形进行年度检查等职能权限等；而对于行业协会的相关章程，参见《中华全国律师协会章程》第7条规定的制定行业规范和惩戒规则，对实习人员进行考核，受理对律师的投诉和举

上主要履行自律、服务、协调以及代表这四大基本职能。

首先，行业自律是体现行业协会“公”属性特征的重要管理职能之一，是维护行业秩序、规范行业市场、保护成员企业利益的重要保障。2020年12月，中共中央针对我国法治社会的建设创新领域印发了《法治社会建设实施纲要（2020—2025年）》，要求全国各地区各部门结合实际认真贯彻落实。其在文件中围绕行业自律的规范创新问题明确提出了5大方面的具体要求：其一，我国应当发挥行业协会商会自律功能，探索建立行业自律组织，深化行风建设，规范行业行为。其二，我国要加强行业规章、社会组织章程、居民公约等社会规范建设，推动社会成员自我约束、自我管理、自我规范。其三，我国要加强对社会规范制定和实施情况的监督，逐步制定自律性社会规范的示范文本，使得社会规范的制定和实施符合法治原则和精神。其四，推进社会诚信建设，加强行业协会商会诚信建设，完善诚信管理和诚信自律机制。其五，要依法有效化解社会矛盾纠纷，发挥人民调解、行政调解、司法调解、律师调解的功能作用，构建社会矛盾纠纷多元预防、调处、化解综合机制。而上述内容都是行业自律领域的重要内容。由此可见，在推进新时代社会治理创新过程之中，充分、

报等9大项职能权限；《中国证券业协会章程》第6～8条规定证券业协会具有搜集、整理证券业信息，组织从业人员培训，制定证券业职业标准和业务规范以及负责非公开发行公司事后备案等21项职能权限；《中国注册会计师协会章程》第7条规定注册会计师协会具有行业宣传、制定行业规范以及惩戒注册会计师、会计师事务所等21项职能权限；《中国拍卖行业协会章程》第6条规定拍卖行业协会具体行使制定行规、会约，实施拍卖企业资质认定，管理拍卖师资格考试、授证、注册、年检等管理工作以及为会员提供法律、咨询服务等职权；《中国保险行业协会章程》第6～10条规定保险行业协会具有制定保险行业标准、开展会员自律管理，协调行业会员关系以及对从业人员资格的认证管理等20多项职能权限；《中国足球协会章程》第7条规定中国足球协会拥有研究制定足球发展方针政策、规划计划、行业标准，规范管理职业足球俱乐部等12项具体职能权限；《中国篮球协会章程》（2020年修订）第13条规定的中国篮球协会享有篮球项目管理，主办篮球赛事，负责对参赛俱乐部、有关人员注册管理以及对于腐败、涉毒、涉赌等行为进行监管处罚等13项职能权限；《中国乒乓球协会章程》第6条规定中国乒乓球协会享有拟定乒乓球运动员、教练员管理竞赛制度，负责运动员资格审查以及负责选拔、推荐国家队教练员等8项职能权限等。

高效、规范地实现行业自律功能意义重大。

行业自律功能具体包括行业侵权的自律、行业标准的制定、行业发展的政策规划、反不正当竞争以及反倾销等多项维护行业协会秩序的规范措施。对于政府部门直接享有的公共职能，如国防、外交、军事、财政、公共安全、经济调解、市场监管、公共服务以及社会保障等，由于其事关宏观决策与规划层面的国计民生，该等类型的公共职能不应被授予任何类型的社会组织行使。而低于此层次的微观、偏中观的执行性、协助性、技术性以及操作性的社会公共职能，如行业发展规划、行业标准制定、行业产品检验、行业资质许可以及行业运行检查与监督等属政府调控但间接管理的职能，可以以法律、法规或者政府授权、委托的形式交由行业协会行使，政府不应对行业协会具体业务和细节的开展进行不合理的干预。

我国政府与行业协会在行业自律领域的权力容易产生混同。因此，在行业协会履行自律职能的过程中，应当精准定位行业协会的职能权限，避免行业协会携带“官”“民”两副面具，为自身特殊群体利益的最大化实现而游走于不同的角色之间。在实践中，当行业协会行使行业自律的公权力时，某些行业协会打着政府的旗号，行使某些政府未予授权的执法权力，如审批、年检、认定、打击和惩处虚假产品以及侵权广告等。还有部分行业协会则会打着实现公益的幌子，以行业自律为手段开展营利、不正当竞争或垄断的不正当行为。该类行业协会在行使自律职权时，一方面以行政主体的角色和地位登场，另一方面却又缺乏法规范的约束和限制，而当其获得利益和资源后，却又以非政府组织的身份登场，规避市场经济规则的束缚。因此，如果不能将行业协会的职能权限同政府的职能权限作出精准的区分，那么行业协会内的权力乱象势必会影响政府的形象，扰乱市场经济秩序，行业协会的独特性也难逃被同化的下场。

其次，行业服务是行业协会治理的相关法规范及政策文件中最常提及的基本职能。行业服务隶属于社会服务、社会责任的范畴，三者密不可分。2015年12月，中共中央、国务院印发了《法治政府建设实施纲要(2015—2020年)》，文件提出适合由社会组织提供的公共服务和解决的事项，应交由社会组织承担，应支持和发展社会工作服务机构和志愿服务组织；应建立健全政府购买公共服务制度，推进公共服务提供主体和提供方式多样化，凡属事务性管理服务，原则上都要引入竞争机制向社会购买，确需政府参与的，实行政府和社会资本合作模式。与此同时，《法治社会建设实施纲要（2020—2025年)》围绕行业服务的未来职能创新也提出了以下5个方面的指导要求：第一，要促进各类社会组织在公共服务供给中发挥更大的功能作用，不断完善政府购买公共服务机制。第二，要推进社会治理领域的志愿服务组织发展，完善志愿服务的标准化建设。第三，要引导社会主体履行法定义务、承担社会责任，促进社会健康有序运行，要支持社会组织建立社会责任标准体系，鼓励将社会资源向积极履行社会责任的社会组织倾斜。第四，要健全社会心理服务体系、疏导机制、危机干预机制，建立健全基层社会心理服务工作站，发展心理工作者、社会工作者等社会心理服务人才队伍，加强对贫困人口、精神障碍患者、留守儿童、妇女、老年人等的人文关怀、精神慰藉和心理健康服务。同时也需要加强社会心理服务机构同执法司法机关的工作衔接，强化对执法司法所涉人群的心理疏导。第五，构建覆盖城乡、便捷高效、均等普惠的现代公共法律服务体系。推动律师、公正、仲裁等行业改革发展，推动公共法律服务标准化、规范化、精准化，有效满足人民日益增长的高品质、多元化法律服务需求。从文件可以看出，今后在社会公共服务的供给层面，保障更多的社会组织参与其中是大势所趋。

提到服务职能，不能仅大而广之地泛泛而谈，应当深入解决3个关键问题，即行业协会为谁服务？怎样服务？如何高效能地提供服务？只有对上述3个问题有所认知，方能真正了解行业协会的服务属性，了解其整体的功能和作用。上文对行业协会的性质已有所论述，不同于关注自身营利收益的企业，也不同于关注公共利益权衡布局的政府，行业协会更多地关注会员群体的利益最大化。

其一，行业协会是一个集体性的非营利组织，其服务的范围重点既非特定、单个企业的微观领域，也非政府视角下所关注的传统公共领域，而是重点服务于同一行业领域内的会员企业或个体，这点应当予以强调。目前我国实践当中的行业服务开展的工作方式主要遵循“会员逻辑”，目标主要在于保障会员权益、调节会员纠纷。并且行业服务的运行资金主要依赖于会员会费、赞助、捐赠或其他经营性活动收入，而政府财政支持一般不会占据行业协会收入的较大比例。需要明确的是，行业协会在服务过程中或会涉及营利问题，但行业协会的营利不能同会员企业（个人）争利，也不能以营利为目的参与分红，行业服务的首要目的是实现会员企业（个人）的利益最大化。以行业协会商会助力会员企业减负为例，2021 年《民政部关于在行业协会商会领域组织开展“我为企业减负担”专项行动的通知》、《民政部社会组织管理局关于部署全国性行业协会商会开展“我为企业减负担”专项行动的通知》（民社管函〔2021〕37 号）发布，上述文件提出要通过全国性行业协会商会减免、降低、规范企业会费等专项行动的形式，进一步推动减轻企业负担、优化营商环境，增强行业协会商会服务企业的能力。

然而不同于西方绝对的“会员制度”，作为中国特色社会主义制度下的新型社会组织代表，行业协会应同党和政府一道在国家公共治理层面发挥其独特的职能功效。以助力新冠肺炎疫情的复工复产为例，2020 年 2 月，《国家发展改革委办公厅、民政部办公厅关于积极发挥行业协会商会作用支持民营中小企业复工复产的通知》（发改办体改〔2020〕175 号）予以发布，文件提出行业协会商会要不断提高政治站位，强化使命担当，利用好协会扎根行业、贴近企业的独特优势，在动员企业全力参与疫情防控的同时，积极支持行业企业特别是民营中小企业有序复工复产，在助力企业渡难关中提升服务水平和治理能力。因而我国行业协会在开展治理活动的过程当中也应秉承一定的“公”属性，引导行业群体履行一定的社会责任，带领会员企业承担一定的社会公共服务，包括社会风险预防、社会安全保障、社会健康服务、社会矛盾化解以及社会诚信建设等内容。

其二，从经济学角度来讲，服务本质上是广义的物品供给，而供给便会引发竞争性与排他性的后果。行业协会的服务对象是协会内部的企业会员，这一点便会导致会员与非会员企业在诸多方面的权益不等同。例如，企业需要获取行业发展的新技术、新需求、新趋势等关键信息时，只有企业会员有权享有；又如会员企业面临生产资金困境，行业协会可通过自身声誉及影响力为会员提供信用担保，而非会员企业（个人）则无权享有；再如，行业协会计划筹备展览会、展销会、商业论坛等，会员相比非会员而言可能在价格、发言权及优先权等多方面存在优势。此时上述服务所带来的权益对会员来说系专享的，对其他非会员而言具有排他属性。而通过此种服务供给模式，一方面原有的会员逐渐强化信任并自愿支持行业协会的运行与发展，另一方面越来越多的潜在会员会加入行业协会的队伍之中。随着越来越多新老会员的会费支持，行业协会也得以扩充服务的规模与范围、降低服务的成本与支出、提高服务的质量与水平，而此种会员制的发展模式是行业协会生存与发展的根本所在。但需注意的是，此种模式下容易滋生市场垄断与反市场竞争的倾向，需要政府通过法律法规等方式给予相应管制和监督。

其三，中国特色社会主义的行业协会提供服务不应仅限于会员领域，也应间接服务于非会员领域。对非会员之外的公共领域，行业协会也应不同程度地提供多种服务，如行业信息的统计与公开、行业权利诉求表达以及国内外行业技术合作交流等。我们鼓励和提倡行业协会在上述领域向全体企业（个人），而非局限于会员企业提供服务，是因为该类服务关乎国家整体行业水平与品牌的发展，其中以温州打火机行业协会诉欧洲反倾销事件最为典型。但需要注意的是，公共领域的行业服务同样会滋生部分非会员企业（个人）“搭便车”的现象，使其所承担的公共领域服务成本被间接地加至会员企业之上，而成本支出的上涨也会反过来导致行业协会在公共服务供给方面的积极性、主动性不足，因此需要政府提供财政、制度支持，与行业协会协商合作，寻求合理、平衡的解决路径。

再次，行业协调是我国行业协会的重要“软职能”，其体现了中国行业协会的发展特色。在政府职能调整与市场转型的新时期，行业协会与政府、会员企业、非会员企业以及个体工商户之间容易发生各式各样的利益纠纷，此时行业协会作为重要的中介力量，亟须其发挥沟通桥梁作用，实现多方争议的实质性解决。行业协会的协调功能体现在行业协会内部与外部两个方面。对于协会内部而言，虽然在实践中类似于行政命令的管理方式也有所运用，但行业协会仍然倾向于通过不同会员企业之间自愿平等的方式协商合作、交换意见、解决争端，进而达致某种程度的妥协，以集体的形式向政府提出权利诉求。由于这一内部协调职能将在下文的内部治理章节中进行详细论述，此部分将重点讨论行业协会的外部协调层面，即其同政府的实践分工与关系状态。

由于计划经济管理体制的历史影响，我国行业协会一直秉持同政府、行业会员在财政、制度乃至文化心理等多方面保持密切联系的传统，而此种传统力量产生的惯性作用与思维很难在短时间内得到消除，这一现象在行业协会的发展领域体现得尤为明显。实践中政企（主要指会员企业或个人）关系决定行业协会与会员企业（个人）、行业协会与政府的关系定位；反过来说，只有行业协会积极主动地依赖政府的支持与保障，协调好同其主管政府部门的关系，才能真正有益于政府、企业会员（个人）与行业协会三者各自的良性发展与运作。

协调职能的运用在我国区县地区尤为显著。对于经济较发达、市场化程度高、社会自治能力较强的省市地区，由于行业治理的主体、依据及程序等制度环境较为规范、透明与统一，该等区域的行业协会发挥沟通协调职能的空间较小。而只有将研究重心放在国家统合力量较弱、行业治理制度化水平较低的大部分基层地区中，行业协调职能展开的方法、策略及目的等关键细节才能得到真正的研究，这对于探索中国本土政府与行业协会的关系脉络，掌握行业协会今后的生存发展模式大有裨益。在基层地区中，行业协会与政府的关系是不连续的、低制度化的。行业协会有时能够得到会员企业（个人）与政府的支持，但有时却又并非如此，此现象归根结底是地方政策目标的持续变动所致。无论是发展型政策还是分配型政策，在地方政府追求政绩最大化的前提下，政策的调整均会对行业会员企业（个人）的资源分配、运营成本以及产权归属造成持续、深刻的影响。

最后，我国行业协会的代表职能直接关乎其长远的发展命运。“企业的需要必须为政府所意识到，然后通过政府的主动改革来得到满足。自然成长的民间治理往往需要较长的时间，而民间组织在政府推动下成长，则在很大程度上取决于政府的举措，它有可能由于政府职能的迅速社会化而发展很快，也可能由于政府的保守态度而发展缓慢。”实践中，行业协会的代表职能具体表现为其对会员企业（个人）不同的合法权益、权利诉求以及主观意愿通过协会整合、汇集的集体方式向社会与政府予以表达和倡导，实际扮演的是利益代表（interest representation）的角色，而代表功能的实现就是有效发挥社会主义协商民主的重要途径之一。协商民主是实现党的领导的重要方式，是我国社会主义民主政治的特有形式和独特优势，要推动协商民主广泛、多层、制度化发展，统筹推进社会组织协商，就需要行业协会有效地发挥其代表功能。

代表职能主要体现在行业协会在法律法规、公共政策、规划目标制定过程中的参与度、采信度以及影响力，如各个省市地区的行业协会会长、副会长往往兼任了全国或地方的人大代表、政协委员，在各级地方人大或政府制定法律法规及公共政策时，行业代表如律师协会、证券业协会、篮球协会等往往可以在其专业领域建言献策，为行业协会争取更加良好的制度发展环境。2019 年 3 月，《国务院办公厅关于在制定行政法规规章行政规范性文件过程中充分听取企业和行业协会商会意见的通知》（国办发〔2019〕9 号）予以发布，文件指出要保障行业协会商会在制度建设中的知情权、参与权、表达权和监督权；对企业切身利益、权利义务有重大影响的，涉及特定行业、产业的，要充分听取有代表性的企业和各类行业协会商会的意见；要运用多种方式听取意见，除去依法需要保密的文件之外，可以通过报纸、网络平台、听证会、座谈会、论证会、问卷调查、书面发函以及实地走访等多种方式认真听取行业协会商会意见；要完善意见研究采纳反馈机制，各地区、各部门对行业协会商会提出的意见要认真分析研究，采纳情况要积极向社会公布和有关单位反馈，对于相对集中的意见未予采纳的，要通过适当方式予以反馈和说明；要加强制度出台前后的联动协调，设置合理的缓冲期，增强制度的可预期性，注重制度实施的效果监测，开展后评估工作，充分听取行业协会商会对制度实施的效果评价和完善建议；要注重收集企业对制度建设的诉求信息，主动、及时了解企业所需、困难所在，积极研究论证行业发展急需的制度建设项目，全面了解其在制度建设方面的相关诉求，加强建设意见建议的收集整理力度；要加强组织领导和监督检查，对于未按规定听取行业协会商会意见的严格责任追究。此后 2021 年 1 月，中共中央印发了《法治中国建设规划（2020—2025 年)》，文件指出要"拓宽社会各方有序参与立法的途径和方式。加强立法协商，充分发挥政协委员、民主党派、工商联、无党派人士、人民团体、社会组织在立法协商中的作用"。与此同时，《法治政府建设实施纲要(2015—2020 年)》在其文件中再次指出，今后要不断提高政府立法公众参与度，拓展社会各方有序参与政府立法的途径和方式，充分发挥社会组织等在立法协商中的作用，建立有关国家机关、社会团体等对政府立法中涉及的重大利益调整论证咨询机制；要增强公众参与实效，事关经济社会发展全局和涉及群众切身利益的重大行政决策事项，应当广泛听取意见，与利害关系人进行充分沟通，并注重听取有关社会组织的意见。由此可以看出，社会组织的代表职能正逐渐受到国家重视。

行业协会代表职能的充分实现应当重点关注 3 个问题：首先，“草根”行业协会的代表职能发挥空间有限。在全国范围内，基于满足不同群体公共服务的需求，地方政府往往对这类并未在民政部门登记在册的“草根组织”采取默许或支持的态度。对于这一类型的行业协会，其生存发展的策略就是在制度允许的前提下同特定的政府部门保持紧密合作，维持二者间的“偶发共生关系”（Contingent Symbiosis）。在实践过程中，这一类型的协会组织在利益诉求的汇集与代表方面往往缺乏组织性、统一性与有效性，同政府、社会之间的沟通深度不足，但由于其存在的数量和规模相当可观，应当给予政策制度上的一定保障。其次，行业协会会员企业（个人）的代表功能存在差异。虽然相对于非会员企业（个人）与“草根组织”而言，协会会员的身份为企业同国家部门之间的沟通合作提供了合法性、制度化的基本沟通管道与资格，但对于合法登记的行业协会而言，在发挥代表功能的过程中，不同会员企业（个人）由于在组织、地位与资源之间存在差异，小型企业或力量较弱的个体在行业协会集体行动以及征集会员不同利益诉求的过程中往往具有较小的话语权，而真正能代表行业协会发声的往往是个别当选为人大代表、政协委员的权威个体或少数龙头企业等具有正式政治地位或资格的组织主体。最后，不同层级行业协会的代表功能也有区别。在基层区域的制度环境下，行业协会政策制定涵盖的利益主体少，利益内容小，而地方政府的自由裁量权相对较大，行业协会对于政府的依附关系程度更高，因此行业协会通过座谈会、政府会议等正式途径对地方政策制定的参与度、影响力较弱，而其他非正式途径往往是他们施加政策影响的首选方法。而在较高层级的规范、稳定的制度环境下，由于涉及的利益主体广泛、利益内容宏观复杂，政府的自由裁量权亦受到限制，也就需采用制度化、组织化、规范化的正式渠道全面地汇集、整合不同领域行业协会的权利诉求。

与此同时，行业协会代表功能的实现应当在法律规范的规定下合法进行，在党和政府的调控下有序进行。行业协会是特定利益群体的代言者，其持续不断的发展虽然为特定群体中个体利益的集中表达提供了渠道，能够在一定程度上影响公共政策的制定，为公共政策制定的民主化开启了另外一扇大门，但仅凭特定群体决策的民主化程序并不能从根本上保证政策的公共倾向，实现社会公共利益的最大化，需要党和国家的必要调控。我国行业协会具有多元化的经济来源，如国家税收优惠、行业会费以及其他经营性收入，因此可以预见的是，其可能通过自身经济、组织实力的持续增强产生行业利益独立化、特殊化以及狭隘化的发展趋势，造成行业协会的发展目标同会员企业（个人）利益乃至社会公共利益的脱节。党和政府需要针对不同意见给予足够的平衡、协调与整合，从而避免在公共政策制定与形成的过程中由于行业协会对其利益团体的维护，造成不同利益群体间的利益失衡与次序混乱，导致公共政策未能反映大多数人的利益诉求而最终向少数特殊利益团体倾斜，影响行业、市场、社会乃至国家调节秩序的正常运行。

第二章　作为被治理者的行业协会：外部治理现状及困境

如前所述，行业协会作为社会治理的重要主体，其在行业自治的过程中行使一定的公共管理权力，因此其权力的行使应当受到法律法规的规范。此外，行业协会作为被治理者，需接受登记管理机关、业务主管机关以及其他有关部门的监督，其享有的合法权利也应当得到制度性的保障。从整体上来看，该权利保障主要系指保障行业协会具有高效、充分履行上述权力的空间自由，具体包括成立登记自由、自主办会权及行业自治权等多项权利，而这一权利的全面实现有赖于党和国家构建合法、合理、科学、系统的制度环境。

第一节　外部治理的法规政策领域

“不仅要去探求立法者颁布了多少法律，宗教的创立者宣布了多少教义，或者哲学家宣扬的理论有多少被法院适用……而且也要去探问上述东西有多少被实际应用并具有生命力。只有成为生活必不可少之一部分的规范才是活的规范；其余的任何东西都仅仅是学说、裁判规范、教义或者理论。”[1] 纵观我国关于行业协会管理的法律规范依据，目前仍具有地方立法较为滞后、政策文件多于法律的特点。[2] 目前我国尚未出台专门的法律和行政法规来规范行业协会的发展、运行及监管问题。对于行业协会的治理，当下依然是通过国务院出台的《社会团体登记管理条例》以及党政机关的政策性文件，将其混同于其他种类的社会组织一并治理，而对于社会组织的治理问题，尤其是在其参与社会治理的制度方面，相关法规有所滞后，政府监管的行政法规体系同样不够健全。

在对现有与社会组织相关的法规和规范性文件进行全面梳理后不难发现，虽然其总体数量不少，条文规定也多，但较为散乱，缺乏一致性和整体感。例如，政府针对社会组织的管理规范仅有《社会团体登记管理条例》、《基金会管理条例》（中华人民共和国国务院令第400号）及《民办非企业单位登记管理暂行条例》（中华人民共和国国务院令第251号）3个核心行政法规，《民法典》对社会组织治理结构建设的内容无规定，现行法规尚无对社会组织自身制度建设的相关规定。虽然配套有《取缔非法民间组织暂行办法》（中华人民共和国民政部令第21号）、《基金会年度检查办法》（中华人民共和国民政部令第30号）、《社会组织评估管理办法》（中华人民共和国民政部令第39号）、《社会组织登记管理机关行政处罚程序规定》（2021年）（中华人民共和国民政部令第68号）（以下简称《社会组织行政处罚程序规定》）等个别部门规章，以及《民政部社会组织管

---

① ［奥］尤根·埃利希：《法律社会学基本原理》，叶名怡、袁震译，中国社会科学出版社2009年版，第30页。

② 参见文末重要法律政策文件索引列表以及《浙江省民政厅关于社会团体登记管理制度改革的试行意见》（浙民民〔2014〕70号）、《中共湖南省委办公厅、湖南省人民政府办公厅关于加强和创新社会组织建设与管理的意见》（湘办发〔2014〕7号）、《中共青海省委办公厅、青海省人民政府办公厅关于改革社会组织管理制度促进社会组织健康有序发展的实施意见》、《广州市民政局关于进一步深化社会组织登记改革助推社会组织发展的通知》（穗民〔2011〕399号）、《嘉兴市促进行业协会发展办法》等，可见在目前的行业协会管理的规范依据中，政策文件的数量大于法律文件。

理局关于进一步加强社会组织管理　严格规范社会组织行为的通知》(民社管函〔2021〕43号)等个别部门工作文件，但目前整体上仍然缺乏具体的工作适用规则。

同时对于行业协会的管理规范而言，我国现有多数条文制定的立法层级较低，缺乏在国家法律层级上有管理行业协会的专门“母法”，如类似于《行业协会法》等。同时从具体层面来看，核心条文间的规定存在交叉与重复现象，导致政府对其监管存在“真空地带”，以及多种新兴行业协会无法取得合法地位的“困境”。① 目前虽然我国广东、江苏等地区出台了相应的行业协会专门管理办法，但制定的年代都较为久远，相应的法律修改与更新工作也较为滞后，实践中这些条例也未能得到较好的落实。

一、党对行业协会的领导与管理

在我国社会治理的实践、创新、探索过程之中，中国共产党始终发挥着核心领导作用。当前社会治理任务的复杂性需要党建工作的统筹引领，以党建引领社会治理创新不仅符合我国治理逻辑，而且能够有效回应国家治理现代化、社会治理精细化的现实需要，及时满足新时代公民丰富多元的权益诉求。

(一) 党建引领行业治理符合我国的治理逻辑

“为人民谋幸福、为民族谋复兴”是中国共产党长期承担的历史使命，而完成这一使命就需要党不断提升自身执政能力。从宏观层面来讲，党建领导行业协会治理符合人民群众的根本利益。建党100周年以来，中国共产党秉持服务人民的基本理念，在坚持以人民为中心的原则之上，不断发

① 例如，农民经济合作组织、城乡社区基层组织、农村公益和互助组织以及海外在华的行业协会等大量“法外”或“草根”类社会组织急需得到我国法律的授权。

挥自身的领导、组织、动员优势，持续、高效地回应社会大众的治理需求，提升了自身的领导能力，夯实了自身的执政地位。从国家治理、社会治理的历史经验来看，正是由于中国共产党在我国政治革命、国家建设、社会治理等领域的坚强领导和持续引领，国家治理才能真正完成现代化转型，社会治理创新才能有序推进，国家与社会才能平衡发展。

从具体层面来讲，党建引领行业协会治理符合我国治理的理论、实践与政治逻辑：其一，党的领导是中国特色社会主义政治制度的最大优势，只有坚持党建引领行业协会治理，才能切实贯彻党领导一切的最高政治原则。实践证明，党建引领不仅能为行业协会治理提供组织保障和制度支持，同时也能高效化解各类行业领域的现实矛盾与风险，理应作为党的执政之基、执政之要而长期贯彻执行。其二，党领导政府、社会、公民等多元主体，使其协同、参与社会主义建设是中国特色治理理论的重要创新。党的十九届四中全会提出，我国要完善党委领导、政府负责、民主协商、社会协同、公众参与、法治保障、科技支撑的7大社会治理体系。可见不同于西方“国家与社会”结构框架、新公共管理思潮等理论体系，党的领导是中国特色治理理论的关键核心，而党建引领行业协会治理便是贯彻落实党的领导理论创新的重要举措。其三，新时代党建引领国家机关、国有企业、社会组织等参与基层治理，是我国长期执行的实践经验和基本方略。从实践规范来看，《关于加强和改进乡村治理的指导意见》《关于加强和改进城市基层党的建设工作的意见》等基层治理规范不断颁布实施。从实践措施来看，北京、深圳、上海等都在积极构建基层党建创新机制，而党建引领行业协会治理便是充分贯彻、回应上述治理实践逻辑的表现。

当下我国正在积极、全面推进行业协会与行政机关脱钩，政府正在逐步退出行业协会的多数治理领域，但社会治理问题与矛盾仍然客观存在。考虑到我国社会治理创新任务仍然十分艰巨，各类行业协会在治理经验、组织动员、人才保障等方面也尚不成熟，可能导致行业协会治理领域的失序、失范、失准等诸多治理困境。这就需要党组织发挥核心领导作用，在实践中传播思想、凝聚共识、整合资源、引领价值，统筹协调政府与行业协会在职责权限领域的有序、规范、科学“交接”，避免出现行业管理、行业救济、行业服务等治理领域的空白区。

（二）社会治理的复杂性需要党建工作的统筹引领

行业治理隶属于社会治理的大范畴。当下社会事务的复杂性、社会问题的前沿性以及社会主体的多样性等现实问题，对于我国社会治理的综合性、整体性、协同性方面要求更高，因此必须依靠党的领导这一社会治理创新的“红色引擎”来推动助力：其一，社会治理中的无序化、分散化、个体化现状需要党发挥领导作用实现社会治理的“再组织”。当下传统单位体制、户籍制度等集体组织形式的治理模式正逐渐解构，社会个体的流动性、组织性及多元性逐渐增强，以行业协会为代表的社会治理领域正逐渐呈现碎片化、分散化、离心化的整体特征。这就需要党组织发挥其领导力、凝聚力，推动各类社会组织走向“重组”，实现社会治理的整体有序。

其二，行业治理中的纠纷解决、权利救济、矛盾化解等问题需要党员和党的工作居中协调。根据我国现行法规规定，行业协会的纠纷解决途径主要包括内部申诉、复核、仲裁以及外部诉讼两大种类，其中行业内部救济方式在实践中运用的比重较大。然而相对于外部诉讼而言，内部救济在权威性、专业性、客观性上均存在不足，部分相对人转而采取其他方式寻求权利救济，可能不当加剧社会矛盾。面对上述困境，需要针对性地完善行业协会监事会等复议、申诉机关的党组织建设，在提高内部救济途径权威性、专业性水平的基础之上，发挥党组织的领导核心功能，以权威居中身份促成相关纠纷的协商和解，实现矛盾纠纷的实质性化解。

其三，行业服务水平的高低是评价社会治理现代化的重要标志，提升行业治理中的整体服务水平，需要党组织积极动员、高效组织、统筹协调。健全完善行业内的各项服务，如会员企业的专业技能培训、业务合作交流、内部权益保障等，能够有效激发各类企业会员的积极能动性，提升行业治理的整体活力和治理水平。实践中部分强势会员垄断行业服务市场、独享行业服务资源、破坏公平服务竞争等现象时有发生。这就需要党组织发挥领导核心作用，构建合作交流模式，整合行业服务资源，健全信息共享机制，保障每一位企业会员都能公平、公正、公开地享受会员权益，履行会员义务。

目前党领导社会组织的组织机制正在逐步健全，《关于改革社会组织管理制度促进社会组织健康有序发展的意见》提出，"对住所地不在北京以及设立分支机构的全国性、跨区域社会组织，除按照有关规定由中央直属机关工委、中央国家机关工委、国务院国资委党委加强党的领导外，住所地及分支机构所在地党委应当按照'条块结合'的要求，加强对有关社会组织及其分支机构党组织的日常指导和监管服务"。

（三）党领导行业协会治理的实践规范依据

理论上行业协会隶属于社会团体、社会组织。从政策规范依据来看，早在1994年，党的十四届四中全会便通过了《中共中央关于加强党的建设几个重大问题的决定》，此决定提出我国新建立社会组织正不断增多，需要从实际出发建立党的组织、开展党的活动，由此社会组织党建逐渐进入党的建设视野。1998年，《中共中央组织部、民政部关于在社会团体中建立党组织有关问题的通知》（组通字〔1998〕6号）予以颁布，此通知规定了凡常设机构的专职人员中正式党员人数达到3人以上的社会团体，均应建立党组织机构。社会团体的业务主管部门或挂靠单位党组织要重视社会团体的党组织工作，要帮助社会团体党组织解决工作中的实际问题。同时社会团体当中的党组织须自觉接受业务主管部门或挂靠单位党组织的领导，并向其定期汇报工作、请示汇报重要问题。

2000 年 7 月，《中共中央组织部关于加强社会团体党的建设工作的意见》（中组发〔2000〕10 号）（以下简称《关于加强社会团体党建工作的意见》）予以发布，文件对我国社会团体的党组织建设提出了 3 方面要求：首先，文件指出当下社会团体的管理工作有待提高，社会团体的党建工作存在多个亟待解决的问题，多数社会团体并未建立党的基层组织，一些已经建立党组织的社会团体对党员的教育、管理和监督工作比较薄弱，党组织的设置形式也不够完善，难以担负起对社会团体活动进行有效监督的职责。其次，文件规定社团在取得合法登记成立之后，民政部门党组织应要求主管部门在社会团体的成立、变更登记中督促具备条件的社会团体建立党组织，并要求主管部门在对社会团体实施年度检查时，将社会团体的党组织建设情况作为考核的一项指标。并且社会团体的业务主管部门与挂靠单位党组织要切实领导好社会团体在党员管理、发展、监督、思想教育、党组织建设以及组织负责人选配等方面的实践工作。最后，文件提出社会团体在开展会员大会、理事会等重要会议或活动期间应成立临时党组织。临时党组织仍由主管机关或挂靠单位党组织批准成立，并接受其领导，并且临时党组织领导应由社会团体领导中的党员担任。对于会员大会、理事会或会员代表大会一般涉及社会团体人事选任、章程修改及机构变更等重大决议，业务主管部门或挂靠单位可通过临时党组织的渠道，在上述活动中采用推荐优秀党员担任社会团体领导、借助已发展党员为社会团体建言献策等方式助力社会团体的发展。2009 年 11 月，为进一步健全我国新社会组织党组织建设，《中共中央组织部、中央深入学习实践科学发展观活动领导小组印发〈关于在深入学习实践科学发展观活动中建立健全新社会组织党组织的意见〉的通知》（学组发〔2009〕51 号）予以发布，文件对于在新社会组织中建立健全党组织，调整充实党组织领导班子，加强党员组织关系管理，做好发展党员工作，保障必要的经费和活动场所以及充分发挥党组织作用等 6 大方面作出了具体规定，进一步规范、强化了新社会组织中党组织的指导和领导。

随后在 2015 年 9 月，为切实加强党对社会组织的领导，促进社会组织健康发展，《中共中央办公厅印发关于加强社会组织党的建设工作的意见(试行)》被予以发布，文件对于社会组织党建工作的重要意义和总体要求、党组织功能定位、党建管理体制、党建工作机制等 4 大方面作出了详尽规定：其一，在重要意义层面，其提出了社会组织的党建工作是为了激发社会组织活力，促进社会组织在国家治理体系和治理能力现代化过程中更有效地发挥作用。其二，在功能作用层面，其提出了党组织应当发挥政治核心作用，保证社会组织的政治方向，引导和支持社会组织有序参与社会治理、提供公共服务、承担社会责任，帮助社会组织健全章程和各项管理制度。其三，在工作管理体制和工作机制层面，全国性的社会组织党建工作应当分别归口中央直属机关工委、中央国家机关工委以及国务院国资委党委统一领导和管理，地方社会组织党建工作由省、市、县级社会组织党建工作机构统一领导和管理。县级以上地方党委要依托党委组织部门和民政部门建立社会组织党建工作机构。同时上述机关和机构应主要负责指导基层党组织建设、党员队伍建设、思想政治工作、党的群众工作和党风廉政建设等。其四，在党组织具体活动层面，社会组织党组织建设要突出社会组织特点开展党组织活动，发挥社会组织及其从业人员专业特长，发挥社会组织人才在信息、资源等方面的专业优势，充分利用现代信息技术手段开展活动，增强党组织活动的开放性、灵活性和有效性，凝聚社会共识。

2017 年，党的十九大修订通过了新党章，其在第 33 条中明确规定，我国社会组织中党的基层组织，应当负责宣传和执行党的路线、方针、政策，领导工会、共青团等群团组织，教育管理党员，引领服务群众，推动事业发展。2020 年年底，《法治社会建设实施纲要（2020—2025 年）》再次强调我国要坚持党对社会组织的领导，加强社会组织党的建设，确保社会组织发展的正确政治方向，充分发挥基层党组织在法治社会建设中的战斗堡垒作用。可见目前党的领导在我国行业协会的治理当中仍相对集中在政治引领、思想指导两大宏观层面，其主要发挥着“总揽全局、协调各方”的作用，即在充分发挥自身政治与组织资源优势的基础上，基于实践中政治组织上的领导地位，统筹各方社会组织形成治理合力，整合多方主体参与协同共治，领导行业协会逐步提升其治理层面的规范化、精细化与科学化水平。因而根据现行政策规定，党建工作的职权、组织设定原则上不应涉及行业协会治理的具体、事务性工作。

二、行政业务主管部门的前置审核

目前我国行业协会的行政管理主要包含“事前审核”与“事后监管”两种方式。在“事前审核”层面，除去行业协会商会类、科技类、公益慈善类、城乡社区服务共4类可以直接向民政部门依法申请登记的社会组织以外，依据《社会团体登记管理条例》第9条第1款的规定，申请成立社会团体前应首先经过业务主管部门的审查同意，才能由符合法定资质的发起人向登记管理机关申请登记。[①] 在开展正式的筹备与登记工作之前，行业协会需历经一个前置性步骤，即取得社会团体业务主管部门对于社会组织名称、宗旨、业务范围、发起人、拟任负责人等方面的核准同意。因此行业协会的成立除了要在法律上取得合法性（合法登记）之外，还要首先在组织建设上取得业务主管部门的审查许可，在行政层面的规范、标准、

---

① 除《江苏省行业协会条例》(2017年修正)(江苏省人民代表大会常务委员会第58号)、《云南省行业协会条例》(2012年9月28日云南省第十一届人民代表大会常务委员会第三十四次会议通过)等个别行业协会的特别规范之外，全国大部分省市地区如《湖北省发展和规范行业协会暂行办法》(湖北省人民政府令第284号)、《江西省行业协会管理办法》(江西省人民政府令第194号)以及《广东省行业协会条例》(广东省第十届人民代表大会常务委员会公告第53号)等规范都对行业协会依法登记之前规定了前置性的筹备申请工作，其他省市地区甚至根本未制定专门的行业协会管理规范，而是直接依据《社会团体登记管理条例》执行，而《社会登记管理条例》则在其第9条中明确规定了社会团体应当开展登记前筹备的步骤。

原则、逻辑乃至价值观上实现政治达标，也就是学者高丙中提出的取得“行政合法性”，即行政部门及其负责人对行业协会的承认与接受，这是由我国社会团体产生与发展的特殊背景所决定的。

关于业务主管部门的概念与界定，根据《民政部关于重新确认社会团体业务主管单位的通知》（民发〔2000〕第41号）（以下简称《重新确认社会团体业务主管单位的通知》）第3条规定，业务主管部门应当同时具备以下4项条件：第一，能够全面履行社会团体业务主管单位的职责；第二，中央或地方机构编制管理机关“定职能、定机构、定编制”；第三，有具体机构和人员从事社会团体管理工作；第四，经中共中央、国务院或地方县级以上党委、人民政府履行过授权程序。地方县级以上党委、各级人民政府可以参照此意见，根据当地实际情况，对于符合前3项条件的组织予以授权。

同时，《重新确认社会团体业务主管单位的通知》第2、4条规定了业务主管部门具体包括的种类：其一，国务院组成部委、国务院直属机构、国务院办事机构及地方县级以上人民政府的相应部门和机构；其二，中共中央各工作部门、代管单位及地方县级以上党委的相应部门和单位；其三，全国人大常委办公厅、全国政协办公厅、最高人民法院、最高人民检察院及地方县级以上上述机关的相应部门；其四，经中共中央、国务院或地方县级以上党委、人民政府授权作为社会团体业务主管单位的组织；其五，军队系统的社会团体的业务主管单位的问题由总政治部明确；其六，授权的中国作家协会、中华全国新闻工作者协会等组织为全国性社会团体的业务主管单位。

然而，《重新确认社会团体业务主管单位的通知》并未对业务主管部门审查许可的依据、管辖、程序与时限等具体操作问题作出规定，导致部分业务主管部门在实践过程中存在不合理提高登记审核标准，过度附加成立登记条件等损害社会团体合法权益的问题。目前我国尚不存在法律、行政法规层级的行业协会专门立法，导致行业协会的前置性审核在地方层面主要存在两类立法模式：第一类，大多数地方性立法在行业协会的设立、筹备以及登记等程序方面仍然按照《社会团体登记管理条例》的规定执行，即行业协会在发起成立前，应向其业务主管部门递交材料，取得其审查批准后，方能交由登记管理机关批准正式筹备与登记。① 第二类，个别地方立法在行业协会的设立、登记方面做了简化与创新，即无须业务主管部门的前置性审核，而是直接交由登记管理机关统一行使筹备、登记的审批权限，而业务主管部门主要负责行业协会日常活动的业务指导与监督管理。②

三、行政登记管理机关的登记审批

行业协会被相关登记主管部门批准登记是其成立、发展与运行的第二个步骤。行业协会的成立与登记标准是否合法、合理、科学，直接能够决定我国行业协会的发展前景。对于行业协会登记审批的一系列法制问题，包括登记的条件、时限、程度等，我国并未在法律或行政法规层级进行专门的立法规定，而是将行业协会的管理工作统筹规定在社会团体的管理范畴当中，因此目前应重点关注国务院制定出台的《社会团体

① 参见《上海市行业协会暂行办法》（2002 年 1 月 10 日上海市人民政府发布）、《新疆维吾尔自治区行业协会管理办法》（新疆维吾尔自治区人民政府令第 164 号）、《温州市行业协会管理办法》（温政令〔1999〕30 号）、《郑州市行业协会管理办法》（郑州市人民政府令第 169 号）、《江西省行业协会管理办法》（江西省人民政府令第 194 号）、《湖北省发展和规范行业协会暂行办法》（湖北省人民政府令第 284 号）、《杭州市行业协会管理办法》（2015 年修订）（杭州市人民政府令第 228 号）、《青海省人民政府办公厅关于印发规范和发展行业协会暂行规定的通知》（青政办〔2004〕135 号）以及《济南市人民政府关于印发济南市行业协会管理办法的通知》（济政发〔2007〕16 号）等。

② 参见《深圳经济特区行业协会条例》（2019 年修正）（深圳市第六届人民代表大会常务委员会公告第 161 号）、《广东省行业协会条例》（广东省第十届人民代表大会常务委员会公告第 53 号）、《江苏省行业协会条例》（2017 年修正）（江苏省人民代表大会常务委员会第 58 号）以及《云南省行业协会条例》（2012 年 9 月 28 日云南省第十一届人民代表大会常务委员会第三十四次会议通过）等。

登记管理条例》。①

在讨论行业协会的登记程序之前，需要明确一个问题。根据我国《社会团体登记管理条例》第3、4条的规定，行业协会需具备法人条件，要遵守相关法律法规政策。而对于特定的3类社会组织，即人民团体、国务院批准免于登记的团体以及机关、团体、企业事业单位内部活动的团体，不需要按照《社会团体登记管理条例》规定进行登记。后两者的范围和对象较为容易识别和区分，其不予登记的原因也较为容易理解，但“人民团体”是中国现存体制下的特定政治概念，由于其范围的指向性不明，需要作出简要的说明和阐释。

这类人民团体在《社会团体登记管理条例》第3条中是指可以“参加中国人民政治协商会议”的团体。这类团体不同于一般的社会团体，其具有很强的政治与行政色彩，同行政机关的机构职能设置相类似，其在实践中也行使着特定的行政管理职能。同时国家赋予其组成人员与负责人正式编制，其机构设置形式也与各级政府机构同步建构。因此从其性质来看，它们更类似于“政府组织”，而不属于《社会团体登记管理条例》第2条规定的“中国公民自愿组成，为实现会员共同意愿”的非营利性社会组织。2018年2月28日，党的十九届三中全会通过了《中共中央关于深化党和国家机构改革的决定》，文件中也将人民团体称为“群团组织”，并提出群团组织应当增强自身政治性的目标要求。在实践当中，人民团体主要是指中国共产党直接领导下的中华全国总工会、中

① 我国民政部将社会组织分为社会团体、民办非企业单位以及公益性基金会3大类，根据《社会团体登记管理条例》第2条第1款，社会团体的定义是：“中国公民自愿组成，为实现会员共同意愿，按照其章程开展活动的非营利性社会组织。”对于社会团体，民政部又将其进一步分为4类，即学术性、行业性、专业性以及联合性团体。同时，广东省、上海市以及深圳市等地方立法对于行业协会的定义为：“行业协会是从事相同经济活动的经济组织或个体工商户等，为维护共同合法经济利益而自愿组织的‘非营利性社会团体’。”因此可推断出在现行法律层面上，行业协会是隶属于社会团体的范畴的，对行业协会的管理应当同社会团体的管理工作保持一致。

国共产主义青年团、中华全国妇女联合会、中华全国工商业联合会以及其他特殊团体，如中国科学技术协会等。[①]

（一）成立申请的条件

根据《社会团体登记管理条例》及其他省市地区行业协会的专门立法规定，由发起人开展筹备申请是行业协会成立的首要步骤，发起人应当在信用状况、经营年限、经营状况等方面满足一定的资质要求，并在会员人数、机构住所以及团体名称等多个方面也需满足法定条件，获得筹备许可后，可向当地民政部门管理机关申请登记。具体展开，《社会团体登记管理条例》第 10 条以及其他省市地区行业协会立法规定了社会团体成立的申请条件和名称要求。这些成立条件具体包括会员人数（如 50 个以上个人会员、30 个以上单位会员或 50 个混合会员等）、资金财产数额（如全国性团体 10 万元以上、地方性或跨区域团体 3 万元以上等）、固定住所和办公机构、专职从业人员、民事责任能力要求以及固定组织机构章程等。并且《社会团体登记管理条例》对全国性、地区性的社会团体和行业协会的名称也提出了不同的要求，如行业协会名称应当包含行政区域名称、协会特征，并且可以协会、商会、同业会或联合会等字样作为后缀。此外，在《社会团体登记管理条例》第 11 条及其他省市行业协会立法也规定了社会团体及行业协会申请登记需提交包括登记申请书、筹备申请的批准文件以及章程草案等多项申请文件的要求。

与此同时，关于社会团体分支机构、代表机构的登记管理问题，现行规范也有相关规定。实践中社会团体设立的分支机构主要是指依据业务范

---

① 参见《民政部关于对部分团体免予社团登记有关问题的通知》（民政部民发〔2000〕256 号），其中对经国务院认定可以免予登记的社会团体也有详细列举，如中国文学艺术界联合会、中国作家协会以及中华全国新闻工作者协会等。

围划分或人员组成特点而设立的专门从事该社会团体某项具体业务活动的机构，其设立之目的主要是方便开展社会团体的实践活动。《社会团体分支机构、代表机构登记办法》（民政部令第38号）（以下简称《分支机构登记办法》）在第3～14条中规定了社会团体分支机构申请登记的法定条件、文件格式、不予登记的法定情形以及应予处罚撤销的法定情形等问题。随后《民政部社会组织管理局关于进一步加强全国性社会团体分支机构、代表机构规范管理的通知》（民社管函〔2021〕81号）在此基础上针对违法设立分支（代表）机构、强化开展自律管理以及优化分支（代表）机构结构功能等问题作出了进一步的规范与调整。

（二）批准登记的排除范围

在前述规定的基础上，《社会团体登记管理条例》第13条进一步规定了登记管理机关在若干情形下可不予登记的自由裁量权。具体从社会团体的政治条件、活动范围、业务领域以及发起人资格等多个方面提出了限制性规定。其大致包括4类情形：其一，社会团体的宗旨、业务范围不符合《社会团体登记管理条例》第4条规定或其从事营利性活动的；其二，同一区域已经存在业务相同、相类似的团体，成立已无必要的；其三，发起人、负责人正在或曾经接受剥夺政治权利的刑事处罚、不具有合格的行为能力的；其四，存在虚假申请或其他法律、行政法规规定的禁止情形的。

除此之外，针对社会团体分支机构、代表机构不予登记的法定情形，《分支机构登记办法》第6条也具体规定了7种法定情形：拟设立与已设立的分支机构业务范围相同或相似的；拟设立的分支机构冠有行政区划名称或带有地域性特征的；分支机构或代表机构下再次设立分支机构的；拟设立的分支机构与社会团体宗旨、业务范围无关的；拟设立的分支机构在活动内容、承办事项等方面与社会团体业务范围无关的；拟设立的分支机构、代表机构的活动范围超越社会团体设定的活动地域的；存在法律或行政法规规定的其他禁止情形的。

（三）登记管理的审核时限

《社会团体登记管理条例》第12、15条规定了主管机关登记核准的相关审批时限，即登记管理机关在收到社会团体递交的全部材料之日起60日内应作出准予或不准予登记的决定。社会团体应当自批准之后的60日内向登记管理机关申领社会团体法人登记证书，登记管理机关自收到相关文件后的30日内正式颁发社会团体法人登记证书。同时《社会团体登记管理条例》将1998年颁布实施的旧条文中关于筹备批准的60日审核期限规定予以删除，这就导致了业务主管单位在审核批准行业协会筹备的依据、程序与时限等重要内容方面缺乏相应的法律规范。

除中央层级的规定之外，根据各省市地区行业协会的专门立法规定，登记管理机关对行业协会成立的批准时限则有所缩减，例如《广东省行业协会条例》第11、14条规定登记管理部门应在30日内作出准予或不准予筹备的决定，并在收到相关材料的30日内决定准予或者不准予登记。又如《深圳经济特区行业协会条例》（2019年修正）第21条规定了登记管理机关应当自受理设立登记申请之日起20个工作日内作出是否予以登记的决定。

（四）行业协会登记设立的管理缺陷

关于行业协会成立的业务领域问题。当下我国绝大多数地方行业协会规范，如《杭州市行业协会管理办法》（2015年修订）等，规定了县级以上行政区域内不得设置业务范围相同或近似的行业协会，并且实践中类似领域发生的纠纷不在少数。然而对于何谓业务范围相同或近似的问题，国家相关法律规范并未给予明确的解答，实践中业务主管部门对于此概念的理解也往往采取相对谨慎的态度。本书认为业务范围相同或近似，并不意味着两个或两个以上行业协会在业务或名称上存在小部分形式上的重合和交叉便应一律审核为相同或近似情形，进而认定相关协会无成立之必要。在多元化的实践需求驱动下，行业协会应关注不同行业、产品或职业领域的专业性发展。在宏观层面上，国民经济行业分类可以按照精细化标准划分为多个小类；而某个具体的行业、产品或职业领域又可按照产业链的各个环节、经营方式和服务类型进一步划分为不同的行业种类，每个种类又可根据自己的专业领域开展精细化管理。若不能具体考察行业协会章程中的具体业务范围，而仅根据名称或其他形式要素判定两个行业协会的业务范围相同或近似，进而不予批准设立，这将在很大程度上抑制行业协会的发展活力，不利于行业协会向专业化、精细化的治理目标迈进。

这一点在下文所述的北京社区空手道推广协会诉民政部案［北京市高级人民法院（2018）京行申 1123 号行政裁定书］中便能得到很好的阐释。此案中第三人筹备组向北京市民政局申请成立“北京市空手道协会”，北京市民政局在收到其申请登记的相关材料后，决定准予其成立，并向其颁发社会团体法人登记证书。原告北京社区空手道推广协会获悉此登记信息后向民政部申请行政复议，民政部维持了北京市民政局作出的行政许可决定，原告不服并就此案提起行政诉讼。法院在审理过程中认定，虽然原告与第三人同属围绕空手道运动领域开展活动的社团组织，但从两个协会提交的行业章程与民政局批准的业务范围来看，原告的全部业务范围限定于在社区内开展空手道运动的相关服务，属于社区服务范畴，而第三人的业务范围则是在市体育主管部门的指导下开展空手道运动的相关活动，属于行业协会范畴，这在社团类别、业务范围、业务活动区域、服务对象以及成员构成等方面均存在明显差异，北京市民政局对于核准条件的考量具有事实依据。因此在相关立法缺失，地方主管部门消极审批的实践困境下，此案对“一业多会”的行政审核提供了一个有益思路，即判断两个以上行业协会业务范围是否重叠并有无成立之必要，不能仅从名称、协会称号等形式要素上进行简单判断，而应具体考察行业协会章程、主管部门审批文件等内容，从实质层面对目标协会在社团类别、业务范围、活动领域、服务对象以及成员构成等方面进行比较，从而判断其是否存在明显差异。

关于行业协会的直接登记改革问题。党的十八大报告首次提出："我国要加快形成政社分开、权责明确、依法自治的现代社会组织体制。逐步推进行业协会商会与行政机关脱钩，强化行业自律。"重点培育、优先发展行业协会商会类、科技类、公益慈善类、社区服务类社会组织，成立这些社会组织，直接向民政部门依法申请登记，不再需要业务主管单位审查同意。2013 年的《机构改革方案》也提出我国应当健全和完善社会组织管理制度，成立行业协会商会类、科技类、公益慈善类、城乡社区服务类社会组织时，直接向民政部门依法申请登记。同时《中共中央关于全面深化改革若干重大问题的决定》再次强调，我国应当激发社会组织活力，限期实现行业协会商会与行政机关真正脱钩，重点培育和优先发展行业协会商会类等社会组织，成立时直接依法申请登记。因此根据党和政府的重要文件精神，对于行业协会的登记管理问题应取消不必要的审批程序（如筹备审批），下放管理权限，降低准入门槛。

但从我国绝大部分地区的行业立法及政策实施情况来看，行业协会直接登记改革的进程仍较为缓慢。纵观全国各地有关行业协会的相关立法，大多数省市地区仅是在政策层面上响应了党中央文件的指导精神，① 仅有

① 例如，上海市根据国务院规定印发了《中共上海市委办公厅、上海市人民政府办公厅关于本市改革社会组织管理制度促进社会组织健康有序发展的实施意见》（沪委办发〔2017〕5 号），该实施意见提出要建成组织分类明确、登记分级清晰、审批便捷高效的社会组织登记制度，旗帜鲜明地指出应深化行业协会的直接登记改革。又如，河北省印发了《河北省民政厅关于开展对四类社会组织直接到民政部门登记的通知》（冀民〔2013〕124 号），山东省印发了《山东省民政厅关于创新社会组织登记和管理工作的通知》（鲁民〔2013〕49 号）等。但上述意见、通知等规范文件大都仅是停留在政策层面，未能及时转换为法律规范，且内容规定相对宽泛，可操作性较弱。

极个别省市将“直接登记改革”的中央政策精神落地为相对具有可操作性的地方立法，如《山西省四类社会组织直接登记管理暂行办法》以及《江苏省四类社会组织直接登记管理暂行办法》等。但需要强调的是，上述办法虽然对行业协会的直接登记改革作出了实体与程序性的规定，如提出了“一业多会”“降低注册标准”“降低会员数量标准”“取消社会团体筹备审批环节”等9项可以适当放宽的条件标准。但其对直接登记的行业协会仍然设定了较多的限制性条件，例如：部分特定的行业协会设立仍需要征询有关部门和单位意见；行业协会的发起人应在其所属业务领域内具有较高的权威性和影响力；省级行业协会要具有8个以上市区的辐射率以及取得行业主管部门的资质、名称预先许可等，似乎削弱了直接登记改革的政策影响力。

从整体来看，国内仅有个别省市针对行业协会的管理出台了单独的管理办法或条例。[①] 大多数省市地区，就行业协会的登记管理事宜尚未出台单独的立法规范，而是将“行业协会”放置在“社会团体”这一统筹范围

① 对于我国省、直辖市以及自治区这一层级，针对行业协会单独立法的管理规范主要有：《广东省行业协会条例》（广东省第十届人民代表大会常务委员会公告第53号）、《湖南省行业协会管理办法》（湖南省人民政府令第310号）、《湖北省发展和规范行业协会暂行办法》（湖北省人民政府令第284号）、《江苏省行业协会条例》（2017年修正）（江苏省人民代表大会常务委员会第58号）、《江西省行业协会管理办法》（江西省人民政府令第194号）、《青海省人民政府办公厅关于印发规范和发展行业协会暂行规定的通知》（青政办〔2004〕135号）、《云南省行业协会条例》（2012年9月28日云南省第十一届人民代表大会常务委员会第三十四次会议通过）、《上海市行业协会暂行办法》（2002年1月10日上海市人民政府发布）、《天津市行业协会管理办法》（天津市人民政府令第90号）（已被修改）、《新疆维吾尔自治区行业协会管理办法》（新疆维吾尔自治区人民政府令第164号）以及《广西壮族自治区行业协会商会管理办法》（广西壮族自治区人民政府令第112号）等。而对于我国市（区）一级，相关的行业协会管理规范主要有：《深圳经济特区行业协会条例》（2019年修正）（深圳市第六届人民代表大会常务委员会公告第161号）、《郑州市行业协会管理办法》（郑州市人民政府令第169号）、《杭州市行业协会管理办法》（2015年修订）（杭州市人民政府令第288号）、《温州市行业协会管理办法》（温政令〔1999〕30号）以及《济南市行业协会管理办法》（济政发〔2007〕16号）等。

下，以国务院出台的《社会团体登记管理条例》作为法定管理依据。虽然个别地区对行业协会的治理问题颁布了统一的地方性法规或规章，但从行业协会的成立、登记、变更以及注销（或违法被撤销）的几个关键步骤来看，大都是依据《社会团体登记管理条例》的一般性规定，而并未有效结合地区的实践特点作出立法上的创新和突破。此外全国其他大多数地区颁布的行业协会管理条例和办法，要么由于条文制定的年代久远（一般都在党的十八大召开之前，个别甚至于2000年前后便已发布实施），未予以及时更新修订，也未出台相关政策文件完善旧有登记制度，要么直接依据《社会团体登记管理条例》开展行业协会的管理工作，在实践中仍然适用双重审核制度来对行业协会的登记设立进行管理。

从具体层面来看，我国行业协会直接登记改革的进程仍较为缓慢。上文已作阐述，我国关于行业协会的地方立法存在两种模式，其中第一种模式均需当地业务主管部门在登记管理部门批准之前先行开展审核或初审。在我国目前已颁布行业协会管理办法或政策性文件的17个省市地区中，除广东省、深圳市等极少数地区规定由民政部登记管理部门实行直接登记管理外，湖南省、江西省、湖北省等其余13个省市地区仍旧是沿用《社会团体登记管理条例》所规定的“双重管理”传统模式。

本书认为，实行行业协会直接登记改革的目的是实现行政机关对行业协会监管的有序退出，简化行业协会成立的程序、步骤及时间成本，充分地调动行业协会发展的活力与能动性。然而保留行业协会主管单位的筹备前置性审批则预设了政府对行业协会成立之不信任、不包容与不支持的逻辑前提。目前对于“直接登记”的定义，民政部门尚未进行过概念、内涵上的精准解释。直接登记具体指什么？在直接登记之前是否还需发起筹备环节，并经登记机关的审批同意？实践中，广东、江苏及云南三个省份的行业协会成立登记虽然不再需要业务主管部门的前置性审核，而是由登记管理部门统一行使登记，但行业协会的成立仍然需要经过发起筹备与正式登记两个步骤，且筹备和登记均需经登记管理部门的批准审核。由此可见，尽管不再需要业务主管部门的前置性审核，但成立行业协会的程序性步骤并未减少，而这又能否算是另一种变相的“双重管理模式”？对于这一问题的争议，深圳市的做法或许更为接近中央关于行业协会直接登记改革的实质要求和精神。根据《深圳经济特区行业协会条例》（2019年修正）的相关规定，行业协会的成立仅需名称核准和登记两个步骤。虽然行业协会的成立仍需发起筹备，但对于这一阶段的审核批准仅限于登记管理机关在名称上作出形式审查后，便可直接进入正式登记程序，这无疑降低了行业协会成立的审核标准。可能在程序步骤上这样规定才更为符合中央层面直接登记改革的政策要求。

四、社会团体的资金财税规定

从理论概念层面来讲，社会团体发展运行的资金来源主要包括政府资助、税收优惠、会费收入、服务收费以及捐赠收入等多个部分，而对社会团体的资金财税规定主要涉及对上述收入来源的税收优惠与调节问题。

关于社会团体、行业协会商会的会费、经营服务收费及其他各项收费的管理问题。早在2014年《民政部、财政部关于取消社会团体会费标准备案规范会费管理的通知》（民发〔2014〕166号）规定，社会团体的会费标准不再由国务院、省、自治区、直辖市财政部门核准通过，也不再需要报送业务主管单位、社会团体登记管理机关和财政部门备案，而是可以直接依据章程规定的业务范围、工作成本等因素，合理制定会费标准。社会团体登记管理机关、财政部门应对社会团体会费的收支情况进行监督，但社会团体的会费不属于政府性收入。此后国务院办公厅、民政部、国家发展改革委、国资委等部门在此基础上陆续发布了《国家发改委、民政部、财政部、国资委关于进一步规范行业协会商会收费管理的意见》（发改经体〔2017〕1999号）、《国务院办公厅关于进一步规范行业协会商会收费的通知》(国办发〔2020〕21号)、《民政部关于贯彻落实国务院部署　进一步规范行业协会商会收费工作的通知》(民函〔2020〕81号)、《国家发展改革委办公厅关于组织开展行业协会商会经营服务性收费清理规范工作的通知》(发改办价格〔2020〕632号),上述一系列规范文件提出要进一步推动行业协会商会依法依规收费、规范健康发展,减轻企业负担、激发市场活力,并且对于当下提升其收费规范性、透明度问题作出了大致4个方面的指导性规定:其一,持续规范会费收取的标准和程序。行业协会应当按照法律法规和章程规定,合理自主地确定会费标准,明确会员享有的基本服务。会费标准的制定须经过行业协会的会员(代表)大会以无记名方式表决通过,对于已经脱钩和直接登记的行业协会确定的会费标准,行政机关不得通过行政手段强制要求调整。其二,合理设定经营服务型收费的标准。对于行业协会开展的具有垄断性和强制性的经营服务项目,要针对性地采取放宽准入条件、引入多元化服务主体等方式打破垄断,实现服务价格的市场化;对于暂时无法破除垄断的服务项目,应当按照合法合理、弥补成本、略有盈余的原则确定收费标准,并且要经过会员(代表)大会或理事会表决通过;对于可由市场调节的经营服务型收费项目,需要根据服务成本、市场需求等因素确定收费标准,并向社会公示。其三,减少部分重点领域行业协会商会的偏高收费。应依法加强对银行、证券、基金、期货、资产评估等履行法定职责的行业协会商会收费项目的成本审核,严格整治部分行业协会商会收费项目多、标准高、经费使用不透明等突出问题。其四,要清理规范行业协会商会的经营服务性收费。具体包括收费项目、内容、依据、主体、对象、标准、金额等,要打破服务垄断,降低收费标准,取消不符合法律法规规定的入会费、赞助费等违法违规收费项目。可见当下对于会费收取的内容、程序、标准正在逐步规范,行业自治的空间在逐步扩大,但具体、细致的可操作性规则仍待完善。

关于公益捐赠的收入问题。国家为扩大社会团体在这一方面的收入，于1999年制定了《公益事业捐赠法》（中华人民共和国主席令第19号），并在第24条至第27条中对相关捐赠行为规定了优惠措施，具体包括：公司企业捐赠用于公益事业的财产、自然人和个体工商户捐赠公益事业的财产、境外向公益性社会团体捐赠的物资等依照相关法律法规给予税收方面的优惠。但从全球视角看，上述税收的抵免限额相对偏低，且国家指定的能够享受税前扣除优惠政策的非营利组织种类较少。2010年、2016年，为促进社会公益事业发展，规范公益事业捐赠票据使用，强化各类主体尤其是社会组织的公益事业捐赠收入监管，《财政部关于印发〈公益事业捐赠票据使用管理暂行办法〉的通知》（财综〔2010〕112号）、《财政部、民政部关于进一步明确公益性社会组织申领公益事业捐赠票据有关问题的通知》（财综〔2016〕7号）相继发布。文件对于捐赠票据的内容和适用范围，票据的印制、领购、核发、使用和保管，以及票据相关行为的监督检查等多个内容作出了详细的规定，从另一个层面来讲也对公益性社会组织接受捐赠作出了较多限制性规定。除此之外，《财政部、税务总局关于非营利组织免税资格认定管理有关问题的通知》（财税〔2018〕13号）也规定了非营利组织免税资格的8大申请条件，具体包括依国家法律法规规定设立或登记的社会团体以及财政部、国家税务总局认定的其他非营利组织、从事公益性或非营利性活动以及财产孳息不用于分配等，免税优惠资格的有效期为5年，并可在期满后的6个月内提出重复申请。可见虽然国家对社会团体发展的资金支持正在逐步增强，但整体仍然侧重于监督和管控状态。

关于政府采购服务的收入问题。2014年修正的《政府采购法》（中华人民共和国主席令第14号）的第21、24条中就政府采购、行业协会供给公共服务等方面提供了法律依据，政府采购的供应商可以是一个行业协会，也可以是几个行业协会组成联合体同政府签订采购合同。但在实践过程中，政府采购的供应商仍以企业为主，以行业协会为服务对象的采购较少。随着今后我国行业协会服务供给能力的逐步提升，其获得政府采购服务的概率将会逐渐增加，有望成为其收入的又一重要来源。事实上以深圳、温州等地为代表的行业协会已经在政府采购服务层面占据了重要位置。此后2015年国务院在此基础上又颁发了《政府采购法实施条例》（中华人民共和国国务院令第658号），此条例对于政府采购的当事人、方式、程序、合同、监督检查以及质疑与投诉等多个内容进行了进一步的细化，提出了电子化政府采购、供应商资格预审、采购招标评标方法、采购合同标准文本以及采购主体的法律责任等多项新规定，规范完善了政府采购行为、招标规则以及供应商义务等多项内容，为今后行业协会参与政府采购服务提供了相对健全的规范依据。

关于财务管理与会计制度方面。2004年8月，《财政部关于印发〈民间非营利组织会计制度〉的通知》（财会〔2004〕7号）（以下简称《非营利组织会计制度的通知》）、《财政部关于〈做好民间非营利组织会计制度宣传贯彻工作〉的通知》（财会便〔2004〕26号）、《财政部、民政部关于认真贯彻实施〈民间非营利组织会计制度〉的通知》（财会〔2004〕17号）等一系列规范文件陆续发布，上述文件提出要加强对民间非营利组织的会计核算，资产管理的监督、检查和指导，依照法律法规合法登记的社会团体应纳入统一的非营利组织财务、会计体系、会计信息管理、会计规则等制度体系之内。在具体内容方面，文件对于非营利组织会计核算的基本原则、资产投资的盘点核算方法、负债的计量、收入的确认、费用的计算以及财务会计报告的制定等问题作出了详尽的规定，为我国社会团体的会计核算制度提供了相对全面的制度规范依据。此后在2020年6月，《财政部关于印发〈《民间非营利组织会计制度》若干问题的解释〉的通知》（财会〔2020〕9号）予以发布，文件对于社会服务机构、非营利组织接受非现金资产捐赠、承接政府购买服务收入、受托代理业务、长期股权投资、限定性净资产、注册资金、存款利息以及境外非政府组织代表机构的总部拨款收入等十余项特定内容的会计核算制度作出了详细规定，对于实践中政策规范执行的相关争议问题予以进一步明确。但从目前来看，上述相关规范制度在具体性、可操作性层面仍有待完善，且财政部与民政部两大部门之间在规范执行的联动机制工作建设仍有待提升。

五、社会团体的处罚罚则

在国家层面，《社会团体登记管理条例》第 29 条至第 32 条针对社会团体及其主管负责人的 10 种违法行为规定了不同种类的处罚罚则。第一大类罚则系由登记管理机关予以执行，其以《社会团体登记管理条例》为主要依据并针对骗取社团登记、超出章程开展活动、拒不接受监督检查、违法设立分支代表机构以及侵占社会团体资产等共 10 种违法行为展开。第二大类罚则是由其他相关国家机关予以执行，其以《社会团体登记管理条例》之外的其他有关法律法规为主要依据，并针对此大类的违法行为展开。同时针对上述两大类违法行为，登记管理机关的处罚包括警告、责令改正、限期停止活动、撤销登记、追究刑事责任等多种类型，且可并处罚款等经济处罚。而违反国家其他法律法规的行为，则应根据其他相关法规范予以处罚。在地方层面，个别地方政府制定的政府规章中也对社会团体的处罚作出了规定，例如《浙江省社会团体管理办法》（2010 年修正）（浙江省人民政府令第 284 号）第 24、25 条针对社会团体违法使用活动资金、未公开财务状况、违法从事经营活动、擅自设置分支机构以及非法刻制社团印章共 7 项违法行为规定了处罚措施，处罚的种类包括责令改正、停止活动、撤换责任人员以及撤销登记 4 种类型，但其并未规定针对社会团体违法行为罚款的罚则。

除此之外，中共中央办公厅、国务院办公厅、民政部等部门也特别针对社会组织非法敛财、违规评选评奖、涉企违规收费、违规举办会议以及公民、企业参与非法社会组织活动等行为发布了多类政策性文件,[①] 进一步明确了社会组织的行为规范，有效地净化了社会组织运行的制度空间。需要强调的是，对于社会团体而言，最为严厉的处罚方式便是撤销团体登记。除了社会团体自行要求撤销登记外，业务主管部门还有权根据《社会团体登记管理条例》第31条的规定通过撤销筹备申请批准文件的方式撤销社会团体登记，其他行政机关如认为社会团体违反国家法律法规规定，也可建议登记管理机关撤销团体登记。这与世界范围内只能由司法机关作出撤销、吊销社会团体的规定与实践大不相同。

第二节　党和政府的实践管理领域

在我国社会治理实践之中，行业协会商会是社会公共利益的重要组织载体，是党动员群众、推进社会建设的重要抓手，完善其党建工作有利于强化党和群众的联系，扩大党的工作在新时代社会建设领域的影响力与渗透力。实践管理中，党对行业协会的领导主要表现为3种形式：第一，在行业协会中建立党组织，并直接由业务主管部门的党组织领导；第二，吸

① 参见《国务院办公厅转发民政部关于清理整顿社会团体请示的通知》(国办发〔1990〕32号)、《国务院办公厅转发民政部关于清理整顿社会团体意见的通知》(国办发〔1997〕11号)、《民政部、中共中央纪委机关、中央组织部等关于铲除非法社会组织滋生土壤净化社会组织生态空间的通知》(民发〔2021〕25号)、《民政部、国家发展改革委、市场监管总局关于开展行业协会商会乱收费专项清理整治工作的通知》(民发〔2021〕52号)、《民政部、国家发展改革委、市场监管总局关于组织开展2021年度全国性行业协会商会收费自查抽查工作的通知》(民函〔2021〕50号)、《民政部办公厅、市场监管总局办公厅关于开展全国性行业协会商会收费自查情况“回头看”及抽查工作的通知》(民办发〔2020〕28号)、《民政部社会组织管理局关于进一步加强社会组织管理　严格规范社会组织行为的通知》(民社管函〔2021〕43号)、《民政部关于开展清理整治社会组织违规评选评奖工作的通知》以及《关于进一步整治社会组织乱摊派的实施方案》(民函〔2015〕138号) 等文件。

收行业协会中的优秀会员加入党组织；第三，选派党员中的优秀骨干担任行业协会领导职务。

一、行业协会党建工作的挑战

我国由党建引领社会组织治理的创新实践模式大致起始于党的十八大前后，社会组织的党建工作存在起步晚、基础弱、经验少等现实问题，因而治理经验相对匮乏，部分创新措施、组织结构、保障机制的构建也并不完善，整体水平仍然处于起步阶段。实践中行业协会治理面临多重挑战，需要有针对性地进一步强化基层党组织建设，明确党领导行业协会的原则理念，厘清党建机制的权责与功能定位。随着国家治理结构的不断转型与社会组织体系的持续完善，以行业协会为代表的社会组织力量与基层党组织之间的张力也在逐步增强，需要两者开展相应的协调分工。

（一）基层党组织的建设与领导水平有待提升

“组织建设是党的建设的重要基础。”① 目前我国基层党组织对社会组织及其他社会力量的领导工作缺乏系统、完善、高效的体制机制保障，主要表现为以下三大方面：

其一，基层党组织的组织机制建设水平有待提升。在我国新时代行业协会与行政机关脱钩改革的推进过程之中，产生了大量的新型行业协会组织，导致在短期内的党建工作出现空白和盲区。部分党员由于兼职身份等，其党组织关系及身份定位尚不明晰，因而体制外部分新经济组织和新社会组织（以下简称“两新”组织）中的基层党组织在领导力、协调力、动员力、监督力层面比较薄弱，社会组织党支部功能受到限制。尽管改革

① 习近平：《贯彻落实新时代党的组织路线 不断把党建设得更加坚强有力》，载《求是》2020 年第 15 期。

开放以来党中央一再强调加大党组织在社会组织中的建设力度，但就全国而言，“两新”组织中的党组织覆盖率仍然不高，人、财、权、物等各类保障资源相对匮乏，缺乏业务能力强、综合素质高、具有号召力的党务工作者，部分协会的党务活动经费、办公场地等方面财政支持不足，影响了党建工作的开展。

其二，党组织未能有效融入协会内部治理机制。根据《中共中央办公厅关于加强社会组织党的建设工作的意见（试行)》中的相关规定，我国需要逐步推进社会组织党员、管理层人员与党组织班子成员双向进入、交叉任职，然而实践中党组织与行业协会却难以实现实质意义上的融合，党组织机构未能在人事、业务、制度等方面有效嵌入行业协会治理实践。行业协会的法人治理结构主要由决策、执行、监督 3 类“传统机构”组成。在党支部成立之后，行业协会的法人治理结构也相应发生了变化和调整。目前从形式上看，党支部成员虽然在行业管理机关实现了交叉任职，但是部分党员仍然未能进入行业治理中的核心决策层面，且在重要决策事项、核心业务活动、重大经费支出以及对外交流活动等多个方面也仍然缺乏实质话语权。

其三，党组织领导力在行业协会治理之中难以有效落实。目前各类协会的党建工作仍处于相对基础阶段，因而规范化、系统化、常态化的党组织领导运行机制尚未建立。一方面，出于专业知识、经验的差异性，党建工作很难有效嵌入行业治理的深层业务领域，如购买公共服务、行业标准制定、协会间的合作与交流等，两者职权的衔接、协调与互动存在障碍。另一方面，在制度执行与决策落实层面，行业协会负责人与党政领导之间的决策权责仍未厘清，党员参与行业协会治理的平台机制相对匮乏。

（二）党组织建设的职权定位与管理规范存在不足

党组织对于行业协会的领导应秉承开放性的治理理念，应对其成立、运行与发展开展合理的规范和治理，将行业协会视为社会治理中的重要合作伙伴与协助力量，充分释放行业协会发展的活力与空间。

党组织在具体领导行业协会治理的实践过程之中，主要在职权划分与管理规范两大领域面临不同困境：

其一，党建过程中的职责权限划分不够清晰。根据《社会团体登记管理条例》、地方行业协会商会立法以及各类社会组织的章程文本，我国对于行业协会商会与其党组织的职权划分并无规定，可能导致两者在治理价值、工作、机制层面脱节。在管理社会组织的实践过程中，部分市（区）党委固守行政化思维模式，存在以传统科层制模式改造社会组织甚至取代社会组织核心功能的现象，影响社会组织的独特治理功能的发挥。与此同时，在社会治理的功能领域，如维护社区安全、整合社会资源、提供社会服务等方面，行业协会与党组织存在一定权能上的交叉与重合，对各级党组织的实践管理工作造成了不同程度的影响。

其二，领导社会组织的政策规范性尚不完善。党组织领导社会组织的主要法律依据是党的政策，但现有政策在制定的层级、主体及内容名称等方面体现出不同程度的适用性困境。在政策制定层级方面，从中共中央到地方各级党委都制定有一系列管理社会组织的政策文件。在制定主体方面，党委内部的多个重要部门，如党委办公厅、统战部、组织部及宣传部等主体在各自职责范围内均有权根据中共中央精神制定政策性文件。在政策文件的名称方面，实践中党对社会组织的管理政策有多种文件称谓，如通知、办法、意见、决定以及公告等，同时个别地区党委领导人的批示、指示、讲话等非正式文件也可充当政策性规范，然而部分政策文件间缺乏衔接性、系统性。而在政策具体内容层面，现行政策的规定大多是对社会组织作出概括性、原则性及宽泛性的宏观调控、引导与限制，在具体问题上也只针对典型社会组织作出个别的特殊规定，可操作性较弱。

二、政府部门执法领域的规范性考察

在行业协会的行政管理中，除了行业筹备、登记等事前许可审核，登记管理部门对于行业协会发展、运行的事中事后监管同样是十分重要的一环。同时，随着实践中行业协会管理改革的逐步推进，对其监管重心也已逐渐转向了事中与事后阶段，因而政府部门在这一领域的执法工作的规范性考察就显得日趋重要。

（一）政府监管的执法主体与种类

在中央层面，对于全国性行业协会的执法监督工作，主要由民政部内部的社会组织管理局负责。而在地方层面则是由各个地区民政部门或相关机构负责，如上海市社会团体管理局、广东省社会组织管理局以及北京市民政局综合执法监察大队等。

关于行业监管的执法种类问题包括如下内容。首先，监督检查是监管行业协会有无违法行为的重要措施。《社会团体登记管理条例》第 24 条至第 28 条规定了登记管理机关的监管内容与机构，即登记管理机关负责监督行业协会的成立、变更、撤销、年度检查以及其他违反《社会团体登记管理条例》的行为；而业务主管部门负责成立、变更、注销登记之前的审查、年度初审以及行业协会的其他违法行为。除此之外，行业协会的资产、会费的来源用途监管以及法定代表人的财务审计问题应当分别由登记管理部门、财政部门以及审计部门依职权行使。在地方层面，深圳市颁布实施了抽查监督的特别规定。根据《深圳市民政局关于印发〈深圳市社会组织抽查监督办法〉的通知》（深民规〔2014〕3 号），其在第 6、7 条规定了登记机关对社会组织实施抽查的方式和内容，即抽查分为例行抽查与分类抽查两种，其比例分别为已登记社会组织总数的 5% ~10%。抽查的具体内容主要围绕是否合法履行成立、变更等手续义务，是否正常开展业务活动，是否按照章程开展治理和经营活动以及是否履行信息公开义务等11项重点内容展开。

其次，年度检查制度是政府监管行业协会的例行措施。接受登记管理机关的年度检查是行业协会应当履行的法定义务，其目的是进一步确认行业协会的法定资格，考察行业协会是否依法开展社会活动，加强行业协会内部管理秩序，提升行业协会的治理能力。《社会团体登记管理条例》第24、25、28条规定了登记管理机关与业务主管部门负责的行业协会年度检查规定，即业务主管部门负责社会团体年检的初审，而登记主管部门行使后续年度检查的职权，同时年度检查以工作报告的形式向有关监督机关提交，报告的内容包括按章程开展活动的实践情况、人员机构变化情况以及财务管理情况等。而确定为年检不合格的社会团体应当接受相应处罚，具体主要包括两种处罚形式：其一，责令相关不合格的协会进行整改，整改不到位的应另做处理，并需由登记主管部门在报刊上予以公告。其二，对不按规定接受年度监督检查或违反其他有关法令法规的行业协会应给予相应的行政处罚。地方层面也有对于年度检查的实践规定，例如将整改措施同异常目录名单或行业协会等级评估相结合，又如将年检结果再细分为合格、基本合格与不合格3种。①

再次，重大活动的主动请示报批是强化行业协会监管的又一举措。关于这一监管措施主要分散规定在个别部门规章和省市地区制定的社会团体管理办法中。在中央部门规章层面，例如《教育部办公厅关于印发〈教育部主管的社会团体管理暂行办法〉的通知》（教厅综〔2001〕24号）规定，社团若举办涉及重大政治、经济、理论等社会科学方面的学术活动，

① 参见《广东省民政厅关于印发〈广东省民政厅民间组织评比达标表彰活动审核备案管理办法〉的通知》（粤民民〔2006〕2号）、《广东省民政厅关于印发〈广东省民间组织年检暂行办法〉的通知》（粤民社〔1999〕46号）、《北京市民政局关于印发〈北京市社会团体年度检查办法（试行）〉的通知》（京民社发〔2014〕112号）、《深圳市民政局关于印发〈深圳市社会组织活动异常名录管理办法〉的通知》（深民规〔2016〕3号）、《上海市民政局关于印发〈上海社会团体年度检查办法（试行）〉的通知》（沪民规〔2021〕3号）等地方性法规范文件。

须征求挂靠单位同意后，报教育部办公厅及其他相关单位批准。又如《民政部关于印发〈民政部主管的社会团体管理暂行办法〉的通知》（民社发〔1998〕6号）规定，社团如开展外交活动、申请公务出国、大型研讨会以及展览会等活动，需要分别报外事司、业务主管局等审核审批。在地方规范层面，以《浙江省社会团体管理办法》（2010年修正）（浙江省政府令第121号发布，浙江省政府令第284号修正）为例，其在第19、24条中规定，社会团体举办涉外活动或者有重大社会影响的活动，应当经业务主管部门同意，依法向有关行政主管部门办理手续，并提前7日内向其登记管理机关和活动举办地的登记管理机关书面报告活动的有关事项；对于违反本办法第19条规定，举办有关活动前未向登记管理机关报告的，由登记管理机关责令其改正或者停止活动1～6个月，并可以责令撤换有关责任人员，情节严重的，予以撤销登记。

复次，行业协会的变更、注销以及清算等事项也被纳入主管部门的监管内容范围。《社会团体登记管理条例》第18条至第21条规定了社会团体的变更、注销以及清算事项。社会团体登记事项和章程内容的变更，均须先行经过业务主管部门的审查同意，并在同意后的30日内报登记管理机关批准。同时，社会团体的注销登记、分支机构的撤销等事项也需在符合一定条件的情形下经过业务主管部门的审核同意后申请，并且在注销前须在业务主管部门的指导下开展清算工作，在清算结束后的15日内向登记管理机关正式申请注销登记。准许注销登记的社会团体应予颁发相关证明文件，并收缴登记证书、印章及财务凭证。社会团体注销后，其所属分支机构应同时撤销。

最后，评估管理是间接实现行业监管的关键举措。近年来登记管理部门越来越多地针对行业协会开展等级评估措施，这是一种“声誉”类管理。评估等级较高的行业协会在获得政府购买服务、职能转移、政策奖励及税收优惠等方面均享有优先权利，甚至在接受年度检查方面亦可享受简化程序的便利性，而评估等级较低的行业协会将会承担一系列负面后果（包括列入异常活动名单等）。可以看出，登记管理机关对行业协会开展等级评估可以间接促进行业协会治理水平的提升。在中央层面，民政部于2010年出台了《社会组织评估管理办法》（中华人民共和国民政部令第39号），其第6条至第8条规定了社会团体的评估条件与内容，即满足以下两项条件之一的社会团体方可参与评估：取得登记证书2年以上且未参加过评估的；或者参与评估已满5年有效期的。同时，评估委员会有权对社会团体采取多方面的综合评估办法，具体内容包括基础条件、内部治理、工作绩效以及社会评价等。在地方层面，2011年9月《深圳市民政局关于印发〈深圳市社会组织评估管理办法（试行）〉的通知》予以发布，并在民政部《社会组织评估管理办法》的基础上对于评估机构、职责、程序、方法等内容均作了不同层面的细化。此外，北京市还出台了《北京市社会组织评估机构管理办法（试行）》（京民社发〔2016〕389号），上海市、深圳市也曾连续几年出台了针对行业商会类协会的评估指标文件，为我国行业协会的设立、登记、监管等管理实践层面提供了较为科学与量化的考核标准与范本。

（二）行业协会监管执法的实践观察

在中央层面，《民政部关于印发〈"十四五"社会组织发展规划〉的通知》（民发〔2021〕78号）规定，要逐步构建民政部门牵头的社会组织资金管理机制和联合执法机制，重点加强对社会组织违规设立分支机构、开展评比达标表彰、涉企收费等行为的监管执法，持续整治"僵尸型"社会组织，加快清理低效、无效的社会组织。2007年以来，民政部主要针对行业协会未按规定接受全国性社会团体年度检查、全国年度检查不合格、违规收取涉企费用、违规设立分支机构、违法开展评奖活动、未经批准举办评比达标表彰活动以及超出章程规定的宗旨和业务范围开展活动等多项违法行为①展开执法监督工作。

① 参见中华人民共和国民政部对中国农业电影电视协会、中国建筑装饰协会、中国医药物质协会以及中国珠宝玉石首饰等各类行业协会行政处罚的具体通知和公告，载中华人民共和国民政部官网，http://www.mca.gov.cn/article/xw/tzgg/，2023年2月11日访问。

而在地方层面，以北京、上海、广东、深圳4个省市为例。北京市对于行业协会的监管执法主要由其市民政局下属的综合执法监察大队（以下简称执法监察大队）执行。自2015年至今，市执法监察大队主要针对行业协会未履行登记程序①与未按规定接受登记管理机关年度检查②两类违法行为开展了相关执法工作；同时，其还针对行业协会违法变更登记、违法设立分支机构、活动超出章程业务范围、侵占挪用社会团体资金、违规评选表彰以及违法摊派收费等其他违法行为③也开展了非例行、不定期的执法工作。

上海市对行业协会的管理工作主要是由其市民政局所辖的社会团体管理局主管，并由上海市社会团体监察总队具体负责执法工作。自2009年至

---

① 参见北京市民政局京民执告〔2022〕17、19、22、25号，〔2021〕116、115、86、76、64、63、57、51、28、23、15、12、11、4号等文件，北京市民政局京民执告〔2020〕19、22、23、24、28、30、34、36、51、53、56、57、59、62、65、66、74、78号等文件，北京市民政综合执法监察大队案件协查通告2022年第5、7、6、10、11号，2020年第1、2、3、5、6、19、44、55、57、62、66、70、71、73、75、76、77、79、83、85、89、92、94、96、104、108、114号等文件，北京市民政局京民执取〔2019〕10号文件，北京市民政综合执法监察大队案件协查通告2019年第1、2、5、6、9、13、15、19号等文件，北京市民政综合执法监察大队案件协查通告2018年第20号文件，北京市民政综合执法监察大队案件协查通告2017年第2、3、4号等文件，北京市民政综合执法监察大队案件协查通告2016年第1~5、7~20号等文件，北京市民政综合执法监察大队案件协查通告2015年第1~12号文件以及2012年第2号协查通告等文件，载北京市民政局官网，http：//mzj. beijing. gov. cn/col/col371/index. html，2023年2月11日访问。

② 参见北京市民政局京民执告〔2022〕23号，京民执罚〔2021〕8、17号等文件，京民执罚〔2020〕1、18、33、52、54、56、64、65号等文件，北京市民政综合执法监察大队协查通告2018年第5、6、12、45、122号等文件；2016年第6号协查通告文件；京民执罚〔2019〕1、4、6、8、29、32、34、38、42、43、47号等文件，京民罚简〔2019〕162、173、182、186、195、210号等文件，〔2018〕19、37、38、47、52、53、112、124、129、132、134~136、139号等文件，〔2017〕9、11、18、22、24、26、28、29、40~44、50~53、57~64、70~73、80、84号等文件，〔2016〕2、13、21、40、43、51、54、85、87~91、94、95、99、100、103号文件以及〔2015〕45、47号文件等，载北京市民政局官网，http：//mzj. beijing. gov. cn/col/col371/index. html，2023年2月11日访问。

③ 参见北京市民政综合执法监察大队协查通告2021年第4号，2020年第7、87号文件，2018年第41、118号协查通告文件；北京市民政局京民执罚〔2021〕1、13号文件，京民执罚〔2020〕36、39、41号文件，京民罚简〔2019〕149、159、161号文件，京民执罚〔2018〕11、34、51、54、110号文件等，载北京市民政局官网，http：//mzj. beijing. gov. cn/col/col371/index. html，2023年2月11日访问。

今，上海市社会团体管理局主要针对行业协会未按规定履行登记程序、未按规定接受年度检查、违规设立分支机构、违规开展合作活动以及违法摊派收费等违法行为[①]开展了相关执法工作。同时私分社会团体资产等少数违法行为也被纳入了执法机关的监管范围。

在广东省行业协会的实践管理过程中，社会组织管理局系主要负责行业协会监管工作的职能机构。2009 年以来，广东省社会组织管理局主要针对行业协会未按规定接受登记管理机关年度检查[②]的违法行为开展了执法监督工作。此外，2015 年以来，深圳市负责行业协会监管工作的职能机构——深圳市社会组织管理局针对本地行业协会也开展了一系列执法活动，其中包括针对未经主管机关登记擅自开展协会活动，未按章程范围开展活动，未按规定开展年检工作，违法变更登记，违法修改行业章程，未按规定发展会员[③]，未建立信息公开、诚信和自律建设制度，违法摊派

① 参见上海市 2021 年第一批、第二批、第三批、第四批涉嫌非法社会组织名单，上海市社会组织管理局关于 2020 年社会组织年度检查结果公告，上海市 2019 年第三批涉嫌非法社会组织的名单，上海市社会团体监察总队案件协查通告 2019 年第 1 号，沪民执罚字〔2022〕第 012、015 号，沪民执罚字〔2021〕第 024 号，沪民执罚字〔2019〕第 013 号，沪民社监罚字〔2010〕第 11、15 号，沪民社监罚字〔2018〕第 2、7、8、11、13、14、16、19、22 号，沪民社监罚字〔2017〕第 1、3 ~5、9、15、25、26、29、30 号，沪民社监罚字〔2015〕第 1、17 号，沪民社监罚字〔2013〕第 8、26、34 号以及上海市民政局在不同年份分别针对上海市音像协会、上海市工业合作协会、上海空港物流协会、上海电子元器件行业协会、上海市光电子行业协会、上海印刷物资协会等近百个行业协会作出的行政处罚告知书，载上海市民政局官网，http：//mzj. sh. gov. cn/st-tzgg/index. html，2023 年 2 月 11 日访问。

② 参见广东省民政厅公布 2022 年第一批、第二批依法取缔的非法社会组织名单和涉嫌非法社会组织名单，2021 年广东民政部门依法取缔的第一批、第二批、第三批、第四批、第五批非法社会组织名单，2020 年广东省社会组织管理局公布一批涉嫌非法社会组织名单，粤民罚决第〔2020〕045、046、047、048、049 号文件，广东省民政厅自 2009 年以来针对广东股权投资协会、广东省文化艺术品投资协会、广东省城市建设管理监察协会以及广东省磁性材料行业协会等近百个行业协会作出的行政处罚事先告知书、行政处罚决定书送达公告及行政处罚通告等，载广东省社会组织综合信息服务平台，http：//smzt. gd. gov. cn/shzz/xwzx/tzgg/，2023 年 2 月 11 日访问。

③ 具体体现为会员数量上不符合法定条件，会员性质与种类上仍存在行政机关、事业单位与社会组织界定不清等脱钩不彻底情形。

收取会员费用，财务会计与收支管理制度不规范（包含受捐赠、报销等），个人违法侵占行业协会资产，违法承接政府公共服务，违法换届选举以及在内部治理中违法设置专职工作人员、理事会、监事会、秘书长、会计财务人员等多种违法行为展开了执法监督工作。同时，针对行业协会法人治理情况、接受捐赠、资助情况、重大活动及涉外活动报告情况、承接政府职能与购买服务情况等实践问题也相应开展了监督管理工作。[①]

（三）行业协会监管执法的问题与困境

从上文援引的相关执法案例可以看出，总体上我国行业协会的违法行为种类较多，但违法领域相对较为集中。目前由于行业协会监管在立法源头的水平限制，行政管理的法治水平在整体上有待提升。然而，由于多种原因，实践中部分行业协会实施同样的违法行为在全国不同省市地区的处罚结果不尽相同。同时从整体来看，行政机关在行业管理领域还在处罚标准、处罚手段、处罚行为作出的裁量标准上存在一些问题。除此之外，执法监管的实践领域还面临以下 3 个方面的困境：

首先，在组织机构建设层面，政府机构改革与职能转变不够彻底。在实践中，具体表现为部分地区政社、政企不分的乱象依然存在，政府与行

---

① 参见深圳市民政局 2021 年“双随机、一公开”抽查结果公示、2021 年列入社会组织活动异常名录公告，深圳市民政局关于给予深圳市移动通信服务代理商行业协会等 4 家社会组织警告行政处罚的公告、关于给予深圳市微电影协会等 13 家社会组织警告行政处罚的公告、给予深圳市自卸车协会撤掉登记行政处罚的公告、给予深圳市国际贸易货主协会吊销登记证书行政处罚的公告、给予深圳市民房协会撤销登记行政处罚的公告、给予深圳市教育培训行业协会警告行政处罚的公告、给予深圳市建设工程运输车辆协会限期停止活动 1 个月行政处罚的公告等，深民罚字〔2020〕第 006 号，深民罚字〔2019〕第 004 号，深民罚字〔2018〕第 001、008、025、027、028 号，深民责改字〔2017〕第 004、005 号，深民罚字〔2017〕第 005、010、012、015、026、028、031、060、068、078 号等，深民罚字〔2016〕第 042 号，深民责改字〔2016〕第 154、156、158 号，深民罚字〔2015〕第 008、022、028、027、030、031、032、037 号等，载深圳民政在线，http：//mzj. sz. gov. cn/，2023 年 2 月 11 日访问。

业协会在公共服务领域的权责交接不够顺畅。并且个别地方政府对行业协会的管理方式依然落后，存在重管制轻服务、重审批轻监管等情况，影响了行业协会的发展。与此同时，行业管理部门同其他执法机关的执法联动性有待强化，各负其责、协调配合、响应迅速的整体执法工作格局有待完善。

其次，在实践管理层面，部分地方政府对社会组织的种类、定性与分类缺乏系统认知。虽然我国民政部对社会组织作出了 3 大分类，即社会团体、民办非企业单位及公益性基金会，以及国内外科研机构与学术界也相继对社会组织提出了不同的分类方法，但却均未对行业协会作出专门的细致分类，对政府也造成了一定的监管困扰。

最后，具体在政府监管的执法力度、程序、能力层面，目前我国部分地区社会组织违法违规的执法力度相对薄弱，违法违规行为投诉举报以及社会组织负责人违法惩戒等制度有待健全；执法程序，包括行政处罚简易程序、行政处罚公示制度等，仍有待规范；执法人员业务素质提升，执法人员培训培养以及社会组织领域普法宣传等方面也有待加强。

第三节　行业协会与主管部门间的诉讼纠纷考察

行业协会有关的行政诉讼案例是观察行业协会治理事实问题的直接视角之一。当下行业协会的登记管理部门、业务主管部门在实践中对于行业协会行使批准筹备、审核登记、年度检查以及监督处罚等多项行政管理权力，因此行业协会作为被治理者难免会面临权利被侵害的风险，而司法监督则是规范行业协会管理的重要手段之一。此部分主要聚焦于行业主管部门与行业协会之间所发生的诉讼纠纷，关注行业主管部门作为行政管理机关在行业协会的成立、发展以及注销等全过程中行使管理权力之时的合法性问题，从而通过具体、鲜活的行政诉讼个案从侧面考察行业协会发展运行的外部制度环境。

需要指出的是，原则上司法权力对行政管理权限的规范与介入应当保持适当界限。行政机关审核批准行业协会的管理纠纷，《社会团体登记管理条例》等法律、法规目前没有规定可以提起诉讼，一般认为不可诉。同时根据《最高人民法院关于适用〈中华人民共和国行政诉讼法〉的解释》第1条的规定，如果行政机关针对行业协会开展的相关管理行为属于其第5、6、8、9、10项规定，也在原则上不应纳入行政诉讼的受案范围。[①] 但是，如果行政机关在批准审核的过程中出现违反法定程序、滥用行政权力侵犯公平竞争以及不履行法定管理职责等行为并造成行业协会法定权利遭受损害的，也不应完全被排除在行政诉讼的受理范围之外。并且行业主管部门对于行业协会所作的处罚决定，依照我国新修订的《行政诉讼法》规定，应当属于法定可诉的范围。[②]

一、外部行政诉讼纠纷的实践争议内容

外部行政诉讼纠纷主要指向的是行业协会同其主管部门之间所发生的行政诉讼纠纷，而此类纠纷也能直接体现出行业协会在被治理的过程当中司法机关对其权利的保护以及监督行业主管部门执法合法性的力度。

本书对全国范围内相关行业协会与其登记主管部门之间的行政诉讼判例（也涉及极个别相关的民事诉讼判例）开展了地毯式搜索。目前我国发生在行业协会与其登记主管部门之间的行政诉讼案件主要是针对以下7大方面的实践领域展开：第一，抽象行政行为的诉讼纠纷类。其主要包括行

---

① 具体是指行政机关作出的不产生外部法律效力的行为；行政机关为作出行政行为而实施的准备、论证、研究、层报、咨询等过程性行为；上级行政机关基于内部层级监督关系对下级行政机关作出的听取报告、执法检查、督促履责等行为；行政机关针对信访事项作出的登记、受理、交办、转送、复查、审核意见等行为；对公民、法人或其他组织权利义务不产生实际影响的行为等。

② 参见何海波：《行政诉讼法》，法律出版社2016年版，第180页。

业协会、协会会员或第三人诉业务主管部门的有关抽象性管理文件，具体例如主管部门内部的意见征询函、批复函、职称评定办法、内部会议纪要、规范性文件以及备案通知等。① 第二，登记审核等行政许可诉讼纠纷类。其主要包括第三人、行业协会同登记管理部门的成立与变更登记争议，具体体现为行业协会发起人是否符合登记条件，同一区域内业务范围相似的同行登记，变更登记后是否侵犯原有行业协会的利益，整改后原行业协会的重新登记行为，第三人与主管部门的变更登记纠纷，行业协会延迟或未予批准登记引发的行政赔偿以及行业协会登记主管机关的级别争议等。② 第三，主管登记部门对行业协会的行政指导、行政处罚、行政强制等管理行为纠纷类。其主要包括行业主管部门的行政指导行为，如牵头组织协调行业协会的换届选举，主管部门内部会议、决策等前置性行为所引发的行政赔偿纠纷，行政强制违反法定程序，主管部门暂停行业协会运行与活动，罚款处罚决定，撤销社会团体法人登记，第三人或行业协会对外不正当竞争与行业垄断的行政处罚，禁止行业协会参与特定活动以及行业

---

① 参见宁夏二手车流通行业协会诉中卫市人民政府案，宁夏回族自治区中卫市中级人民法院（2018）宁05行初7号行政裁定书；固原市二手车流通行业协会诉固原市商务局案，宁夏回族自治区固原市中级人民法院（2017）宁04行终16号行政裁定书；上海市勤辉混凝土有限公司诉上海市奉贤区环境保护局案，上海市第一中级人民法院（2016）沪01行终98号行政裁定书；张某亭诉太原市人力资源和社会保障局案，山西省高级人民法院（2017）晋行申199号行政裁定书；阜新市和美工程机械有限公司诉安徽省质量技术监督局案，安徽省合肥市中级人民法院（2014）合行终字第00170号行政裁定书；吴某明诉义乌市人民政府案，浙江省高级人民法院（2016）浙行终451号行政裁定书等。

② 参见张某均、牟某乾等81人诉重庆市梁平区交通委员会案，重庆市第二中级人民法院（2018）渝02行终35号行政判决书；北京社区空手道推广协会诉中华人民共和国民政部案，北京市高级人民法院（2018）京行申1123号行政裁定书；台州海捕渔业专业合作社诉台州市民政局案，浙江省台州市中级人民法院（2017）浙10行终220号行政判决书；日照市足球运动协会诉日照市民政局案，山东省高级人民法院（2018）鲁行申14号行政裁定书；湛江市烹饪协会诉湛江市民政局案，广东省高级人民法院（2014）粤高法审监行再字第5号行政判决书；赵某斌诉黑龙江省民政厅案，哈尔滨市中级人民法院（2017）黑01行终179号行政裁定书；海宁市体育舞蹈协会诉海宁市工商行政管理局案，浙江省嘉兴市中级人民法院（2010）浙嘉行受终字第15号行政裁定书等。

主管部门行政强制行为引发的行政赔偿纠纷等。[①] 第四，行业协会、第三人诉主管登记部门行政不作为类。其具体包括第三人面对行业内违法从业的单位、会员、非会员向行业主管部门投诉、举报、申诉，行业主管部门不予受理或答复违法；行业协会、利害关系人要求行业主管部门作出行政答复、保护财产，行政主管部门不予答复或不作为；未办理年审手续，未履行相关政府信息的公开，未履行对行业协会运行、管理实践中的相关指导、协调，未监督行业协会换届选举、人事变动，未开展行业协会年度检查等管理监督职责，未履行行政奖励以及组织行业协会清算等。[②] 第五，

① 参见吕某玮、关某燕等诉佛山市体育局案，广东省佛山市中级人民法院（2018）粤06行终152号行政裁定书；青岛市航空运动协会诉青岛市民政局、青岛市人民政府案，山东省青岛市市南区人民法院（2017）鲁0202行初186号行政判决书；台州市黄岩区军棋协会诉台州市黄岩区文化广电新闻出版局案，浙江省台州市椒江区人民法院（2012）台椒行初字第29号行政判决书；临汾市陈氏太极拳协会诉临汾市民政局案，山西省临汾市人民法院（2018）晋10行终25号行政裁定书；长沙市食品经销商会诉长沙市民政局案，湖南省长沙市岳麓区人民法院（2018）湘0104行初176号行政裁定书；邓某俊诉东莞市城市综合管理局案，广东省东莞市中级人民法院（2017）粤19行终397号行政判决书；百色市红日汽车修理厂诉百色市工商行政管理局案，广西壮族自治区百色市右江区人民法院（2016）桂1002行初16号行政判决书；余姚市建设工程检测协会诉宁波市工商行政理局案，浙江省宁波市中级人民法院（2014）浙甬行终字第12号行政判决书；天长市汽车驾驶员培训行业协会诉天长市公路运输管理所案，安徽省滁州市中级人民法院（2019）皖11行终39号行政裁定书；肖某荣诉上海市人力资源和社会保障局案，上海市第一中级人民法院（2019）沪01行申63号行政裁定书；南京混凝土协会诉江苏省物价局案，江苏省南京市中级人民法院（2014）宁行初字第32号行政裁定书；凯里市机动车驾驶员培训行业协会诉贵州省市场监督管理局案，贵州省高级人民法院（2019）黔行终594号行政判决书；中国渔业协会大黄鱼分会诉宁德市海洋与渔业局案，福建省宁德市蕉城区人民法院（2016）闽0902行初124号行政裁定书；菏泽市汽车行业协会诉山东省市场监督管理局案，山东省济南市中级人民法院（2021）鲁01行终89号行政判决书等。

② 参见陈某娣诉国家市场监督管理总局案，北京市高级人民法院（2018）京行终2945号行政判决书；吴某明诉金华市司法局案，浙江省金华市中级人民法院（2016）浙07行终74号行政判决书；黄某诉内蒙古自治区工商行政管理局案，内蒙古自治区呼和浩特市中级人民法院（2017）内01行终61号行政判决书；张某诉佛山市司法局案，广东省佛山市中级人民法院（2014）佛中法行终字第312号行政判决书；宋某通诉福州市司法局案，福建省福州市中级人民法院（2016）闽01行终355号行政判决书；重庆市建筑材料协会诉重庆市大渡口区城乡建设委员会案，重庆市第五中级人民法院（2017）渝05行终140号行政裁定书；肖某群诉中华全国律师协会、中华人民共和国司法部案，北京市高级人民法院（2017）京行终3296号行政裁定书；门峡市出租汽车行业协会诉门峡市交通运输局案，

有关行业协会的财产权利纠纷类。其具体包括行业协会的办公、基地所用土地、建筑或房屋等涉及公共空间的使用权、所有权或征收补偿纠纷，行业协会相关的商标、专利、著作权争议纠纷等。[①]第六，有关行业协会的执

河南省三门峡市湖滨区人民法院（2018）豫1202行初23号行政判决书；彭某林、廖某平等诉中山市住房和城乡建设局案，广东省中山市第一人民法院（2016）粤2071行初594号行政判决书；海南省室内装饰协会诉海南省发展和改革委员会案，海南省海口市中级人民法院（2011）海中法行初字第20号行政判决书；洛阳市老城区书法家协会诉洛阳市老城区文化局案，河南省洛阳市中级人民法院（2017）豫03行终21号行政裁定书；凌某峰诉珠海市司法局、珠海市人民政府案，广东省珠海市中级人民法院（2018）粤04行终122号行政裁定书；敖某兰诉六盘水市司法局案，贵州省六盘水市中级人民法院（2018）黔02行终62号行政裁定书；巴林左旗广源商贸有限公司诉巴林右旗工商行政管理局案，内蒙古自治区赤峰市中级人民法院（2015）赤行终字第62号行政判决书；邓某安诉重庆市合川区清平镇杨柳坝玻璃协会案，重庆市合川区人民法院（2018）渝0117行初23号行政裁定书；刘某五诉简阳市民政局案，四川省简阳市人民法院（2015）简阳行初字第54号行政判决书；中国电子商务协会诉中华人民共和国工业和信息化部案，北京市高级人民法院（2019）京行终2289号行政判决书；纪某岚诉威海市司法局案，山东省威海市中级人民法院（2019）鲁10行终16号行政判决书；长沙市食品经销商会诉长沙市民政局案，湖南省长沙市岳麓区人民法院（2018）湘0104行初176号行政裁定书等。

① 参见河南省酒业协会诉郑州市住房保障和房地产管理局案，河南省郑州市中级人民法院（2014）郑行终字第439号行政裁定书；珠海市盆景协会诉珠海市国土资源局案，广东省珠海市中级人民法院（2017）粤04行终112号行政裁定书；达州市通川区离退休科体协会诉达州市城乡规划局、市人民政府案，四川省达州市通川区人民法院（2016）川1702行初3号行政判决书；乐清市个体劳动者协会诉乐清市住房和城乡规划建设局案，浙江省温州市中级人民法院（2014）浙温行终字第102号行政判决书；甘肃省冶金有色工业协会诉兰州市国土资源局案，甘肃省高级人民法院（2018）甘行终265号行政裁定书；邯郸市冬泳运动协会诉邯郸县明珠街道办事处案，河北省邯郸经济技术开发区人民法院（2015）邯县行初字第39号行政裁定书；温州市瓯海区佛教协会诉温州市人民政府案，浙江省温州市中级人民法院（2014）浙温行终字第54号行政判决书；隆回县桐木桥文物保护协会诉隆回县人民政府案，湖南省高级人民法院（2017）湘行终747号行政判决书；孟某洲、华阴市华山太极武术协会等诉华阴市人民政府案，陕西省高级人民法院（2014）陕行监字第00040号驳回申请再审通知书；瑞安市鞋革行业协会诉国家工商行政管理总局案，北京市高级人民法院（2014）高行（知）终字第2687号行政判决书；广州市广告行业协会诉国家工商行政管理总局商标评审委员会案，北京知识产权法院（2017）京73行初4845号行政判决书；山东省旅游行业协会诉国家工商行政管理总局商标评审委员会案，北京市高级人民法院（2015）高行（知）终字第1980号行政判决书；平度市食品配料商会诉国家工商行政管理总局商标评审委员会案，北京市第一中级人民法院（2014）一中行（知）初字第9516号行政判决书；湖南省商标协会诉湖南省市场监督管理局案，湖南省长沙市中级人民法院（2019）湘01行终21号行政裁定书；中国制笔协会诉国家知识产权局专利复审委员会案，最高人民法院（2017）最高法行申7245号行政裁定书；深圳市校服行业协会诉国家知识产权局案，北京市高级人民法院（2020）京行终2533号行政判决书；韶关市物流行业协会诉韶关市武江区人民政府案，广东省高级人民法院（2019）粤行赔终112号行政裁定书；安图县东山白蜜行业协会诉国家知识产权局案，北京知识产权法院（2018）京73行初8138号行政判决书；龙游县美食行业协会诉国家知识产权局案，北京知识产权法院（2020）京73行初1848号行政判决书等。

行案件类。其具体包括行业协会欠缴税款、罚款、保障金等执行案件，强制执行行业协会解除占用公共土地、空间和交通的行为纠纷等。[①] 第七，

① 参见浙江省海宁市地方税务局申请执行海宁市网络文化协会网商分会行政处罚案，浙江省海宁市人民法院（2017）浙0481行审228号行政裁定书；西安市莲湖区城市管理综合行政执法局申请执行西安市新城区文化经营行业协会行政处罚案，陕西省西安市莲湖区人民法院（2011）莲行非审字第00056号行政裁定书；西安市城市管理综合行政执法局申请执行西安市环境保护产业协会行政处罚案，陕西省西安市未央区人民法院（2012）未行审字第00402号行政裁定书；南充市财政局申请执行南充市小额贷款融资担保行业协会行政处罚案，四川省南充市顺庆区人民法院（2016）川1302行审1号行政裁定书；长沙市人力资源和社会保障局申请执行长沙市信息协会行政处罚案，湖南省长沙市芙蓉区人民法院（2016）湘0102行审295号行政裁定书；日照市东港区人力资源和社会保障局申请执行日照市信息协会行政处罚案，山东省日照市东港区人民法院（2017）鲁1102行审21号行政裁定书；河南省残疾人联合会申请执行河南电力行业协会行政处罚案，河南省郑州市金水区人民法院（2015）金行审字第81号行政裁定书；金秀瑶族自治县住房和城乡建设局申请执行金秀瑶族自治县科学技术协会行政处罚案，广西壮族自治区金秀瑶族自治县人民法院（2018）桂1324行审2号行政裁定书；怀化市发展和改革委员会申请执行怀化市质量技术协会行政处罚案，湖南省怀化市鹤城区人民法院（2017）湘1202行审48号行政裁定书；西安市城市管理综合行政执法局申请执行西安市雁塔区个体劳动者协会行政处罚案，陕西省西安市未央区人民法院（2013）未行审字第00205号行政裁定书；玉环县国土资源局申请执行玉环县兰花协会行政处罚案，浙江省玉环县人民法院（2016）浙1021行审448号行政裁定书；平邑县卫生和计划生育局申请执行平邑县卞桥镇农田水利工程用水者协会行政处罚案，山东省平邑县人民法院（2018）鲁1326行审46号行政裁定书；新沂市国土资源局申请执行新沂市合沟镇益民蔬菜协会行政处罚案，江苏省新沂市人民法院（2018）苏0381行审79号行政裁定书；南充市国土资源局顺庆分局申请执行南充市航空体育运动协会行政处罚案，四川省南充市顺庆区人民法院（2018）川1302行审62号行政裁定书；西安市城市管理综合行政执法局申请执行西安市装饰业协会行政处罚案，陕西省西安市未央区人民法院（2014）未行非诉审字第00547号行政裁定书；徐州市贾汪区国土资源局申请执行徐州市贾汪区汴塘镇民间教育促进协会行政处罚案，江苏省徐州市贾汪区人民法院（2016）苏0305行审242号行政裁定书；南阳市卧龙区国土资源局申请执行南阳市盆景艺术协会行政处罚案，河南省南阳市卧龙区人民法院（2016）豫1303行审93号行政裁定书；信阳市国土资源局申请执行信阳市平桥区宇航信鸽协会行政处罚案，河南省信阳市平桥区人民法院（2016）豫1503行审60号行政裁定书；北京市规划和国土资源管理委员会申请执行北京市怀柔区渤海镇海宾养鸡协会行政处罚案，北京市怀柔区人民法院（2016）京0116行审44号行政裁定书；玉屏侗族自治县国土资源局申请执行玉屏北侗萧笛之乡斗牛协会行政处罚案，贵州省玉屏侗族自治县人民法院（2017）黔0622行审1号行政裁定书；惠州市国土资源局申请执行惠州市惠阳区足球运动协会行政处罚案，广东省博罗县人民法院（2017）粤1322行审992号行政裁定书；安新县市场监督管理局申请执行安新县制鞋行业协会行政处罚案，河北省安新县人民法院（2020）冀0632行审1号行政裁定书；杭州市国土资源局萧山分局申请执行杭州市萧山区伞业行业协会行政处罚案，浙江省杭州市萧山区人民法院（2019）浙0109行审73号行政裁定书；舟山市市场监督管理局定海分局申请执行舟山市网吧行业协会行政处罚案，浙江省舟山市定海区人民法院（2018）浙0902行审18号行政裁定书；南宁市人力资源和社会保障局申请执行广西价格评估行业协会行政处罚案，广西壮族自治区南宁市青秀区人民法院（2019）桂0103行审25号行政裁定书等。

诉讼时效等程序技术性争议①以及内部行政管理行为等其他争议纠纷，而此类争议在实践中较少发生。

在上述所梳理的100余个相关判例之中，行业协会在面对主管部门主动的撤诉案件并不在少数，② 撤诉的理由集中在行业协会主动履行义务或

① 参见唐某明诉成都市工商行政管理局案，四川省高级人民法院（2017）川行中489号民事裁定书；达州市通川区离退休科体协会诉达州市城乡规划局、达州市人民政府案，四川省达州市通川区人民法院（2016）川1702行初3号行政判决书；惠州市国土资源局申请执行惠州市惠阳区足球运动协会行政处罚案，广东省博罗县人民法院（2017）粤1322行审992号行政裁定书；中国建筑装饰协会培训中心诉中华人民共和国住房和城乡建设部案，北京市高级人民法院（2017）京行终4835号行政裁定书等。

② 参见贵州省建设法制协会诉贵州省住房和城乡建设厅案，贵州省贵阳市南明区人民法院（2018）黔0102行初32号行政裁定书；湖州市科学技术协会诉湖州市电子信息化学会案，浙江省湖州市中级人民法院（2012）浙湖行终字第15号行政裁定书；南京混凝土协会诉江苏省物价局案，江苏省南京市中级人民法院（2014）宁行初字第32号行政裁定书；岳阳县武术运动协会诉岳阳县体育局案，湖南省岳阳县人民法院（2014）岳行初字第39号行政裁定书；李某阵诉中国证券业协会案，北京市第二中级人民法院（2016）京02行终781号行政判决书；胡某晖诉衢州市律师协会案，浙江省衢州市柯城区人民法院（2015）衢柯行初字第17号行政裁定书；张某安诉陕西省律师协会案，陕西省西安市碑林区人民法院（2015）碑行初字第00081号行政裁定书；济南市历城区康达运输协会诉济南市历城区城市管理行政执法局案，山东省济南市历城区人民法院（2014）历城行初字第50号行政裁定书；临沂市象棋协会诉临沂市兰山区教育体育局案，山东省临沂市兰山区人民法院（2016）鲁1302行初36号行政裁定书；罗城仫佬族自治县黄金镇山歌协会诉罗城仫佬族自治县黄金镇人民政府案，广西壮族自治区罗城仫佬族自治县人民法院（2016）桂1225行初13号行政裁定书；金华市天正测绘有限公司诉金华市测绘与地理信息局案，浙江省金华市婺城区人民法院（2016）浙0702行初46号行政裁定书；山西省律师协会诉山西省民政厅、中华人民共和国民政部案，北京市东城区人民法院（2017）京0101行初209号行政裁定书；尹某亮诉潍坊市律师协会案，山东省潍坊市奎文区人民法院（2017）鲁0705行初3号行政裁定书；杨某诉浙江省律师协会案，浙江省杭州市西湖区人民法院（2017）浙0106行初296号行政裁定书；湖南某律师事务所诉湖南省律师协会案，湖南省长沙市芙蓉区人民法院（2017）湘0102行初168号行政裁定书；广东省暖心公益法律服务中心（筹备）诉广东省民政厅、广东省社会组织管理局案，广东省广州市中级人民法院（2015）穗中法行初字第478号行政裁定书；宁夏二手车流通行业协会诉中卫市人民政府案，宁夏回族自治区中卫市中级人民法院（2018）宁05行初7号行政裁定书；徐某诉灵璧县不动产登记局案，安徽省灵璧县人民法院（2018）皖1323行初14号行政裁定书；南充市财政局申请执行南充市小额贷款融资担保行业协会行政处罚案，四川省南充市顺庆区人民法院（2016）川1302行审1号行政裁定书；安新县制鞋行业协会诉安新县市场监督管理局案，河北省安新县人民法院（2019）冀0632行初6号行政裁定书；门峡市出租汽车行业协会诉门峡市交通运输局案，河南省三门峡市湖滨区人民法院（2019）豫1202行初15号行政裁定书；睢宁县出租车行业协会诉睢宁县交通运输管理所案，徐州铁路运输法院（2018）苏8601行初771号行政裁定书等。

与行政机关提前达成和解。从整体诉讼结果上看，行政机关的败诉案件占极少数，[①] 而行政机关的胜诉案件则占据了绝大多数，反映出实践中相关立法的相对滞后性，也可能与行业主管部门本就处于领导、指导以及监管行业协会发展的强势地位有关。

二、外部行政诉讼纠纷的问题与反思

根据上文所整理、归纳的七大诉讼实践领域可以看出，此大类的诉讼纠纷主要发生在登记审批、监督检查以及业务指导（包括换届选举）等在行业管理部门履行其管理职能的权限领域内具体展开。而在此类诉讼争议纠纷解决的过程当中，主要在以下四大方面存在问题。

（一）诉讼受案范围的限缩

在行业协会败诉的绝大部分判例当中，不符合行政诉讼受案范围成为法院最经常适用的判决理由。而作出这一判决的理由主要基于两大原因：主体诉讼资格（尤其是原告的诉讼资格）不适格以及对行政机关管理权力行使领域的尊重。关于行政诉讼主体（行业协会、协会会员或利害关系人）的原告资格问题，实践中相关的争议主要体现为行业协会的法定代表人资格争议以及原告是否与相关行政行为具有法律上的利害关系等。利害

① 参见杨某诉广州市律师协会案，广州铁路运输中级法院（2016）粤71行终35号行政裁定书；温州市瓯海区佛教协会诉温州市人民政府案，浙江省温州市中级人民法院（2014）浙温行终字第54号行政判决书；西吉县夕阳红生态环境建设协会诉永宁县人民政府案，宁夏回族自治区银川市中级人民法院（2015）银行初字第191号行政判决书；广安市国土资源局申请执行广安市足球协会行政处罚案，四川省广安市前锋区人民法院（2018）川1603行审49号行政裁定书；台州市黄岩区军棋协会诉台州市黄岩区文化广电新闻出版局案，浙江省台州市椒江区人民法院（2012）台椒行初字第29号行政判决书；北京市规划和国土资源管理委员会申请执行北京市怀柔区渤海镇海宾养鸡协会行政处罚案，北京市怀柔区人民法院（2016）京0116行审44号行政裁定书；惠州市国土资源局申请执行惠州市惠阳区足球运动协会行政处罚案，广东省博罗县人民法院（2017）粤1322行审992号行政裁定书，数量上仅有7个案例。

关系具体表现为行业主管部门的相关管理行为，如主管登记机关的内部事务、对于行业协会的部分领导人事任免等管理权力行使等，[①] 是否对原告的合法权利产生实质上的负面影响。同时也存在一些被告诉讼主体资格是否适格的争议问题，如相关行政机关的权限争议、级别管辖争议等，[②] 但这部分争议发生的较少，本书不再详细论述。

关于诉讼主体资格（以原告资格为代表）的争议类案件。在固原市二手车流通行业协会诉固原市商务局案［宁夏回族自治区固原市中级人民法院（2017）宁04行终16号行政裁定书］中，固原市商务局于2016年5月16日公开作出《关于对固源湧源二手车交易市场等7家交易市场备案登记的通知》（固商发〔2016〕33号）（以下简称《交易市场备案通知》），该《交易市场备案通知》声明同意对固原湧源等7家交易市场采取备案登记。原告认为该《交易市场备案通知》违反了《行政许可法》（中华人民共和

---

① 参见固原市二手车流通行业协会诉固原市商务局案，宁夏回族自治区固原市中级人民法院（2017）宁04行终16号行政裁定书；中国建筑装饰协会培训中心诉中华人民共和国住房和城乡建设部案，北京市高级人民法院（2017）京行终4835号行政裁定书；洛阳小动物保护协会诉洛阳市公安局金谷分局案，河南省洛阳市中级人民法院（2017）豫03行终84号行政裁定书；舒城县商品混凝土协会诉舒城县交通运输局通案，安徽省六安市中级人民法院（2016）皖15行终102号行政裁定书；肖某荣、许某民诉上海市人力资源和社会保障局案，上海市第三中级人民法院（2018）沪03行终74号行政裁定书；吴某明诉义乌市人民政府案，浙江省高级人民法院（2016）浙行终451号行政裁定书；邹某云、邹某剑诉福建省司法厅案，福建省福州市中级人民法院（2014）榕行终字第222号行政判决书；邯郸市武术协会诉邯郸市体育局案，河北省邯郸市邯山区人民法院（2017）冀0402行初13号行政裁定书；黄某军诉长沙市民政局案，湖南省长沙市岳麓区人民法院（2014）岳行初字第00046号行政赔偿判决书；海南省京剧票友协会诉海南省民间组织管理局案，海南省高级人民法院（2014）琼立一终字第71号行政裁定书；罗城仫佬族自治县黄金镇山歌协会诉罗城仫佬族自治县黄金镇人民政府案，广西壮族自治区罗城仫佬族自治县人民法院（2016）桂1225行初13号行政裁定书；海宁市体育舞蹈协会诉海宁市民政局案，浙江省嘉兴市中级人民法院（2010）浙嘉行受终字第15号行政裁定书；甘肃省冶金有色工业协会诉兰州市国土资源局案，甘肃省高级人民法院（2018）甘行终265号行政裁定书等。

② 参见沈某耀诉海宁市人民政府案，浙江省高级人民法院（2017）浙行终1503号行政裁定书；宋某通诉福州市司法局案，福建省福州市中级人民法院（2016）闽01行终355号行政判决书等，其余案例见上文外部纠纷实践内容部分的相关引注。

国主席令第29号）、宁夏回族自治区人民政府颁布的《宁夏回族自治区人民政府关于进一步规范二手车行业发展秩序的实施意见》（宁政发〔2014〕51号）（以下简称《规范二手车行业发展秩序实施意见》）的相关规定，并且损害了原告多项合法权益，因而诉请人民法院依法撤销该《交易市场备案通知》。但法院经过审理后，最终判决驳回固原市二手车流通行业协会的诉讼请求，理由是固原市二手车流通行业协会不是该行政行为的行政相对人，该行政行为未对上诉人的权利义务产生实际影响，其与该行政行为不具有法律上的利害关系，因此不具有诉讼主体资格。

此案件存在以下问题：其一，《规范二手车行业发展秩序实施意见》授予了原告验收、审核二手车市场资质的管理权力，因而尽管其并非《交易市场备案通知》的直接相对人，但由于其法定职权所在，其同此《交易市场备案通知》当然具有利害关系。具体看来，《规范二手车行业发展秩序实施意见》第1、2条规定自治区二手车行业协会有权依照行业标准和有关程序验收已经依法取得经营资质从事经营活动的二手车交易市场，对于不符合标准的有权引导市场开办方进行改造提升或者整合重组，并且在改造提升或者整合重组符合行业标准后由自治区二手车行业协会出具合格意见书，持合格意见书到工商、税务部门方能重新办理登记等事项。同时根据法院整理的案件事实，2016年4月6日自治区二手车行业协会经过验收作出评审验收结果，认定固原湧源二手车等8家交易市场中有6家均为不合格，两家需要整改。但同年5月5日，被告固原市商务局在无视评审验收结果的基础之上，仍然在不到一个月的时间内通过了对固原湧源等二手车交易市场的预核准，这明显同原告的行业市场管理权力具有利害关系。其二，《行政许可法》第36、47条规定了当事人陈述、申辩以及听证的法定权利，原告行业协会作为此自治区域内拥有行业审核验收权力的利害关系组织，在《交易市场备案通知》作出之前从未得到固原市商务局任何的告知，导致其陈述、申辩以及听证权利等多项权利受到损害，并且也贬损了其行业审核管理权力的权威性。其三，根据《宁夏回族自治区商品交易市场管理条例》的规定，被告固原市商务局在批准新的交易市场之前需要取得二手车交易市场建设规划，但此案中固原市商务局并未遵守正当法律程序，属于程序违法。综上所述，法院审理在存在上述3大方面疑问的前提之下，仍旧以原告不具有诉讼主体资格为由将此类案件排除范围，此案件存在合法性质疑。除此之外，在上文提到的舒城县商品混凝土协会诉舒城县交通运输案、海宁市体育舞蹈协会诉海宁市工商行政管理局案以及天长市汽车驾驶员培训行业协会诉天长市公路运输所案等案例之中也同样存在类似的争议内容。

关于行业投诉、举报纠纷的行政不作为类案件。在邹某云、邹某剑诉福州市律师协会案［福建省福州市中级人民法院（2014）榕行终字第222号行政判决书］中，原告邹某云等人认为福建某律师事务所律师存在违法执业行为，于是诉请福州市律师协会作出相关处理，但市律师协会于2014年1月6日作出不予立案告知书，2014年1月13日原告向被告福州市司法局申请行政复议，诉求其依法撤销市律师协会作出的不予立案决定，诉求被申请人依法重新立案审查，并给予相关人停业整顿、警告、吊销律师执业证等行政处罚。福州市司法局于同年1月16日作出不予受理行政复议申请决定书。原告不服，提起行政诉讼，案件经过一审、二审程序，法院根据《律师法》、《福建省律师协会省直分会及设区市律师协会纪律委员会工作规则》（以下简称《律师协会工作规则》）（现已失效），认为市律师协会具有对本辖区会员违规、违纪行为进行调查、处理的职能，但本案在经过律师协会审查之后无法证明被投诉会员有违法、违规行为的证据，且第三人福州市律师协会属于行业性社团组织，不是行政机关，故被告认定其作出的不予立案告知书不属于行政复议的受案范围，因而最终判决驳回原告诉讼请求。本案的争议焦点是福州市律师协会针对协会内投诉作出不予立案告知书的行为是否应当排除出行政复议的受案范围，福州市司法局不予受理行政复议的行为是否构成行政不作为。

此案件存在以下问题：第一，根据《律师协会工作规则》第27条规定，福州市律师协会针对投诉行为作出的不予立案的决定，其本身应当独立承担相应的法定责任。同时根据我国《律师法》的授权规定，福州市律师协会享有对其职业领域内会员的管理处罚权力，属于“法律、法规授权的组织”。第二，根据《行政复议法》（中华人民共和国主席令第76号）第15条规定，对法律、法规授权组织的具体行政行为不服的，可以分别向直接管理该组织的地方人民政府、地方人民政府工作部门或者国务院部门申请行政复议。因而市律师协会在作出不予立案的行为之后，原告享有法定权利向其主管部门福州市司法局提起行政复议。但本案法院却以福州市律师协会属于行业性社团组织，而非行政机关为由，认定其行为不属于行政复议的受案范围，该认定缺乏法定依据。第三，被告福州市司法局虽然作出了不予受理行政复议申请决定书，但其未在决定书中告知当事人享有的诉讼权利，存在程序上的违法行为。而类似针对行业内侵权纠纷的投诉，相关行业主管部门不作为、不答复，司法机关仅以行业协会的非行政机关性质驳回相关原告诉求的案件不在少数。①

判断原告资格是否适格主要应判断是否与行政行为具有法律上的利害关系。《行政诉讼法》第25条将原告规定为行政行为的相对人以及其他与行政行为有利害关系的公民、法人或其他组织。对此2018年正式实施的《最高人民法院关于适用〈中华人民共和国行政诉讼法〉的解释》第12条也规定了诉讼主体是否同案件具有利害关系的6种具体情形。可见对于原告是否具有适格的诉讼资格，其主要的判断要件即是利害关系。针对利害关系主要应关注3大方面：第一，是否具有利害关系主要是指行政行为是

① 在吴某明诉义乌市人民政府案的浙江省高级人民法院（2016）浙行终451号行政裁定书等为代表的诸多案件当中，法院同样是基于相同的理由驳回原告诉讼请求。

否处分了相对人的权益并对其权益产生了实际影响。而权益既包括相对人的权利与义务也包括其之外的正当利益，两者是独立的。换言之，只要相对人的正当利益受到损失，即使其权利义务并未得到损害或增减，其仍然应当是适格的原告。第二，利害关系既要包括直接利害关系也不应排除部分间接利害关系。因而原告并不一定是行政机关行政管理的直接对象，判断其是否属于适格的原告主要应关注行政行为所指向的对象，有可能包括行政行为所波及的间接对象。而上述两个案例同相关行政行为具有直接与间接的利害关系，不存在质疑。第三，在司法保护利益的标准问题之上，地方法院基于对利害关系的程度考量或司法权对行政权的尊重，往往会对特定行政诉讼纠纷作出是否值得司法保护和规范的个别判断，这一现象在行业协会的诉讼过程当中显得较为普遍。

（二）行业登记类纠纷的忽视

从上文判例的裁判结果来看，出于对行政权专业权威尊重的基本立场，地方法院在针对行业协会同登记主管部门的诉讼纠纷中秉持着一种谨慎的态度。实践中，行业协会的登记审批类案件具体包括业务主管部门的初审纠纷、登记管理部门的筹备审批纠纷、登记管理部门的正式登记纠纷以及利害关系人有关行业协会登记变更纠纷共四大类。上文已有所论述，对于行业协会的成立登记问题，全国范围内大部分地区仍然实行业务主管部门初审以及登记管理部门复审的“双重管理”体制模式。但目前对于业务主管部门初审的具体审核标准、审核条件，我国现有法律法规并未给出较为统一、可操作性的解答。同时，对于登记管理机关以同一区域内业务领域存在相同或相似的行业协会为由不予批准其成立申请的行政行为，相关行业协会也同样缺乏有效的救济途径。而上述有关行业协会登记管理的纠纷却不在少数。在上文的判例当中，这些业务主管部门或登记管理部门在审核批准的过程中缺乏具体特定的法定依据，而仅借由“业务领域相似、重复、无必要”等理由直接拒绝批准行业协会成立,[①] 其本身就违背了《行政许可法》的立法精神以及《宪法》(2018 年修正)第 35 条对于公民结社的基本权利与自由保护的规定。

关于认定“业务领域相似或重复”的纠纷问题。实践中尽管某个省市存在两个业务范围部分重叠的行业协会，但随着市场的竞争、业务的需求乃至成本的考量，他们必将会在将来的一段时间内实时地调整、合并自身行业领域，开展全面深度的合作。这种可能性本身就是行业发展不断走向专业化、精细化的过程，而此时如果行政机关从源头上不当介入管理，必将打破这一行业发展的机制规律，不利于其取得长远发展。面对此类纠纷，在立法政策文件相对缺失、登记主管部门持谨慎态度的基础之上，法院的监管态度便显得至关重要。在日照市足球运动协会诉日照市民政局案［山东省高级人民法院(2018)鲁行申 14 号行政裁定书］中，法院一改上述判例当中的消极态度，为此类争议的解决提供了范本。在此案中第三人于 2014 年提交申请成立“日照市业余足球协会”，日照市民政局审核同意并为其办理了成立登记。此后，日照市民政局根据第三人“日照市业余足球协会”的申请，为其办理了“日照市足球协会”，其业务范围也有所变更。原告“日照市足球运动协会”系 2011 年设立的社团法人，其诉称“日照市足球协会”与其名称业务相似，请求法院判定被告对其审核不当，缺乏必要性的论证事实依据。法院在缺乏立法规定的实践困境下，在充分论证贯彻了《机构改革方案》《国务院办公厅关于实施〈国务院机构改革和职能转变方案〉任务分工通知》《山东省民政厅关于创新社会组织登记和管理工作的通知》《中共日照市委、日照市人民政府关于推进社会组织改革发展的意见》等法规范与政策文件的基础之上，结合日照市足球运动

---

① 参见张某均、牟某乾等 81 人诉重庆市梁平区交通委员会案，重庆市第二中级人民法院(2018)渝 02 行终 35 号行政判决书等。

发展的实践经验，认定两者尽管存在业务领域的相同或相似，但考虑到上述法规范、政策文件的具体规定以及促进日照市足球运动的公共服务需要，日照市民政局的许可决定具有事实法律依据。而此案无疑呼应了国务院“引入竞争机制，激发社会组织活力”的政策需要，对于推进“一业多会”的行业发展目标起到了较好的示范作用。

本书认为，相关行业协会的成立是否存在业务重复、是否具有非营利性目的以及能否增进共同利益（公共利益）是判断行业协会能否成立的3个重要标准。《行政诉讼法》第12条第8项规定，公民、法人或其他组织认为行政机关滥用行政权力排除或者限制竞争的，应当纳入行政诉讼的受案范围。因此在当下强调激发社会组织活力，探索“一业多会”形式，引入竞争机制的政策背景下，为保障行业发展的适当竞争，避免引起行业间业务的雷同和冲突，上述3个因素皆应予以考虑。

关于业务主管部门的前置性审核问题。根据《行政许可法》第13条第4项的规定，行政机关可以采用事后监督等其他行政管理方式能够解决的，可以不设行政许可。并且实践中针对行业协会的管理除了登记审核之外，还伴有年度检查、监督抽查、黑名单制度等多种事后监督措施。因此即使取消业务主管部门的前置性审核，行业协会的成立仍然需要登记主管部门的审核批准，行业协会管理中的“双重管理”制度本身便可由登记管理机关的直接统一登记和事后监管措施所取代，而这也是直接登记改革的题中之意。但现今全国大部分省市地区仍然沿用《社会团体登记管理条例》规定的“双重管理”制度，加入了业务主管机关的前置性审核。学者李建秦和高丙中都将其归纳为社会组织的“行政合法性”要求。而这一要求是我国计划经济体制向市场经济体制转型的特殊背景和政治体制要求，中华人民共和国成立初期，国家百废待兴，出于政治经济体制建设的需要，社会组织的设立登记需要满足4个条件，分别是“政治上达标、行政上挂靠、符合法律程序，得到社会支持”，[①] 即以行业协会为代表的社会团体除了要在法律层面取得合法性之外，还必须“同时取得归口行政机构的认可和被证明在政治上正确，必须取得行政合法性和政治合法性”[②]。在赵某斌诉黑龙江省民政厅案［黑龙江省哈尔滨市中级人民法院（2017）黑01行终179号行政裁定书］中，二审法院仍然援引《社会团体登记管理条例》第9条规定，以黑龙江围棋协会在起诉时不具备业务主管部门的批准文件为由，认定其不具备向登记管理机关申请登记的资格，最终以其与登记管理部门所作的《关于黑龙江省象棋协会申请变更名称的批复》不具有利害关系为由，认定赵某斌不具备诉讼主体资格，判决驳回起诉。本书认为，在新时代释放社会活力，推进“行业直接登记”改革，打造“共建共治共享”社会治理格局的目标指引下，行业协会只要在人员、资金、场所以及专业性方面上具备一定的成熟度，并根据法律规定在相关民政部门办理登记手续之后，就应当在法律的制度保障下获得成立、发展与活动的自由和权利，将业务主管部门的前置审核作为行业协会成立的法定程序与条件已经不具有制度上的合理性。因此考虑到我国各省市地区行业协会专门立法，尤其是在行业协会设立登记层面的规定存在差异，[③] 实践当中行业协会同登记主管部门再次就此类纠纷发生争议之时，司法机关应当在必要条件下公正参与诉讼案件审查，发挥其在行业协会设立登记阶段的监管作用。

关于行业协会的变更登记纠纷问题。在湛江市烹饪协会诉湛江市民政局案［广东省高级人民法院（2014）粤高法审监行再字第5号行政判决

---

① 参见李建琴：《转型时期行业协会的行政合法性》，载《中共浙江省党委党校》2004年第5期。

② 参见李建琴：《转型时期行业协会的行政合法性》，载《中共浙江省党委党校》2004年第5期。

③ 目前多个省市地区的行业协会立法仍然沿用《社会团体登记管理条例》的“双重管理”规定，因而业务主管部门的前置性审核仍然是必要程序条件。但深圳、江苏、河南、江西等省市地区已经根据中央层面推进行业协会直接登记改革的相关精神制定了专门立法，对于《社会团体登记管理条例》的规定已经有所突破。

书］中，原告湛江市烹饪协会是由吴某标自筹3万元注册资金，于2004年3月26日经批准成立的行业协会组织。2006年4月广东省民政厅发出《关于贯彻中共广东省委广东省人民政府关于发挥行业协会、商会作用的决定的实施意见》，规定行业协会会员应达到50家以上，且只吸收单位会员，不吸收个人会员。原告湛江市烹饪协会不符合条件，因此需要进行整改。市民政局于2007年5月向其发出整改通知。2007年9月原“湛江市烹饪协会”展开整改换届协议，修改章程，选举梁某为会长，经市民政局审核，并于2007年10月给予办理重新登记，登记名称为“湛江市烹饪行业协会”，且声明原“湛江市烹饪协会”公章和社会团体法人登记证书作废。原湛江市烹饪协会不服，与2007年12月提起行政诉讼，请求撤销市民政局作出“湛江市烹饪行业协会”的变更行为。此案经过一审、二审、抗诉后再审程序后，最终判定湛江市民政局向第三人湛江市烹饪行业协会作出的登记行政行为合法。

一个争议焦点需要予以关注，即市民政局对于湛江市烹饪行业协会的登记行为是属于变更登记还是同原湛江市烹饪协会完全不相干的重新登记？此案中法院认为此次登记是根据整改通知要求完成整改后的重新登记行为，而非一般的社会团体变更登记。而本书认为此案判决明显缺乏合理依据，理由如下：首先，此次登记在性质上明显不属于重新登记行为。自2004年至2007年以吴某标为法定代表人的湛江市烹饪协会已经发展运行了3年有余，吴某标自筹3万元注册资金组织筹备了行业协会，并且协会成员以个人会员为主，这是符合2004年的经济与行业发展状况的。但2007年随着政策临时调整，地方民政局一纸通知认定其人员构成存在问题并需要予以整改，在未给予其合理整改时间的前提下便认定原协会公章及登记证书作废，其行为明显不当地侵犯了原行业协会的合法利益。并且考虑到在新的“换届”选举（而非“重新”选举）中仍有多数原协会的理事、会员参与，新协会在名称、业务领域也与原协会具有高度相似性，基于上述案件事实、对原协会成员的期待利益保护、对行业自治权的尊重以及公共利益的合理考量，其认定新行业协会与同领域发展运行近 4 年的原协会无任何关联，这一登记行为被认定为重新登记行为实在令人难以信服。同时在市民政局的变更登记与一审法院的判决中也提到本案第三人湛江市烹饪行业协会是由原湛江市烹饪协会变更登记成立的。因此，法院审查时应当重点关注湛江市民政局的变更登记行为是否合法，而非关注原湛江市烹饪协会是否合法。此行为在性质上明显属于行业协会的调整与变更问题。

其次，第三人湛江市烹饪行业协会在申请文书中提交了社会团体变更登记表，但登记表中没有原法定代表人吴某标的签字，没有加盖原告的协会印章，没有提交变更法定代表人所需的离任审计报告，吴某标也未参与湛江市烹饪行业协会的换届选举活动，更没有证据认定吴某标本人知晓此次变更活动，变更程序明显违法。

再次，根据《社会团体登记管理条例》的规定，社会团体变更应当得到业务主管部门的审查同意，但此案中没有证据证明湛江市烹饪行业协会得到湛江市经济贸易局的审查同意。并且新协会在未依法核准登记、未取得法人资格和刻章许可以及未提交社会团体变更的全部材料的前提下，即申请变更主体，明显违法了社会团体变更的法律规定。

最后，此案还映射出一个重要理论问题，即我国政策变动与修改对于行业协会发展的影响与平衡问题。面对当下以行业协会为代表的社会组织改革的持续深入开展，地方政策也随之发生持续变动，而旧的行业协会必然需要根据政策的修订开展人员、机构以及技术等层面的“大换血”。同政府机构改革一样，政策改革创新的出发点固然是积极、有益的，但其同样需要顾及政策执行的成本、方式以及程序等方面的合理性问题。此案之中原湛江市烹饪协会则因为其是“旧时代下的产物”而成为改革创新的牺牲品，其代价是昂贵的，而此时法院需要引以为戒，需要更多地站在对行业协会权利保护的立场之上，对于此类管理执法行为在程序、方式以及依据上予以充分规范。

关于利害关系第三人对关联行业协会的变更争议问题。在上文提到的赵某斌诉黑龙江省民政厅案中，2015 年 7 月，经民政厅批准黑龙江省棋牌协会成立，而后又于 2016 年 7 月 22 日被撤回了批准决定。赵某斌于 2016 年 4 月 13 日向黑龙江省体育局申请成立围棋协会，黑龙江省体育局于 2016 年 5 月 3 日以其申请成立的围棋协会属于黑龙江省棋牌协会业务范围为由，对赵某斌的申请不予受理。赵某斌不服并于同年 5 月 6 日向黑龙江省人民政府申请行政复议，在行政复议期间 2016 年 7 月 27 日省体育局决定撤回不予受理申请成立的决定，省人民政府也于 2016 年 11 月作出了行政复议决定，确认省体育局先前作出的不予受理决定违法，责令体育局在法定期限内重新作出具体行政行为。然而在行政复议期间，黑龙江省民政厅再次批准了黑龙江省象棋协会更名为黑龙江省棋牌协会的行业变更申请，赵某斌对此决定不服提起行政诉讼。案件在经过一审、二审程序后，认定赵某斌起诉时不具备申请成立黑龙江省围棋协会的资格，其与批复不具备利害关系为由，判处驳回原告上诉。在此案当中，黑龙江省民政厅再次作出批准更名黑龙江棋牌协会的申请决定是在 2016 年 8 月 11 日，而这一日期正是省体育局撤回决定与省人民政府开展行政复议期间，赵某斌有理由期待其原本申请成立围棋协会的诉求能够在省体育局撤回原决定或者省人民政府开展复议期间得到重新确认，且这种合理期待是有理有据的，应当予以保护。并且将黑龙江省象棋协会更名为棋牌协会已不再仅仅是名称的变更，其已经涉及业务领域的实质性变更，原则上需要重新登记才具有合法效力。赵某斌在申请围棋协会成立期间，其所在区域并不具备已有业务相同的行业协会存在。而棋牌协会的成立不论从字面含义还是实质含义上无疑将在业务领域囊括其即将成立的围棋业务，一审法院以其行业协会未正式成立进而与此批复不存在利害关系的理由依据，有些过于牵强，体现了司法权介入的程度较低。

当行业协会在此领域同业务主管部门发生行政诉讼纠纷之时，司法机关是否应当介入审查？回答此问题应当对照《行政许可法》的立法精神与原意展开分析。《行政诉讼法》第12条第1款第3项规定人民法院应当受理的情形："申请行政许可，行政机关拒绝或者在法定期限内不予答复，或者对行政机关作出的有关行政许可的其他决定不服的。"《行政许可法》第13条规定："本法第十二条所列事项，通过下列方式能够予以规范的，可以不设行政许可：（一）公民、法人或者其他组织能够自主决定的；（二）市场竞争机制能够有效调节的；（三）行业组织或者中介机构能够自律管理的；（四）行政机关采用事后监督等其他行政管理方式能够解决的。"可见其立法原意是指对能够交由市场调节和行业自治的事项，政府不应再设立许可，能够由事后监督等其他管理方式替代的就应尽量减少事前审批。同时根据《最高人民法院关于审理行政许可案件若干问题的规定》（法释〔2009〕20号）（以下简称《行政许可案件若干问题的规定》），其在第1～3条之中规定了以下4种特定情形：（1）公民、法人或者其他组织认为行政机关作出的行政许可决定以及相应的不作为；（2）行政机关就行政许可的变更、延续、撤回、注销、撤销等事项作出的具体行政行为及相应的不作为；（3）行政机关未公开行政许可决定、未提供行政许可监督检查记录的行为；（4）行政许可过程中导致许可程序事实上终止的通知行为侵犯公民、法人或者其他组织的合法利益的，均属可诉的行政许可行为。而上述规定的几种情形，在实践判例中都有出现，但地方法院仍然以"内部管理行为"不符合行政诉讼受案范围为由驳回原告申请。

（三）司法权监督行业管理行为的态度

管理权限主要体现为行业主管部门针对相关行业协会的运行发展所实施的行政管理行为。之所以说司法机关对行政机关的行业管理权限解读过于谦抑，是因为在有关的行政不作为、行政处罚以及行政指导类等多种行为争议纠纷的案件中，地方司法机关在审判和监督层面表现得较为消极。部分案件都未详尽阐明诉讼法律依据，以相关行为不符合受案范围为由驳回了原告行业协会的诉讼请求。面对当下行业协会立法相对缺失的现状，行政机关的一些管理行为尚无立法层面的准确定位，如果司法机关采取消极态度将会使上述存在的实践争议焦点成为不受监管的“灰色地带”，导致行业协会的合法权利救济无门。

关于行政不作为类案件纠纷。实践中第三人向登记主管部门举报行业协会或其成员违法行为、行业协会要求登记主管部门依法履行管理职责等判例之中，地方法院经常以“内部管理行为不符合行政诉讼范围”之由驳回原告起诉。《行政诉讼法》第 12 条第 1 款第 6 项规定了人民法院应当受理的情形：“申请行政机关履行保护人身权、财产权等合法权益的法定职责，行政机关拒绝履行或者不予答复的。”修订后的《行政诉讼法》扩大了行政诉讼权利的保护范围，除“人身权、财产权”以外的“其他合法权益”，只要其属于法律规定的权利和利益，都应纳入行政诉讼法的受案范围之中。同时我国《宪法》在其第 2 条第 1 款也规定“中华人民共和国的一切权力属于人民”，而行政机关作为国家机关的代表之一，其应当肩负起保护人民群众合法利益的神圣职责，这里的合法权益包括宪法、法律赋予公民、法人和其他组织的广泛权利，如人身权利、财产权利、受教育权利、社会保障权利、市场公平竞争权利等各个方面。而行政机关的法定职责既可来源于法律、法规、规章授权，也可来源于其机关本身的实现承诺和先前行为。实践中行政机关不履行法定职责的情形主要包括 3 种：第一，负有法定职责的行政机关和人员，应当依法履责而无任何作为；第二，上述主体应当依法履职的前提下，却以非正当理由明确拒绝履行；第三，上述主体在依法应当履职的前提下，拖延、延迟履责，造成公民、法人或其他组织人身、财产和其他权益损失。

在长沙市望城区砂石协会诉长沙市人民政府案［湖南省长沙市中级人

民法院（2017）湘01行初178号行政裁定书］中，长沙市望城区砂石协会起诉长沙市政府不作为，即未针对非法砂场影响正规砂场经营、破坏砂石行业正常市场秩序的现象开展治理与监管措施。案件中所指的“非法砂场”是由长沙市人民政府拆除134家砂石场，设置特许经营向特定群体进行招标经营行为的先前整治行为造成的。砂石协会发现整治后的砂场存在未取得合法资质而非法经营的行为，并在其合法砂场遭受损失的前提下向人民政府诉求开展相应监管措施，应当属于案件中的行政行为相对人或利害关系人。但法院最终以砂石协会系社会团体法人性质，其既非砂石场经营业主权利人，也非所诉行政行为的利害关系人，且砂石协会的诉求属于信访行为为理由，认定其不具备原告诉讼主体资格，判决驳回起诉。

（四）司法权监督主管部门处罚权的力度

由于行政权本身的专业性与特殊性，原则上司法权对行政权的“运行疆域”应当给予一定尊重。但这并不意味着行政权可以成为法外领域，进而脱离司法机关的合法监督。实践中，在判断行业登记部门管理行为的合法性问题之时，我国司法机关的监督力度仍显不足。

关于登记主管部门违反法定程序处罚类纠纷。在广州市白蚁防治行业协会诉广州市发展和改革委员会案［广东省高级人民法院（2016）粤行申1587号行政裁定书］中，广州市发展和改革委员会（以下简称广州市发改委）认为广州市白蚁防治行业协会向其协会会员提供服务并收取合同管理费的行为属于《广东省行政事业性收费管理条例》（2011年修正）（已被修改）第20条第1项所列的“超越权限擅自设立收费项目”的违法行为，因而对其作出没收逾期未退还价款823,177.64元的处罚决定。白蚁防治行业协会不服向广州市人民政府申请行政复议，行政复议维持了被诉行政处罚决定。白蚁防治行业协会对此决定不服进而向越秀区人民法院提起诉讼，越秀区人民法院一审认为广州市发改委在作出处罚前未充分保障当事人的听证权利，违反法定程序，判决撤销被诉行政处罚决定。但二审、再审法院均认为一审法院处理结果不当，应当改判撤销一审判决，驳回广州市白蚁防治行业协会的诉讼请求。

本案的争议焦点是广州市发改委在作出行政处罚决定前未告知当事人听证权利是否违反了法定程序。听证程序是正式的双方质证的听取意见程序，是行政处罚的特别程序规定，其旨在对当事人合法权益提供更为充分的保障。但听证程序较为正式，费时费力，故而仅限于“责令停产停业”“较大数额罚款”等对于当事人合法权益影响较大的特定行政处罚情形。《行政处罚法》（2017 年修订）（中华人民共和国主席令第 76 号）（现已被修改）第 42 条规定，行政机关作出责令停产停业、吊销许可证或者执照、较大数额罚款等行政处罚决定之前，应当告知当事人有要求举行听证的权利。本书认为，第 42 条之所以采用了“等”字的概括式列举方式，其立法原意应当是旨在保障避免出现“责令停产停业”等以外对当事人造成同样重大利益损害的特殊情形，而本案中没收 82 万元违法所得显然符合第 42 条的立法原意和保护范围。此后 2021 年 1 月，《行政处罚法》（2021 年修订）（中华人民共和国主席令第 70 号）予以发布，其在第 63 条之中进一步明确规定，行政机关作出责令停产停业、责令关闭、限制从业、吊销许可证件、降低资质等级、较大数额罚款、没收较大数额违法所得以及没收较大价值非法财物等行政处罚决定之前，应当告知当事人有要求举行听证的权利，当事人要求听证的，行政机关应当组织听证。可见此条文第 63 条的修订完善从制度上明确了相对人被没收较大数额违法所得应享有举行听证的合法权利。并且根据中央及各地方行政处罚的执法实践，本案中没收 82 万多元的处罚决定显然属于没收较大数额违法所得的法定情形。此案中地方法院的做法值得商榷。

关于行业协会或第三人涉嫌不正当竞争与垄断行为等争议纠纷。在余姚市建设工程检测协会诉宁波市工商行政管理局案［浙江省宁波市中级人民法院（2014）浙甬行终字第12号行政判决书］中，原告余姚检测协会于2010年1月进行了社会团体法人登记，其主要负责协助余姚市质检站对于当地的检测公司开展地基基础检测业务，并且法院查明，余姚市当地只有取得原告余姚检测协会的备案章，才能在余姚质监站取得备案通过。2012年余姚市天远建设工程检测有限公司等6家企业同余姚检测协会签订了《余姚地基基础检测单位自律协议》，约定同意余姚检测协会对各公司地基基础检测项目收取咨询费。2013年被告市工商局对于上述相关技术咨询费的收取行为作出了行政处罚。原告余姚检测协会不服提起诉讼，案件经过一审、二审，最终认定工商行政管理机关行政处罚决定事实清楚，程序合法，驳回原告上诉，维持原判。

此案的争议焦点是余姚检测协会的技术咨询收费行为是否属于《反不正当竞争法》（2019年修正）（中华人民共和国主席令第29号）调整的范围，如非受其调整，又属于何种行为？法院在审理过程中首先认定《反不正当竞争法》适用对象仅限于经营者，原则上余姚检测协会作为非营利性的社会组织不应纳入《反不正当竞争法》的调整范围，但其属于商业贿赂的主体身份却准确无误，但本书对此判断却存在疑问：首先，《国家工商行政管理局关于禁止商业贿赂行为的暂行规定》（中华人民共和国国家工商行政管理局令第60号）（以下简称《禁止商业贿赂行为的暂行规定》）第2条第2款规定，商业贿赂是指经营者为销售或者购买商品而采用财物或者其他手段贿赂对方单位或者个人的行为。本案中有关技术检测公司并非为了销售或购买商品而同余姚市检测协会签订自律协议，行为要件并不满足。其次，法院根据2006年《国家工商行政管理总局关于公办学校收受商业贿赂行为是否受〈反不正当竞争法〉调整问题的答复》（工商公字〔2006〕90号）中所提到的“在商品交易中所收受商业贿赂的单位，不受单位性质的限制”这一论述为由判定原告余姚行业协会属于商业贿赂主体身份。但法院明显存在断章取义之嫌，此次答复的全部内容是“有关单位是指在商品交易中收受商业贿赂的单位，不受单位性质的限制。无论是公办学校，还是其他性质的学校，只要在购买商品（包括购买书籍）时收受商品销售者给予的商业贿赂，就可以按照《反不正当竞争法》与《禁止商业贿赂行为的暂行规定》的有关规定予以处理”，这是针对公办学校在购买书籍过程中存在的贿赂行为开展的特定个案答复，不具有普遍效力。而在此案当中，余姚检测协会未向其他经营企业购买商品或销售商品，同时签订协议也是余姚检测协会在开展业务的过程中同其会员之间的自行约定行为，其不涉及第三方，因此此案依据此答复将余姚检测协会纳入商业贿赂的主体范围明显缺乏依据。最后，即使退一步将余姚检测协会强行解释为商业贿赂的主体范围，将其纳入《反不正当竞争法》的调整范围，但反不正当竞争的构成要件包括 4 个方面：（1）主体为从事商品经营或者营利性服务的经营者；（2）客观上存在不正当竞争的行为；（3）侵害了其他经营者的合法权利；（4）主观上有过错。但从法院搜集的案件事实与证据中，都未能证明此案中存在第三个、第四个构成要件。案件事实中有所论述，余姚检测协会在地方实践当中与上述检测公司存在行业管理关系，其服务对象是余姚质检站并负责协助其开展相关检测业务。此案中其对于上述会员公司开展检测并签订协议收取相关检测费用的行为，在未能证明此行为对于市场秩序产生扰乱的前提下，法院即推断其侵害了其他潜在竞争者的合法权利，并在主观上存在故意，本书认为不妥。

类似的判决在百色市旺达汽车修理厂诉百色市工商行政管理局案［广西壮族自治区百色市中级人民法院（2016）桂 10 行终 117 号行政判决书］中也有陈述。此案中原告百色市旺达汽车修理厂在面对百色市右江区的机动车二级维护企业出现相互压价、恶性竞争以及不按工时作业等行业乱象的实践现象下，将该现象反映给行业协会并在百色市汽车维修行业协会的组织召集下同其他 12 家企业开会商定了《右江区二类机动车维修企业会议纪要》，该纪要规范了汽车维修价格收费标准，统一了二级维修费用价格。但被告百色市工商局却认为此类行为属于《反不正当竞争法》规定的联合限定价格行为，并给予了原告15,000元的罚款处罚。本书需要指出的是此案件同样未能证明上文所述的《反不正当竞争法》的第三个、第四个构成要件。在法院给出的已有案件事实和证据当中，法院并未能指出上述协议行为对于哪些特定经营者产生了权益侵害，并且在客观层面上妨碍了右江区的公平市场竞争秩序。相反，根据案件调查显示，近十家汽车维修企业反映右江区机动车维护企业存在收费不作为而直接开具二级维护证明等乱象，经各企业反映后，当地汽车维修协会积极履行行业职责，并组织13家企业商定决议，签订协议，整顿行业秩序，此种行为并无不当。地方工商局在不履行监管职责的情况下，非但不鼓励行业协会管理行业秩序，反而反对此种行为并对其作出行政处罚决定，让人难以理解其执法意图。同时在此案中地方法院仅是依据“联合限定价格行为”这一客观存在而直接推断其行为具有主观过错以及客观上侵害了营运车主自主选择和接受服务的权利，不免有些牵强。

以上两个案例可以反映出相关治理实践中所存在的一系列问题：当行业协会在面对法律法规授权缺失，地方立法水平不足的前提下开展上述行业秩序管理或行业服务行为时，其同法定的不正当竞争行为之间的界限是什么？行业协会出于整顿行业秩序同特定会员企业达成整顿协议的行为，是否属于联合限定价格的不正当竞争行为？行业协会出于正当业务职责需要向个别会员企业收取服务费用的行为，是否属于商业贿赂的行为？判断上述问题的关键在于两点：其特定行为在主观上是否存在扰乱市场秩序的故意，在客观上是否造成了特定经营者的权利侵害。而上述案例在未能证明上述两点的基础上，即简单推断行业协会的相关管理、服务行为属于不正当竞争或垄断等违法行为，预设了行业协会在维持行业秩序层面的“私利性”前提，可能对行业协会治理产生错误的负面引导，抑制行业协会开展服务与管理的积极性。

第三章　作为治理者的行业协会：内部治理现状及困境

行业协会存续的核心竞争力来源于长期积累、稳定发展、持续提高的内部机制与能力建设，具体包括专业的管理人员、规范的资金保障、高效的运作程序以及完善的监督体系等多个方面，这是实现行业协会有效自治的核心基础。但从目前来看，行业协会在自身的机制建设、能力建设、素质建设、形象建设等方面，与新时代社会治理改革及广大民众的多元需求还有不小的差距，需要行业协会尽快从内部治理层面提升参与社会治理的能力和水平。

总体上我国在行业协会的内部治理层面，仍然存在治理理念定位不清、治理制度规范匮乏以及行业内部垄断共3大理论实践问题：其一，行业协会的内部治理理念是协会发展的指导思想，应当明确统一，才能做到有的放矢。但实践中行业协会的治理理念存在两大选择：是背靠会员面向政府，以实现社会公益为先，做好政府的协助者与合作者？还是应当背靠政府面向会员，以实现协会会员利益为先，做好会员的服务者？目前行业治理实践中面对这两个选择始终难以取舍，行业协会在处理同会员、政府关系的协调平衡问题也一直是实践中的重要难题，而两种不同的治理理念将导致行业协会走向完全不同的制度构建模式。其二，健全完善的治理规范是行业有效治理的前提保障，但行业协会内部治理的制度规范供给仍然不足（行业协会内部治理结构见图3－1）。具体体现为缺乏科学、可操作的内部议事制度，财务管理、数据统计等信息公开制度，内部人事任免、换届制度，缺失决策、决定的质询问责制度以及人才、业务的奖励、激励制度不够完善等多个方面的困境。其三，行业内部共谋与垄断的现象持续产生。亚当·斯密（Adam Smith）曾在《国富论》中有过类似的判断，同行的经营者之间较容易产生共谋抬高价格的整体倾向，而这反映在行业协会之中则体现为“价格卡特尔”① 倾向。行业协会的发展运行实践也部分

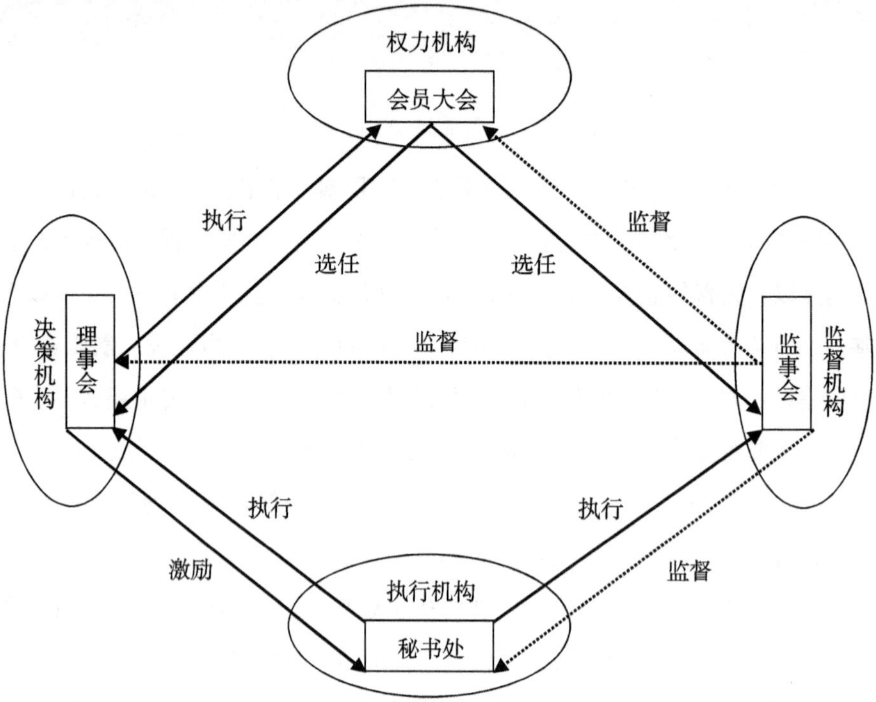

图 3－1　行业协会内部治理结构

（＊引自王名著《社会组织论纲》第 159 页）

① 价格卡特尔是指两个或两个以上处于竞争关系的生产经营者为确定某一商品或服务价格而组成的联盟。体现在行业协会中则主要是指行业经营者通过限制生产、销售数量的方式达成内部协议的保护行为，此种协议行为对于市场价格以及公平竞争有着极大的负面影响。对其相关问题的探讨参见鲁篱：《我国行业协会价格卡特尔的法律规制》，载《西南民族大学学报（人文社会科学版）》2007 年第 11 期；鲁篱、周道树：《行业协会价格卡特尔反垄断法规制的比较研究》，载《河北法学》2007 年第 9 期。

地受到市场因素的影响，一旦行业身处激烈的市场竞争环境，上述行业协会的协调职能很可能转化为区域性内部的共谋能力或者称为保护主义，从而对公平竞争的市场规则产生限制，对竞争者、消费者以及其他弱小企业的权益产生损害。具体表现为限定行业产量，统一行业定价，划分目标客户，划定销售地域以及不正当排斥、控制、限制行业内部弱小企业发展等问题。

第一节 内部治理的整体规范环境

在开展对行业协会内部治理问题的具体阐述之前，首先应全面分析行业内部治理展开的内外法规范依据问题，因其在很大层面影响甚至塑造了行业内部治理的整体制度环境。从相关法规范依据的视角来看，尽管目前我国持续推进行业协会直接登记、行政机关与行业协会脱钩等行业自治的改革目标，但行业协会治理尤其是内部治理的空间、权限与自由仍然有限，导致行业内部治理难以发挥其应有的活力和功能。

一、外部政策法规的严格规范

考察行业协会的内部治理，需要综合考察当下行业协会商会的监管规范体系，即包括完善的政府监管体系与法人治理制度两大方面。在政府监管层面，民政部门需要依据登记管理的现行法规，强化对于行业协会商会的登记审查与执法监督，加强对行业协会商会主要负责人的任职任用管理；纪检监察、财政、税务、审计等部门要依法对其资金、行为、收费及活动等方面开展监督；逐步探索构建专业化、社会化的第三方监督机制，建立健全行业协会商会信用体系与信息公开机制，使其接受社会监督。

同时由于行业协会在我国隶属于社会组织、社会团体的范畴，因此其还应严格遵守我国法律法规对于社会团体的多项基本规定。目前我国有关社会组织、社会团体管理的法规范规定可谓数量众多，但在其中多数规范的制定年限已经比较久远，并且未能得到及时的修订与完善，在当下行业协会蓬勃发展的同时，对行业协会的治理实践产生了一些负面性的影响与限制。

关于社会团体的名称与代码规定。首先，在名称管理的规范方面，《社会团体登记管理条例》第 10 条规定了社会团体的名称应当同其业务范围、成员分布以及活动地区相一致，能够准确反映其社会团体特征，并且全国性与地方性的社会团体在冠名“中国”“全国”“中华”等字样时，应当有所区分。2014 年 3 月，《中央机构编制委员会办公室、工业和信息化部关于印发〈党政机关、事业单位和社会组织网上名称管理暂行办法〉的通知》予以发布，文件对于社会组织的注册域名格式、网上名称的申请审核、申请名称的排除情形、网上名称的变更撤销、网上名称的报告备案以及网上名称的监督管理等多个问题作出了细致规定，建立了严格的社会组织网上名称管理制度。其次，关于社会团体代码的相关规定，早在 1989 年《国务院批转国家技术监督局等部门关于建立企业、事业单位和社会团体统一代码标识制度报告的通知》（国发〔1989〕75 号）便予以发布，文件提出为适应治理整顿深化改革的需要，强化政府部门的行政管理，监督社会团体的社会经济行为，应当给每一个社会团体颁发一个在全国范围内唯一的、始终不变的法定代码标识。并且具体由原国家技术监督局牵头，由民政部、国家统计局等部门参加组成领导小组，下设办公室，统筹推进统一代码标识制度的系统工程建设。此后原国家技术监督局在 1993 年又相继颁布了《企业事业单位和社会团体代码管理办法》（技监局发〔1993〕14 号），为依法登记的社会团体构建了统一的代码标识与分配管理制度。该文件规定了国务院标准化行政主管部门负责组织协调社会团体的代码管理工作，社会团体登记管理机关按照职能负责组织社会团体的代码赋予工作以及社会团体申领、变更、注销代码书的各项程序步骤等具体内容，进一步强化了我国对社会团体的管理制度。

关于社会团体章程与印章的规定，《社会团体登记管理条例》第 14 条对于社会团体章程所应包括的具体内容作出了规定，即应当包括名称住所、业务范围、会员权利义务、负责人换届选举以及资产管理等共 9 大项内容。在此基础之上，民政部与各省市地区还专门制定了各地方《社会团体章程示范文本》，统一了社会团体章程的基本内容与格式，强化了社会团体的组织结构、决策程序以及各项管理程序制度。关于印章的相关管理规范，早在 1993 年 10 月，民政部、公安部便联合发布了《社会团体印章管理规定》（已被修改）（中华人民共和国民政部令、中华人民共和国公安部令第 1 号）（以下简称《印章规定》），文件对于社会团体印章的规格、式样以及收缴等工作规范作出了基础性规定。1999 年 10 月，为进一步规范印章管理工作，《国务院关于国家行政机关和企业事业单位社会团体印章管理的规定》（国发〔1999〕25 号）发布，文件再次完善了社会团体印章的名称、字体、质料、格式等制发工作，印章的办理、审批、收缴等管理工作，以及对伪造印章或使用伪造印章者的监督工作等规范，强化了社会团体的印章管理制度。

关于人员编制管理工作的规定。在中央层面，《中央组织部、民政部、人事部、财政部、劳动部关于全国性的社会团体编制及其有关问题的暂行规定》（民社发〔1991〕8 号）早在 1991 年便予以发布，文件规定各类全国性的社会团体一律应当使用社会团体编制，行政编制管理部门不再将社会团体核定为行政与事业编制。2000 年，《民政部、人事部关于全国性社会团体专职工作人员人事管理问题的通知》（民发〔2000〕263 号）（以下简称《专职人事管理问题的通知》）正式发布，其在第 2、3、4 条再次规定：全国性社会团体专职工作人员，其档案管理、档案工资、社会保险、职称评定、住房公积金、婚姻状况证明、出国政审证明等人事管理工作，参照国家对事业单位的有关规定执行，由原人事部全国人才流动中心或原人事部、民政部共同指定的有人事代理权的机构代理。设有人事管理部门或设有专兼职人事管理干部的全国性社会团体，以及专职工作人员的人事管理工作已由业务主管部门单位人事部门统一管理的全国性社会团体，其人事管理工作可仍按现行管理办法进行。全国性社会团体从离、退休人员中聘任的社会团体专职工作人员，其人事管理工作由被聘人员原单位人事部门负责，具体管理工作依照国家有关规定进行。原单位要创造便利条件，支持这些人员在社会团体的工作。此后，《国务院办公厅关于加快推进行业协会商会改革和发展的若干意见》与《行业协会商会与行政机关脱钩总体方案》规定，要深化行业协会的劳动人事制度改革，建立健全岗位管理制度。行业协会商会具有人事自主权，可依章程自主选人用人，在人员管理层面要与原主办、主管、联系和挂靠单位实现脱钩；行业协会商会应全面实行劳动合同制度，单位及员工应按规定参加基本养老、医疗等社会保险，依法缴存住房公积金，依法保障工作人员的合法权益。

关于社会团体的日常业务指导与管理监督规定。实践中业务主管部门对社会团体的管理和指导是直接和全面的，甚至对于个别行业或地区而言，业务主管部门与社会团体之间是领导与被领导的关系。《社会团体登记管理条例》第25条规定，业务主管部门负责社会团体成立、变更、注销登记前的审查工作，监督、指导社会团体遵守宪法法律、章程活动，年度检查初审以及协助查处社会团体违法事项等监督管理职责。近年来，我国出台了多项相关政策法规，针对实践中社会组织乱摊派、违规收费，以公益慈善名义行骗敛财，社会团体私立“小金库”以及社会组织违规评比评奖等各类行为开展了多项重点专项整治，进一步收紧了社会团体、社会组织发展的制度空间。与此同时，《关于改革社会组织管理制度促进社会组织健康有序发展的意见》规定要做到严格社会组织的管理和监督，加强社会监督，加强对社会组织负责人、社会组织活动的管理，加强对社会组织资金的监管，规范管理直接登记的社会组织以及健全社会组织退出机制六大方面。除此之外，国务院的各职能部门也相继制定了社会团体管理的部门规章，例如《建设部社会团体管理办法》（建党〔2000〕54号）规定，原建设部对于建设系统类的社会团体享有在申请登记、人事财务管理、研讨活动、依章程开展活动、对外交往等多个方面的监督管理职责。在具体的管理体制层面，原建设部对于社团实行“归口管理”的体制措施。其在第5章至第10章规定社团的党建工作由部机关党委负责，社团财务工作由综合财务司监督指导，社团的日常业务由业务司局负责指导，社团报刊的出版、审批由办公厅负责以及社团的对外活动由外事司负责等，并且对于上述部门的管理作出了具体详尽的规定。除此之外，原建设部还专门制定了《建设部社会团体领导干部管理细则》《建设部社会团体工作人员管理细则》《建设部社会团体机构管理细则》《建设部社会团体招聘工作人员工作细则》等相关管理细则，从而进一步强化了对其职能部门中社会团体领导干部、工作人员以及组织机构的实践监管工作。

二、内部治理规范的内容缺失

整体上梳理全国范围内各个省市地区行业协会的专门立法，发现其从总则到分则等具体内容部分不仅存在内部治理的规范缺失问题，而且存在行政权力过度介入的痕迹，影响了行业自治的发展空间。

（一）行政权力与行业自治权之间存在张力

从地方立法的总则部分来看，个别地区的行业协会业务主管部门过多，权限过大过宽。例如，天津市负责行业协会的管理机关包含了行业主管部门和行业管理部门。根据《天津市行业协会管理办法》（天津市人民政府令第29号）第5条规定，市行业协会主管部门负责全市行业协会的发展规划、布局调整和政策制定，依法履行《社会团体登记管理条例》赋予业务主管单位的监督管理职责；市社会团体登记管理部门负责行业协会的登记管理。又如，上海市设立了行业协会发展署、业务主管部门以及社团管理局共3个部门来负责行业协会的登记、发展和管理工作。其中行业协会发展署负责市行业协会发展规划、布局调整、政策制定；业务主管部门负责行业协会涉及的产业发展、行业规范等有关事务的业务指导和监督管理；市社团管理局负责行业协会的年检和监督检查工作，其他政府部门也可依法对行业协会相关活动进行指导和监督。再如，杭州市规定了登记管理部门、发展改革部门以及业务主管部门，其中发展改革部门负责行业协会的发展、改革等综合协调工作。江苏省规定县级以上地方人民政府授权的业务主管部门在授权范围内负责规范行业协会内部管理，指导行业协会开展活动。最后，《云南省行业协会条例》第38条规定，县级以上人民政府行业管理部门和其他有关部门应当制定行业协会在本行业的活动指南，引导其开展有关活动。可见实践中行业协会的管理部门数量多且名称不一，“众多上司”的局面可能导致行业监管层面的权力寻租风险。

行业协会的人事管理与资金资产管理受到严格管控。人事的自由选举、任免以及合法资金的收支管理是评判行业协会自治水平的又一核心标准。在内部人事的管理层面，目前根据部分省市地区的行业协会立法规定，国家机关工作人员和法律、法规授权行使行政管理职能的工作人员虽然原则上不得兼任行业协会的会长、副会长、秘书长，但有例外情形确需兼任的，应当按照有关规定经过有关部门批准。在当下《行业协会商会与行政机关脱钩总体方案》及其他中央政策法规规定行业协会与行政机关脱钩的时代背景之下，地方立法中却存在部分行政人员兼职行业协会会长、副会长、秘书长的例外情形。同时在资金资产的管理层面，首先，对于会费而言，尽管民政部、财政部已经取消了社团会费备案的要求，但《新疆维吾尔自治区行业协会管理办法》第23条仍然规定行业协会的会费收取在制定标准等方面需要报当地登记管理机关备案。其次，如江西省等地方规定，行业协会运行管理中的年度报告、财务报告以及制作财务预算报告进行年检时应报登记机关备案。其中会计、财务管理制度应当接受地方财政部门监督，专业票据应接受地方财政、税务部门监督。再次，郑州市、杭州市等地区规定，对于行业协会的社会捐赠、资助等都需要接受财政、审计机关的监督或者备案。最后，如《天津市行业协会管理办法》（2005年）（已被修改）第18条规定，一个行业协会只能开立一个基本账户，基本账户开立后需要向市行业协会主管部门、登记管理部门备案。可见根据中央及地方现行管理规定，为了保障行业协会的整体健康运行，行业协会在资产方面的外部整体监管力度较高，对于行业协会的资金资产管理不仅需要同时接受财政部门、税务部门、审计部门以及登记管理部门等多个部门的监管，而且行业协会的会费、受捐助、受资助、银行账户以及财务会计报告等多个方面都需要接受法律或行政机关的严格监督。

行业协会的监管措施种类繁多。实践中除去行业协会在成立过程中的初审、筹备以及登记3个前置性步骤之外，登记管理部门对其发展运行过程中还行使着众多监管措施，并且行业协会应当配合执行。首先，从总体上来看，根据对不同地区，如郑州、北京、杭州以及深圳等行业协会管理的相关立法与实践进行梳理的结果，目前我国针对行业协会在组织机构运作、业务开展、人事变动以及财务状况等方面的监管具体包括等级评估、年度报告、财务报告、活动报告、异常名录、年度检查、定期评估、监督抽查，综合评价、综合检测、第三人举报、负责人行政约谈以及重组改造等多种措施，并且还会针对相应的结果给予奖惩和公示。其次，行业协会的监管配套有行业协会信息公示的平台监管措施，即建立行业协会信息公示平台，对于行业协会的登记信息、年度报告信息、登记评估信息以及会员惩戒信息等予以公示。再次，个别省市地区规定非本地区的行业协会在地区内开展活动，需要报送登记管理机关进行备案。最后，个别省市地区规定了行业协会的内部惩戒决定和申诉处理结果也需要报送登记管理机关备案。可见整体上我国目前行业协会受到的监管措施种类和步骤都较多，且各个省市地区的规定、标准不一，可能影响行业协会的发展活力。

行业协会内部分支、代表机构设立以及行业协会的变更、注销等内部组织机构的自主设置受到部分不当监管。针对行业协会的分支、代表机构的设置方面，在中央层面，1998年《社会团体登记管理条例》（已被修改）第19条曾经规定，社会团体成立后拟设立分支机构、代表机构的，应当经业务主管单位同意，向登记管理机关提交有关分支机构、代表机构的名称、业务范围、场所和主要负责人等情况的文件，申请登记。但2016年新修订的《社会团体登记管理条例》将此条予以删除，可见其从立法上保障了行业协会分支机构、代表机构的自主设置权利。2013年国务院取消了有法人资格的社会团体及其设立分支机构、代表机构备案以及全国性社会团体分支机构、代表机构设立登记、变更登记和注销登记两大行政审批。随后全国各个省市地区纷纷响应中央号召，[①] 例如《江苏省行业协会条例》（2017年修正）第12条规定，行业协会可以根据章程和有关规定自行决定分支机构、代表机构的设立、变更与终止。但目前仍有部分省市地区，如青海省、佛山市等地规定，行业协会在设立分支机构、代表机构或专业委员会之时，应当接受业务主管部门或登记管理机关的审查同意或备案，并需要到登记管理机关办理相关手续。同时，对于行业协会的变更、注销方面，目前国内包括《社会团体登记管理条例》在内以及其他较多省份如长沙市等地区的规定，行业协会的变更、注销仍然需要接受登记管理机关或业务主管部门的审核、审查同意，注销期间的清算也需要在行业主管部门的指导下进行。本书认为，行业协会的变更与注销问题虽然需要登记主管的一定监督管理，但相较于成立、登记的管理力度而言，出于对行业协会自治的尊重，贯彻行业协会事中事后的监

---

① 例如《北京市民政局关于取消社会团体分支机构、代表机构行政审批项目的通知》（京民社发〔2014〕256号）、《广东省民政厅关于贯彻落实省政府取消全省性社会团体分支机构、代表机构备案的决定有关问题的通知》（粤民函〔2014〕380号）、《湖南省民政厅关于取消全省性社会团体分支机构、代表机构登记有关事项的通知》（湘民发〔2014〕32号）以及《海南省民政厅关于取消省级社会团体分支机构、代表机构登记行政审批项目有关问题的通知》（琼民通〔2015〕107号）等。

管重点模式，将此方面的管理措施改为由相关机关“备案”可能更为妥当，而且由主管部门负责指导行业协会的清算工作可能存在疑问。

（二）行业协会内部治理的规范依据混乱

行业协会的发展需要一定的自治空间与内部依据决定了其实践运行的规范体系需要构建外部行业协会法规范与内部行业自治章程相结合的整体立法体例。从外部层面来讲，《宪法》第35条规定了公民结社自由的基本权利，因此自由地发起、成立、参与以及退出行业协会均具有宪法层面上的依据和保障。同时个别基本法律与《社会团体登记管理条例》也针对包括行业协会在内的所有社会团体进行了较为宽泛性的规范与规定，为行业协会开展自治提供了外部法律保障。但相对而言，目前我国行业协会在内部治理的依据层面仍然较为混乱，不同层级的法规范如基本法律、行政法规、部门规章以及行业规章等虽然对其内部治理的权限有不同程度的授权，但对其内部治理机制的具体运行也有不同程度的监督与限制。总体来看，上述规范之间尚缺乏有效的衔接机制，且程序、内容规定较为零散，体系性不足。

具体来看，目前真正涉及行业协会内部治理规定的法规范主要有4个层级：第一，关于特定行业协会的基本法律规定，例如《证券法》在第164条至第167条中分别规定了证券业协会的法律性质、协会章程、协会职能以及协会的组织结构设置等。[①] 但此类基本法律对于行业自治的规定

---

① 类似的基本法律层级的立法，参见《律师法》第43条至第46条关于律师协会的规定；《注册会计师法》第33条至第38条关于会计师协会的规定；《消费者权益保护法》第36条至第38条关于消费者协会的规定；《证券投资基金法》（2015年修正）（中华人民共和国主席令第23号）第108条至第111条关于基金行业协会的规定；《保险法》第180条关于保险行业协会的规定；《拍卖法》第16、17条关于拍卖行业协会的规定；《食品安全法》（2021年修正）（中华人民共和国主席令第81号）第9、23、28、32、73条关于食品行业协会的规定；《科学技术进步法》（2021年修订）（中华人民共和国主席令第103号）第70条关于科学技术协会与其他科学技术学术团体的规定；《邮政法》（2015年修正）（中华人民共和国主席令第25号）第60条关于快递行业协会的规定等20余个基本法律。

都较为宽泛，可操作性较弱。第二，关于特定行业协会的行政法规、部门规章规定，例如《行业协会商会综合监管办法》、《注册建筑师条例》（中华人民共和国国务院令第 714 号）第 6 条关于注册建筑师协会的规定等。[①]此类法规范不仅具有与上述基本法律相同的不足，而且多数规范制定的年限较为久远，且未能予以及时修订，在内容上存在滞后性。第三，关于特定行业协会的地方性法规、政府规章以及规范性文件规定，例如《广东省行业协会条例》、《深圳经济特区行业协会条例》（2019 年修正）以及《上海市行业协会暂行办法》等。[②] 这一类法规范是我国各省市地区在贯彻《社会团体登记管理条例》原则与内容的基础之上开展的对行业协会的具体、专门立法，但目前各地区之间的立法时间存在差异，如《上海市行业协会暂行办法》早在 2002 年就已颁布实施，其中较多规定仍然延续和照搬 1998 年版的旧条文中对社会团体管理的规定。对比而言，《深圳经济特

---

① 类似这一层级的法规范与政策文件，参见《推进行业协会商会改革和发展的若干意见》（国办发〔2007〕36 号）、《行业协会商会与行政机关脱钩总体方案》、《关于加强社会团体党建工作的意见》（中组发〔2000〕10 号）、《专职人事管理问题的通知》（民发〔2000〕263 号）、《国家发展改革委、民政部、财政部、国资委关于进一步规范行业协会商会收费管理的意见》（发改经体〔2017〕1999 号）、《印章规定》（中华人民共和国民政部令、中华人民共和国公安部令第 1 号）、《民间非营利组织会计制度》（财会〔2004〕7 号）、《劳动和社会保障部、民政部关于社会组织专职工作人员参加养老保险有关问题的通知》（劳社部发〔2008〕11 号）以及《社会组织信用信息管理办法》（中华人民共和国民政部令第 60 号）等 20 余个法律规范。

② 类似的法规范还有《江苏省行业协会条例》（江苏省人民代表大会常务委员会第 58 号）、《江西省行业协会管理办法》（江西省人民政府令第 194 号）、《湖北省发展和规范行业协会暂行办法》（湖北省人民政府令第 284 号）、《湖南省行业协会管理办法》（湖南省人民政府令第 310 号）（已被修改）、《天津市行业协会管理办法》（天津市人民政府令第 90 号）（已被修改）、《云南省行业协会条例》（2012 年 9 月 28 日云南省第十一届人民代表大会常务委员会第三十四次会议通过）、《新疆维吾尔自治区行业协会管理办法》（新疆维吾尔自治区人民政府令第 164 号）、《青海省人民政府办公厅关于印发规范和发展行业协会的暂行规定的通知》（青政办〔2004〕135 号）、《温州市行业协会管理办法》（温政令〔1999〕30 号）、《郑州市行业协会管理办法》（郑州市人民政府令第 169 号）、《杭州市行业协会管理办法》（杭州市政府令第 288 号）以及《济南市人民政府关于印发济南市行业协会管理办法的通知》（济政发〔2007〕16 号）等 20 余个地方法规范。

区行业协会条例》（2014年）则在2014年才颁布实施，其结合了中央层面对行业协会的多项改革措施，并且在不违背《社会团体登记管理条例》普遍性规定的基础之上，对于行业协会管理的开展作了多项创新性规定。而其他省市地区，如重庆市等则仍未制定类似的行业协会专门立法，对于行业协会等特殊性社会团体的管理仍然沿用《社会团体登记管理条例》的一般性管理规定。可见在目前我国社会治理创新与改革的新时代背景之下，各地区行业协会的立法在时效性与制定水平等层面仍然存在较大差异。除此之外，各个地区管理行业协会的政府规章、地方性文件等虽然在“立法”数量上繁多，但在其质量层面上则水平不一，内容之间的连贯性与统一性也不够。第四，关于特定行业协会的内部章程规定。以我国银行业协会为例，在基本法律、行政法规层面并未给予银行业协会具体的法定授权，对于行业协会的具体职责都是规定在《中国银行业协会章程》之中。[①]在此章程之中，其对于中国银行业协会的发起成立、职责、会员、组织结构、资产管理以及解散等内容都作出了详尽的、可操作的规定。[②]章程是行业协会运行的准则依据，原则上应当经过行业内部会员民主制定产生。但从我国已经实施的多个行业协会的章程来看，行政权力的介入依然较为明显，如《中国保险行业协会章程》《中国银行业协会章程》《中国拍卖行业协会章程》等，虽然其大多规定了章程的解释权归属协会理事会所

① 从《商业银行法》（2015年修正）（中华人民共和国主席令第34号）、《中国人民银行法》（2003年修正）（中华人民共和国主席令第12号）以及《银行业监督管理法》（2006年修正）（中华人民共和国主席令第58号）等《中国银行业协会章程》制定的基本法律依据之中，并未找到行业协会的相关规定。而仅在原中国银行业监督管理委员会制定发布的《商业银行保理业务管理暂行办法》（中国银行业监督管理委员会令2014年第5号）第36条中规定了“中国银行业协会应当充分发挥自律、协调、规范职能，建立并持续完善银行保理业务的行业自律机制”这一宽泛性授权。对于中国银行业协会的具体职责，则全部规定在了《中国银行业协会章程》之中。

② 据不完全统计，类似的行业协会章程规定还有《中华全国律师协会章程》《中国保险行业协会章程》《中国拍卖行业协会章程》《中国注册会计师协会章程》《中国食品工业协会章程》《中国快递协会章程》《中国篮球协会章程》《中国足球协会章程》《中国消费者协会章程》等40余个行业章程。

有，但章程的制定、修改以及废止只有经过协会相应的登记管理机关核准之后才能生效。

第二节　行业协会内部治理的主体与组织缺陷

完善与健全治理主体和组织机制是行业协会开展内部治理的基础。对行业协会内部的主体与组织开展研究，应当主要关注行业内部成员、管理人员、机构设置、程序运行以及制度完善等多个方面，而目前我国行业协会内部治理在上述层面都存在不同程度的缺陷。

一、人员的引进与管理缺失

目前在行业协会内部的人员构成方面，专业人才与专职人员仍然较为短缺。从本书开展的实证调研来看，实践中较多行业协会的组成人员仍然主要是社会兼职人员，因而难以在行业协会的发展过程中持续发挥其专业领域的功能作用。同时许多行业协会内部不仅缺乏管理运行方面的专门人才引进，而且缺少对内部管理人员的专业培训与指导，导致行业协会“引不进人才，留不住人才”，在资源动员、组织管理、合作互动以及危机处理等诸多方面的实践能力存在缺陷。总体来说，我国行业协会在人才引进、动员、管理、编制、保障以及培训等各个实践环节都与国际上成熟的行业协会存在一定差距。

与此同时，由于行业会员之间在资源、水平、能力等方面不对等、不均衡，行业治理的实践运行已经逐渐显露出个别强势会员控制的垄断趋势，即“内部人控制”趋势。“内部人控制是指，在现代企业制度下所有者与经营者的分离以及信息不对称所导致的代理人事实上掌控了公司控制权的现象。”[①] 行业协会虽然不具有企业的营利性特征，但同公司治理的模式相同，其也存在委托人与代理人分离的实践特征，因此极为可能也会产生内部人控制的治理问题与困境。其主要体现为以下两种情况，其一，特定主体通过公开或隐蔽的方式控制与支配协会权力。实践中行业协会的成员权利不平等体现在两个方面：第一，职务的种类划分如会长、副会长、常务理事、理事、秘书长、普通会员的高低顺序直接影响会员之间的权利分配。第二，不同会员在入会之时向行业协会缴纳的会费、赞助费以及事务费的差异性决定了它们享有权利的不平等。其二，行业精英式的治理模式也同样会导致行业协会内部的权利失衡。无论是上文所述的“强势会员”、“权威人物”还是此处所述的“行业精英”均是指向特定行业领域内具有扎实专业能力、强大经济实力、广泛影响力以及卓越人格魅力的特殊主体。由于我国目前的行业协会治理存在管理权能有限、法律规范尚不完善、人力经费资源缺乏等内部困境，部分行业会员较容易对行业内少数精英产生制度上、意识上乃至心理上的依赖，从长期来看不利于行业协会专业性、持续性与协调性的健全发展。因此正确的治理逻辑应当是在完善制度的整体框架下发挥行业精英引导、其他会员协作的主体合作模式，而非为了迁就特定精英的作用发挥而破坏了制度框架的建构与有机整体。

二、组织机构设置不够健全

在特定制度环境中生存发展的社会团体需要从主体、组织与结构层面去观察其实际运作状况，看其“实际”目标是否脱离成立之初的“既定”目标，存在组织目标异化的可能性，尤其是在行业协会这一自律性、自治性较强的社会组织之中，成员之间虽然拥有共同利益，但也充斥着个人利

① 黎军、高俊杰、周卫：《行业自治研究》，中国社会科学出版社2018年版，第97页。

益的不同诉求，因此拥有较强资源与能力的强势会员便可能伺机利用自身优势独享行业资源、排挤其他会员，谋取个体私益，支配行业协会的重大决策与执行。并且，其他中小型会员可能存在“搭便车”与“机会主义”式的从众心理，部分协会对此现象倾向于采取漠视态度，加剧了行业内部治理中的这一不平衡主体结构关系。

总体来说，我国大量行业协会目前在内部没有建立完善的会员大会、理事会、监事会和资金管理等组织机构。观察行业协会的组织实践发展，根据我国多个省市地区颁布的行业协会管理条例及章程，目前我国行业协会普遍采用的是会员大会—理事会—秘书机构的现代公司治理结构（无监事会），而上述机构在实践中具体执行行业协会治理中的民主决策、会员管理、廉政建设以及分支机构设立等职能。上述机构中会员大会是行业协会中代表全体会员的最高权力机构，协会会员在大会上有权对修改章程、审议年度工作报告等重大事项行使表决权。理事会是决策执行机构（如湖北省、江苏省等地还专门设有常务理事会），对于行业协会内外事务的执行处理由理事会开会决议。而秘书机构则是日常事务的办事机构，对于理事会决议的执行事项，由秘书长领导秘书机构出面具体运作，其对理事会负责，整体上行业协会的决策与执行相分离。但目前作为协会监督机构的监事会在我国个别地区行业协会的实践运行中却并非常设机关，比如《江苏省行业协会条例》（2017 年修正）、《上海市行业协会暂行办法》、《温州市行业协会管理办法》等未予规定监事会的设定要求，又如《天津市行业协会管理办法》《新疆维吾尔自治区行业协会管理办法》等也未对监事会的设定作出强制性规定，再如我国个别地区较低层级的行业协会也几乎不会设置监事会。行业组织中监督机制的缺失无疑对行业协会的公平治理问题留下了隐患。

同时，行业协会的会长（或称理事长）或法定代表人在实践中也部分存在滥用或垄断权力的风险。根据《湖北省发展和规范行业协会暂行办法》、《江苏省行业协会条例》（2017年修正）、《云南省行业协会条例》等部分地方的立法规定，会长或理事长的任命往往由行业协会的理事会提名，经会员大会通过无记名投票或差额选举的方式产生；副会长又由会长提名，会员大会决定产生，并且上述规定对于会长、副会长的罢免权力究竟归谁享有也未予以详尽规定。然而实践中部分理事会成员的选任存在被资源、财力、规模较为雄厚的强势会员所垄断的不合理现象，导致特定行业协会存在部分会员“权力任性”“以权谋私”的利己主义倾向，而能力较弱的中、小会员的利益自然容易被漠视。

除了上述组成人员的选举与罢免缺乏制度规范的保障之外，行业协会治理的程序机制运行等在实践中也可能流于形式，主要体现为会员大会、理事会的设置多被架空或虚置。会员大会、理事会是行业协会中协会会员表达权利诉求、行使权利的重要场所和机关，许多重要决策需要在尊重全体成员意见的基础之上并在上述机关中经过充分论证与协商方能最终敲定，因此会员大会、理事会应当定期化、公开化、制度化地开展规范运作，才能真正实现行业协会的自治性功能。但在实践中部分行业协会的会员大会、理事会常年未能按照固定期限或严格依据章程召开，甚至决策也仅由个别大型企业会员甚至个别协会领导人（如会长、理事长或秘书）临时决定，为他们在决策过程中的“暗箱操作”与权力寻租留下了制度空间，导致决策的公平性与民主性受到质疑。不同于公司控股股东在人员变动上具有的流动性特征，行业协会的“领导阶层”具有一定的长期稳定性，因此从制度设计上间接巩固了这一单方依赖性与双方不平等的现状。

实际上，我国多数行业协会的发展前期也需要前瞻性强、资金雄厚、社会关系广泛以及整合力强大的大型会员企业的支持与整合。因行业协会的成立具有自愿性与非营利性，行业协会的发展经费除了政府财政拨款和内部协会会员缴纳的会费以外，较为强势的协会会员主动捐献的

"赞助费"等资金支持也是行业协会经济来源的重要部分。例如，我国温州市的大部分行业协会章程甚至明文规定了行业协会会长、副会长以及理事在任期间所应贡献的捐款数目。考虑到行业协会成员的发展需要得到强势会员企业的经济支持，更需要其领导帮助协会克服与排除发展中所存在的阻碍因素，强势会员企业利用控制财政而干预协会内部事务的现象就难以避免，因此便更加需要对此在制度层面相应构建科学、合理的监管、制约机制，打造协调平衡、分工合作的制约机制。

第三节　内部治理的不正当行为

除主体与组织结构上的缺陷外，行业协会内部治理的过程中也会出现多种损害公平竞争的不正当行为。从总体上来讲，行业协会内部治理的不正当行为主要表现为特定强势会员通过控制、操纵行业协会的方式，以行业协会的整体名义在涉及协会利益的领域中作出不利于成员之间公平分配的行为等多种形式。具体而言，实践中内部治理的不正当行为主要包括行业共谋，利用先发优势限制会员入会退会，参与、破坏公平交易的信息、机会以及限制中小型会员企业正常经营共4种行为。

一、行业共谋的不当行为

行业协会不仅拥有规则制定、行业管理以及违规惩罚等多方面权力，还掌握着行业内不同交易主体的信息资源。因而在竞争较为激烈的市场环境之中，其容易利用自身在区域内、行业内所处的强势地位，将原本应当发挥的协调与整合功能转化为特定行业会员间的共谋、合谋的不正当行为，进而危及行业秩序，损害不特定会员、消费者以及个别弱小企业的合法权益。实践中这类行为具体表现为行业内的统一定价、划分市场、限定标准、拒绝特定交易、价格与交易条件歧视以及限制个别会员职能与活动范围等诸多情形。

但同时需要补充的是，不同种类与层级的行业协会发生行业共谋现象的风险是不同的。例如，中华全国律师协会、中国注册会计师协会以及中国证券业协会等全国性行业协会组织，由于其会员规模数量较为庞大并且行业机制规范相对成熟，其所持的立场一般较为中立。又如，某些行业协会虽然未能建立全国性的组织规模，但由于其在同一区域内还有同类行业协会的竞争与制约，其行业共谋现象发生的风险也相对较小。但如果某类协会不但在组织规模与制度建设上不够成熟，而且在特定区域或产品市场内具有垄断地位，则其容易为了一己私利而同部分会员达成垄断性合谋行为。

二、利用先发优势限制会员自由

《社会团体登记管理条例》第 13 条规定，同一行政区域内已有业务范围相同或者相似的社会团体，没有必要成立的，登记机关不予登记。因此在实践中行业协会的登记机关严格按照此规定执行，原则上不支持同一地区“一业多会”的现象出现。这就给了行业协会最初成立的发起成员“先手优势”，存在不同利益、观点或者目标的其他非会员企业（尤其是中小型的民营企业）则往往难以进入这一被设定好的“行业圈子”，或者即使成为行业协会的会员，也在资源、信息以及发言权等方面没有优势，需要谨慎地遵守行业协会原已制定完成的章程制度，影响了民营企业加入行业协会的积极性、能动性。

除此之外，会员在参与行业治理过程中的监督、质询也十分必要。行业协会拥有公权属性的自治管理权力，而权力的运行必须透明与公开，享有权力必然也要接受监督，因此面向会员的行业协会的信息公开，如经费开销情况、内部信息数据等就显得十分关键。但在实践中我国仅有部分省市地区①对于行业协会的信息公开制度有着宽泛的规定，对于行业协会的内部信息应当向会员公开什么、怎么公开以及不予公开的后果等问题尚缺乏法规范层面的制度保障。与此同时，当下会员企业的退出机制也不够完善，中小型会员企业的退出难以做到自主自愿。实践中部分强势会员要么联合其他成员直接针对目标会员设置客观的退会障碍，要么以退会后此目标成员的权利利益丧失为由予以威胁，导致部分中小型会员的退会显得进退两难。

综上所述，行业协会的规范机制尤其是限制业内垄断的制度规范还不够健全，除去行业协会的专门立法缺失之外，《反不正当竞争法》与《反垄断法》也对行业协会的相关违法行为没有明确规定。这不利于激发行业协会发展的竞争活力，不利于行业协会的长期专业性发展。

三、破坏公平交易的信息与机会行为

“自我内部交易”或“非常规交易”是公平交易机会破坏的主要表现形式。它主要指行业协会的内部强势会员利用自身服务、产品和设施的便利同行业协会展开内部交易合作，而此交易会以牺牲行业协会利益的代价而对该特定会员带来不合理的利益。“自我内部交易”主要表现为3种形式：第一，强势会员与行业协会之间在特定财产、服务，如双方办公场地、委托服务等方面的买卖、出租与供给。第二，上述双方在经费层面的借款、担保或信贷活动。第三，行业协会的公用资金、收益被个别会员领

① 具体仅有《广东省民政厅关于印发〈广东省民政厅关于社会组织信息公开的办法（试行）〉的通知》（粤民规字〔2018〕1号）、《上海市民政局、上海社会团体管理局关于印发上海市社会组织信息公开指引的通知》（沪民社综〔2014〕9号）等极个别省市地区针对广义的社会组织的信息公开问题作出宽泛的办法规定。而对于行业协会的信息公开制度在全国范围内都没有专门的法律规范予以规定，只有《深圳经济特区行业协会条例》（2019年修正）（深圳市第六届人民代表大会常务委员会公告第161号）第40条以及《江苏省行业协会条例》（2017年修正）（江苏省人民代表大会常务委员会第58号）第27条专门提到了行业协会的信息公开、披露以及公务公开制度。

导所占用和侵吞。

与此同时，强势企业隐瞒关键的交易、政策信息进而独占、独享交易机会是破坏公平交易的又一表现形式。实践中特定的强势企业往往通过行业协会的名义，同主管及其他政府部门有较为密切的协调合作关系，因此保证了他们收集、获取行业协会发展的第一手政策信息与动向的能力。除了政策信息，部分强势会员也可利用行业协会在获取市场数据信息的便利性，通过截留、隐瞒或提供虚假信息的方式，独占其他会员的公平交易机会，这就导致相对弱势的小型会员企业难以得到公平竞争的机会和优势。

四、限制中小型会员企业正常经营行为

在实践当中，部分中小型会员企业的正常经营受到强势企业直接与间接两种限制方式。直接限制体现为强势会员通过控制协会，借助行业协会对业内市场进行统一定价、标准以及销售数量等的整体行为名义，对特定中小型企业在其正常经营事业中的价格、设备、技术、生产规模以及交易方式等多方面进行不当限制，最为典型的就是强迫中小型会员企业接受其难以承受的行业统一定价、市场份额或支付不合理的事务参与费。

间接限制主要体现为中小型企业在发展运行过程中受到的歧视性待遇。这主要体现为以下 4 种表现形式：第一，在行业协会举办的各类大赛或评优的奖励中，取消或限制特定会员的参赛资格、比赛成绩或获奖权利，使得其名誉、信用受到损失。第二，在行业协会组织举办的会议、论坛、展会或博览会上，不予分配或者不合理分配企业所应享有的参会、参展席位，剥夺了特定企业分享、展示与营销自身经验与诉求的公平机会。第三，拒绝推荐特定企业的优势产品，导致其产品影响力受限。企业产品的品牌优势和影响力是企业发展和市场拓展的命脉，而推荐行业内特定企

业的名牌产品也是行业协会的重要职能之一，但往往遭受歧视的特定会员企业难以得到行业协会的力荐与推送。第四，限制部分企业的宣传机会。国内许多行业协会，例如服装类、鞋类以及手工类等均创办了行业代表性的期刊杂志，用于不同企业的产品宣传。但本应用于行业会员共享的宣传平台却有被独占的可能性，如《温州服装》的杂志彩页版面仅限理事企业用作产品宣传，非理事单位则无权享受同等待遇。

第四节　内部治理的程序运行及资产管理缺陷

行业协会的运行程序是一种“次级的”行业秩序，它虽然不能直接决定和界定行业协会的运行机制与形式，但它的良好运行不仅能对行业协会的发展产生直接影响，而且能够维持、保护和强化行业协会的运作方式，从间接层面影响协会会员的合法权利，因此行业协会能否合法、合理地依程序展开自治应作为内部治理中的关键问题。

内部治理的程序机制主要包括 3 方面内容：第一，议事程序。它主要是指行业协会依据章程形成的规范性的会议制度，主要分为年会、常会与特别会议（或称临时会议）3 种。年会的期限较为固定，一般多在第一年年末或第二年年初举行，原则上由全体会员出席，议事的重点主要集中在政府相关的经济政策、上一年度的工作绩效、下届成员的选举事项以及本行业的发展规划等方面。同时根据不同行业协会的实践运行，常会一般也是按照每月一次的方式定期举行，由于常会的议事内容涉及行业协会的日常工作运行，其一般由行业协会理事会（或常务理事会）召集举行。特别会议一般是协会面临重大紧急事件时才会召开，或在实践中协会成员达到 1/5 以上或特定比例人数共同提议时也可召开。在成功推选临时会议主席以及理事会成员半数以上到会的前提下，具体议事的程序主要分为提议、讨论和决议三大环节，会议全程需做文书纪要，以备后续核查。但在实践过程中，部分协会以业务繁忙、经费吃紧等理由未按章程规定组织议事会议，甚至有些协会以会长办公会的形式代替理事会。

第二，选举程序。选举制度的实行使得协会会员能够充分利用协会的平台表达自己的意见，行使自己的权利，是行业协会自愿、民主、协商办会的主要表现方式。但实践中部分协会仍然存在未按章程规定举行换届选举，导致行业负责人超龄任职，或未实行“一员一票”的民主选举规则，而是根据营业额或承担的会费比重来确定表决权数与代表人数等违法现象，这就有可能出现会员企业的资本实力越强大，其在选举中享有越多发言权的现实后果。虽然上述管理人员也接受任期限制，接受会员的内部监督等普遍规则的规范，但这种以资本实力计算表决权的算法会在行业协会内部造成矛盾与冲突，行业管理部门在执法过程之中应当重点关注此类现象。

第三，监督程序。除了外部的司法救济途径之外，监事会（监事）是我国行业协会内部调控、纠错以及救济的重要制度环节，其主要针对行业协会成员营私舞弊、旷废职务、消极怠工等违反行业章程，有损协会整体利益和声誉等行为的责任人员进行监督，是我国行业内组织机构中关键的制衡分权机制。虽然也有个别省市地区如《湖北省发展和规范行业协会暂行办法》、《深圳市经济特区行业协会条例》（2019 年修正）等行业协会规范中规定了设置监事会的强制性规定，但监督机制的代表（监事会）目前仍然不是我国行业协会的普遍机构设置，实践中部分行业内部治理的监事会制度设置缺失或功能作用被架空，影响了行业协会内部治理走向善治水平。而《社会团体登记管理条例》作为行业协会治理的主要依据，尚没有对于上述社会团体治理（尤其是行业协会治理）的主体、程序以及组织结构运行的明确规范。[①]

在内部资产管理层面，充分的资金保障与规范的资产管理决定行业协会参与社会公益事业的活动领域与功能水平。第一，在实践运行的财政保障方面，我国包括行业协会在内的多种社会组织在运作资金层面整体存在匮乏。在政府资助与减免税收方面，政府对社会组织的公共财政支持占其整体资金来源的比重则不到15%；在慈善募捐方面，捐款资金占我国社会组织整体资金来源的比重同样不足15%，且仅集中在个别公益慈善类社会组织上。[②] 尽管对于行业协会而言，会费缴纳也是其资金来源的重要组成部分，但从整体比重上来看，其数量也十分有限。近几年，伴随非公募基金会等多种新型募捐途径的出现和发展，慈善捐助资金保障有所改善，但就整体资金数量及其比重而言，我国以行业协会为代表的社会组织资金来源依然不够完善与稳定。第二，我国许多行业协会等社会组织的公益资产管理存在疏漏。目前我国社会组织在公益资产层面存在产权不清、管理不善以及监管不足等多个问题，在实践中容易产生社会组织的公益财产以多种形式被侵吞的不良后果。个别社会组织领导人员对公益财产公款私用、主管机关在社会组织中安置冗员、管理者利用公益资产从事营利活动等问题也时有发生。同时，社会组织的产权与其投资人等财产不分，运作资产的债权债务不清等问题也都为包括行业协会在内的社会组织带来了发展和运行困境。

第五节　内部治理的纠纷解决机制不全

与本书第二章的逻辑展开顺序相同，本节也将对行业协会内部治理中

① 对于社会组织内部治理的规定，仅有1998年版的《社会团体登记管理条例》第14条规定了批准筹备之后6个月内召开会员大会，但2016年修订后又将该规定予以删除。

② 参见王名：《社会组织论纲》，社会科学文献出版社2013年版，第170页。

所发生的诉讼争议纠纷进行全面梳理，从而在司法层面归纳出行业内部治理的救济制度环境。总体上，目前我国实践中行业协会在内部治理的过程中同会员、非会员等主体之间发生的诉讼争议纠纷不在少数。部分省市地区的地方性行业协会，即使其职权没有法律法规授权，但其基于章程的规定对部分会员仍然具有较大的内部管理权限。当此类侵权发生之时，权利应当如何救济？公法是否应当发挥作用还是只能依据内部章程协商解决？目前我国较多省市地区如上海、新疆、济南等地的行业协会立法并未规定相关救济途径。本节主要着眼于行业协会与其内部成员或相关非会员之间发生的行政诉讼案件，主要关注行业协会在开展行业自治、维护行业秩序过程中行使管理权限的合法性问题，而协会与会员之间发生的民事争议，并不在此节的重点讨论范围之内。

一、内部治理纠纷的实践争议内容

实践中关于行业协会内部治理所产生的行政诉讼纠纷，主要集中在以下五大方面：第一，行业会员准入与资质许可类纠纷。其具体包括实习资质审核纠纷、延缓会员的登记许可纠纷、违法发放执业证、对外发展新会员的条件与标准纠纷、限制或不予准许会员的职业资质与从业资格（令其补交相关证明、审核等材料）批准等问题。[①] 第二，行业协会会员或第三

① 参见施某诉广州市律师协会案，广州铁路运输中级法院（2017）粤71行终2120号行政判决书；蒋某诉中国作家协会案，北京市第三中级人民法院（2017）京03行终519号行政裁定书；王某隽诉上海市律师协会案，上海市第三中级人民法院（2017）沪03行终48号行政判决书；赵某建诉杭州市房地产中介行业协会案，浙江省杭州市中级人民法院（2019）浙01行终438号行政裁定书；张某能诉佛山市律师协会案，广东省佛山市顺德区人民法院（2018）粤0606行初1128号行政判决书；张某秀诉温州市律师协会、浙江省律师协会案，浙江省杭州市中级人民法院（2015）浙杭行终字第658号行政裁定书；江某诉上海市律师协会案，上海市徐汇区人民法院（2018）沪0104行初90号行政裁定书等。

人诉行业协会不作为类纠纷。其具体包括行业协会未履行信息公开，未履行或未按期开展行业维权行为，未对会员依法开展检查考核，未及时更新会员信息地址，未受理针对本行业会员的相关投诉、信访、举报并作出相应的管理、查处与惩戒行为以及不予发放协会会员家属抚恤金等问题。[①]第三，行业协会针对会员开展内部处罚等管理行为类纠纷。其具体包括吊扣、吊销会员的职业或执业资格证书，暂停执业活动，罚款，纪律处分，行业协会收取、修改以及调整会员会费、管理费纠纷，对会员进行人事岗位指派、变动及任免，行业会员的职称评定争议，取消成员参与协会举办的竞赛、活动比赛等相关成绩以及强制要求会员补交证明材料

① 参见北京三界外文化艺术公司诉北京市朝阳区律师协会案，北京市第三中级人民法院（2018）京03行终303号行政裁定书；三洲隆徽实业有限公司诉北京市房地产估价师和土地估价师与不动产登记代理人协会案，北京市第二中级人民法院（2018）京02行终1006号行政裁定书；福建烨阳律师事务所诉福州市律师协会案，福建省福州市中级人民法院（2015）榕行终字第62号行政裁定书；姚某全诉南京市律师协会案，江苏省南京市中级人民法院（2018）苏01行终255号行政裁定书；胡某业诉哈尔滨市律师协会案，黑龙江省哈尔滨市中级人民法院（2017）黑01行终131号行政判决书；刘某诉衡阳市律师协会案，湖南省衡阳市中级人民法院（2011）衡中法行终字第12号行政裁定书；邓某安诉重庆市合川区清平镇杨柳坝玻璃协会案，重庆市合川区人民政府（2018）渝0117行初23号行政裁定书；马某尧诉中国注册会计师协会案，北京市第一中级人民法院（2014）一中行终字第1696号行政判决书；黄某诉内蒙古自治区工商行政管理局案，内蒙古自治区呼和浩特市中级人民法院（2017）内01行终61号行政判决书；湖南某律师事务所诉湖南省律师协会案，湖南省长沙市芙蓉区人民法院（2017）湘0102行初168号行政裁定书；长沙市食品经销商会诉长沙市民政局案，湖南省长沙市岳麓区人民法院（2018）湘0104行初176号行政裁定书；肖某群诉中华全国律师协会案，北京市高级人民法院（2017）京行终3296号行政裁定书；长沙市望城区砂石协会诉长沙市人民政府案，湖南省长沙市中级人民法院（2017）湘01行初178号行政裁定书；倪某科诉余姚市科学技术协会案，浙江省宁波市中级人民法院（2015）浙甬行终字第143号行政裁定书；胡某业诉哈尔滨市律师协会案，黑龙江省哈尔滨市中级人民法院（2017）黑01行终131号行政判决书；李某成等诉中国消费者协会案，北京市海淀区人民法院（2015）海行初字第00324号行政裁定书；张某斯、张某丽诉汝南县科学技术协会案，河南省驻马店市中级人民法院（2017）豫17行终72号行政裁定书等。

等问题。[①] 第四，行业协会的其他自治行为类纠纷。其具体包括行业协会对外鉴定、检验、检测、评估、内部争端的复核与复查等行为的性质争议以及行业协会管理的内部程序性变更行为争议。[②] 第五，强制执行、退出机制补偿、薪金发放等经济补偿类纠纷。其具体包括对会员与劳动者欠薪，欠发抚恤金，欠缴会员社会保险、住房公积金等费用的强制执行案件

---

① 参见许某华诉衢州市市政公用行业协会案，浙江省衢州市中级人民法院（2010）浙08行终83号行政裁定书；刘某惠诉中国拍卖协会案，北京市西城区人民法院（2006）西行初字第61号行政裁定书；吴某诉开封市律师协会案，河南省开封市金明区人民法院（2016）豫0211行初84号行政裁定书；王某君诉海南省律师协会案，海南省海口市中级人民法院（2016）琼01行终178号行政判决书；陈某娣诉国家市场监督管理总局案，北京市高级人民法院（2018）京行终2945号行政判决书；四川申狄律师事务所诉广元市律师协会案，四川省广元市中级人民法院（2016）川08行终77号行政裁定书；刘某五诉简阳市民政局案，四川省简阳市人民法院（2015）简阳行初字第54号行政判决书；广州市白蚁防治行业协会诉广州市发展和改革委员会案，广东省高级人民法院（2016）粤行申1587号行政裁定书；邹某惠诉福州市律师协会案，福建省福州市仓山区人民法院（2015）仓行初字第267号行政裁定书；刘某某诉山东省石油化学工业协会案，山东省济南市历下区人民法院（2016）鲁0102行初48号行政裁定书；张某林诉延边朝鲜族自治州民政局案，吉林省延边朝鲜族自治州中级人民法院（2017）吉24行终25号行政判决书；梁某峰诉江苏省律师协会案，江苏省南京市中级人民法院（2017）苏01行终885号行政裁定书；林某霖诉福建省发明家协会案，福建省福州市中级人民法院（2015）榕行终字第456号行政裁定书；党某卿诉济源市律师协会案，河南省焦作市中级人民法院（2019）豫08行终127号行政裁定书；宋某君诉石家庄市律师协会案，河北省石家庄市中级人民法院（2019）冀01行终148号行政裁定书；李某金诉泰州市信鸽协会案，江苏省台州市医药高新技术产业开发区人民法院（2015）泰开民初字第01775号民事裁定书等。

② 参见刘某诉武汉市房地产估价师协会案，湖北省武汉市中级人民法院（2016）鄂01行终469号行政裁定书；武汉大通正昊汽车维修服务有限公司诉武汉市锅炉压力容器检验研究所案，湖北省武汉市中级人民法院（2018）鄂01行终529号行政裁定书；奉节县兴和煤矿诉奉节县煤炭协会案，重庆市第二中级人民法院（2016）渝02行终98号行政裁定书；梁某峰诉江苏省律师协会案，江苏省南京市中级人民法院（2017）苏01行终885号行政裁定书；雷某驰申请执行深圳市足球协会劳动报酬案，广东省深圳市福田区人民法院（2014）深福法执恢字第600～608号执行裁定书；蒋某民诉深圳市律师协会案，广东省深圳市中级人民法院（2017）粤03行终160号行政裁定书等。

等问题。①

二、内部治理纠纷救济的困境与反思

在行业协会内部治理的行政诉讼案例中，行业协会是否拥有行使“行政职能的权力能力”，其行使的自治性管理权限是否属于法律、法规授权其行使的公共管理职能，是否应当将其纳入行政诉讼的受案范围之内是此领域诉讼纠纷的争议焦点。《行政诉讼法》第 2 条已经明确，纳入行政诉讼受案范围的行政行为，应当包括法律、法规、规章授权的组织作出的行政行为。《最高人民法院关于适用〈中华人民共和国行政诉讼法〉的解释》第 24 条第 3 款也明确规定，当事人对高等学校等事业单位以及律师协会、注册会计师协会等行业协会依据法律、法规、规章的授权实施的行政行为不服提起诉讼的，以该事业单位、行业协会为被告。同时关于行业协会能否作为适格的行政诉讼被告，北京市高级人民法院也给出了可供参考的标准。对于残疾人联合会发放残疾人证的行为，北京市高级人民法院认为，残疾人证是残疾人享受国家或者地方对残疾人的各种福利待遇的凭证。区、县残疾人联合会发放残疾人证系《北京市实施〈中华人民共和国残疾人保障法〉办法》的法定授权，因此区、县残疾人联合会发放残疾人证的

① 参见兴城市劳动和社会保障局申请执行兴城市现代渔业园区养殖行业协会行政处罚案，辽宁省兴城市人民法院（2018）辽 1481 行审 43 号行政裁定书；大连市人力资源和社会保障局申请执行大连市证券业协会行政处罚案，辽宁省大连市沙口河区人民法院（2016）辽 0204 行审 5 号行政裁定书；北京住房公积金管理中心申请执行北京市怀柔区宝山镇养鸡协会住房公积金案，北京市东城区人民法院（2016）京 0101 行审 332 号行政裁定书；大连市住房公积金管理中心申请执行大连市证券业协会住房公积金案，辽宁省大连市中山区人民法院（2016）辽 0202 行审 56 号行政裁定书；金某香、金某瑜诉绍兴市柯桥区科学技术协会案，浙江省绍兴市柯桥区人民法院（2019）浙 0603 行初 12 号行政裁定书；宁波市人力资源和社会保障局申请执行宁波市某某休闲行业协会行政给付案，浙江省宁波市海曙区人民法院（2014）甬海行审字第 37 号行政裁定书；贾某刚、李某国等诉浏阳市黑火药行业协会案，湖南省浏阳市人民法院（2019）湘 0181 行初 7 号行政判决书；雷某驰申请执行深圳市足球协会劳动报酬案，广东省深圳市福田区人民法院（2014）深福法执恢字第 600 ~608 号执行裁定书等。

行为，属于行政诉讼的受案范围。[①] 因而原则上行业协会在行使法律、法规授权的行政管理职能的行为之时，其发生的争议纠纷可以进入行政诉讼，这一般没有疑义。

但从上文整理的判例可以看出，地方各级司法机关在行业协会被告资格层面表现得较为谦抑和谨慎，实践审判中经常以诉讼主体资格不适格，如以行业协会的非行政机关的组织性质、行业管理行为的自治性以及纠纷行为属于民事赔偿纠纷等[②]为由将此类纠纷以驳回原告诉讼请求的方式剔除出行政诉讼的受案范围。在当下行业协会的行政主体资格已经确认之时，[③] 这

---

① 参见《北京市高级人民法院关于印发〈北京市高级人民法院关于行政审判适用法律问题的解答（二）〉的通知》（京高法发〔2007〕113号）。

② 参见吴某诉开封市律师协会案，河南省开封市金明区人民法院（2016）豫0211行初84号行政裁定书；长春亚泰俱乐部等诉中国足球协会案，北京市第二中级人民法院（2002）二中行审字第37号行政裁定书；李某成等诉中国消费者协会案，北京市第一中级人民法院（2015）一中行终字第01046号行政裁定书；洪某华诉江苏省律师协会案，南京铁路运输法院（2016）苏8602行初833号行政裁定书；刘某惠诉中国拍卖协会案，北京市西城区人民法院（2006）西行初字第61号行政裁定书；宋某通诉福州市律师协会案，福建省福州市中级人民法院（2016）闽01行终355号行政判决书；姚某全诉南京市律师协会案，江苏省南京市中级人民法院（2018）苏01行终255号行政裁定书；北京三界外文化艺术公司诉北京市朝阳区律师协会案，北京市第三中级人民法院（2018）京03行终303号行政裁定书；三洲隆徽实业有限公司诉北京房地产估价师和土地估价师与不动产登记代理人协会案，北京市第二中级人民法院（2018）京02行终1006号行政裁定书；邹某云、邹某剑诉福建省司法厅案，福建省福州市中级人民法院（2014）榕行终字第222号行政判决书；邹某惠诉福州市律师协会案，福建省福州市仓山区人民法院（2015）仓行初字第267号行政裁定书；许某华诉衢州市市政公用行业协会案，浙江省衢州市中级人民法院（2019）浙08行终83号行政裁定书；赵某建诉杭州市房地产中介行业协会案，浙江省杭州市中级人民法院（2019）浙01行终438号行政裁定书；广州市兰桂置业有限公司诉广东省资产评估协会案，广州铁路运输中级法院（2017）粤71行终563号行政裁定书等。

③ 除相关的立法规定之外，在梁某峰诉江苏省律师协会案［江苏省南京市中级人民法院（2017）苏01行终885号行政裁定书］、马某尧诉中国注册会计师协会案［北京市第一中级人民法院（2014）一中行终字第1696号行政判决书］、四川申狄律师事务所诉广元市律师协会案［四川省广元市中级人民法院（2016）川08行终77号行政裁定书］、党某卿诉济源市律师协会案［河南省焦作市中级人民法院（2019）豫08行终127号行政裁定书］、杨某诉广州市律师协会案［广州铁路运输中级人民法院（2016）粤71行终35号行政裁定书］等案例当中，法院都认定行业协会在行使管理权限之时的行为具有可诉性，属于行政行为。

种现象应予批评。与此同时，目前行业协会会员或非会员在内部治理中面临合法权利被侵害之时，还没有一套较为健全和完善的救济途径，由此发生的诸多内部争议纠纷在民事诉讼与行政诉讼领域难以得到有效解决，可能加剧了行业协会与其内部成员的矛盾与对立，不利于我国行业协会及其成员积极、能动、高效地开展自治活动。具体而言，目前行业协会的内部治理纠纷中主要面临以下困境。

（一）诉讼受案范围过于限缩

我国行政机关在职能调整与机构改革之中，各地区司法机关对行业协会的自治权力属性定位仍然存在差异。从相关行政诉讼的受案范围可以看出，同外部行政纠纷相同，目前我国法院对于行业协会内部争议纠纷也持较为谨慎的态度，对于行业管理权力和行为的性质定位多采取了回避的姿态。在上述所有行业协会成员或利害关系人诉行业协会侵权而被驳回的特定案件中，被告诉讼主体不适格以及司法权不宜介入行业自治成为排除此类案件受案范围的两大主要理由。

关于诉讼主体资格类案件。在刘某惠诉中国拍卖行业协会案［北京市西城区人民法院（2006）西行初字第 61 号行政裁定书］中，原告作为拍卖师于 2005 年 11 月为北京某公司主持拍卖活动，中国拍卖协会经调查后发现，此公司的拍卖活动并未经过原市商委和商务局的批准，故中国拍卖协会对原告作出了吊销拍卖师执业资格证书的处罚。原告不服此处罚行为并向法院提起诉讼，而法院最终以拍卖协会是社团法人性质，作出的吊销执业资格证书处罚是行业自律行为等为判决理由，判定此案不属于行政诉讼受案范围，并裁定驳回原告诉讼请求。

此案存在两个问题值得反思和探讨：首先，《拍卖法》第 17 条授予了拍卖行业协会对业内拍卖企业与拍卖师的法定监督的权力与职能，因而被告的行业处罚不应属于简单的行业自律行为。其次，《最高人民法院关于适用〈中华人民共和国行政诉讼法〉的解释》也确认了行业协会的诉讼主体资格，其在第24条规定了当事人对于行业协会依据法律法规授权实施的行政行为不服提起诉讼的，行业协会可以作为适格被告。而此案中拍卖协会吊销拍卖员的执业资格证书的行为属于典型的依据法律法规授权实施的行政行为，应当被纳入行政诉讼法的受案范围。

从此案可以看出，以行业协会为代表的多种社会组织同样能在其自治的过程中行使各类类似于行政机关的管制性权力，如对行业成员设定资质许可、职业标准、道德纪律以及行业规则等。并且这类公权力在行业领域内具有强大的约束力与强制力，其在权力属性与效力上非但同行政许可、强制与处罚等行政管理权力并无本质上的差异，两者甚至在较多领域已逐渐呈现权力的混同现象，只是两者权力所波及的范围和对象不同而已。正如学者黎军和方洁所述，“在现代社会，我们发现除国家之外的团体对其成员甚至成员以外的制约与强制可能比国家的强制更具有压迫性”①，“社团处罚是社团公务的具体执行，从社团行为的表现方式上说，社团处罚总体上归属于一种社会行政行为，具有社会化的秩序行政特征，是特殊的行政处罚”②。同时在此权力的监督与规范层面，面对我国行业协会专门立法相对滞后的实践背景，行业协会的管理权限享有一种近乎“不受限制”的自由裁量权限。以《中国足球协会章程》第54条为例，其规定除本章程和国际足联另有规定外，本会及本会管辖范围内的足球组织和足球从业人员不得将争议诉诸法院。有关争议应提交本会或国际足联的有关机构解决。这使以中国足球协会为代表的多种协会成为自身领域的最终裁判者，可见其自治权力已经明显超出了法规范层面上的适当限度。因此，现阶段我国行业会员的权利保障与救济已经显得十分紧迫，行业自治权力行使的

① 黎军：《论司法对行业自治的介入》，载《中国法学》2006年第4期。

② 方洁：《社团处罚研究》，法律出版社2009年版，第127页。

规范与否将对行业会员的多项权利产生重要影响。此时就要明确行业协会在从事行业管理过程中的“准行政主体”资格与行政诉讼的“适格被告”身份，需要司法权对其权力给予必要的监督。

与此同时，尽管我国中央层面的法律法规和省市地区行业协会立法对行业协会管理权限的规定较为宽泛，可操作性较弱。但法院在审判实践中可以对行业管理行为进行具体判断和专业解释，而非盲目排除对其管辖和监督。在审理类似管理纠纷争议之时，法院具体可从以下两方面着手进行完善：第一，行业自治权力是否具有公共职能的属性。对于此点，英国法院在众多判例中构建了许多参考标准用以判断相关行为是否属于公共职能的履行，可作为参考。例如，这些职能本应属于政府的法定职能，假设将实践中行使此类职能的机构予以取消，政府将不可避免地重新替代他们管理上述职能；或者此类机构在履行上述职能的过程中，法律法规或政府是否在授权、默许乃至鼓励其开展此类活动，并且还为它们的职能履行提供政策、财政等制度支持。又如，这些机构在某一领域是否享有并行使广泛的、垄断性的、强制性的权力，导致此类机构涉及的利益群体为了自身利益或地位的考量被迫放弃某类权利或自由而加入此机构。例如，此类机构中的权利受害者是否有主动接受此机构约束的意愿，是否在维权层面存在制度上的不平衡。

第二，司法权力的介入与否不应以行业协会的组织形式为主要依据。介入与监管的主要依据在于法律关系与管理行为，即使此机构主体在形式上不属于严格意义上的行政机关，但其在相关的市场或行业领域具有较为强势的优势地位，这种优势地位使得其与成员之间的关系具有强制性质，并且通过强制性的管理措施，如罚款、开除以及资质撤销等进一步强化了组织成员对于组织意志的遵从和接受，其同样应当接受法院的管辖与监督。关于类似的判例，如欧洲著名的足球运动员博斯曼（Jean-Marc Bosman）诉比利时俱乐部一案，案中比利时俱乐部限制博斯曼向国外其他俱乐部转会，受到其本人的起诉。欧洲法院最终根据《罗马条约》第85条所规定的“禁止限制竞争行为与禁止滥用市场优势地位”两项条款判处被告败诉。

关于司法权消极介入行业自治类案件。在姚某全诉南京市律师协会案［江苏省南京市中级人民法院（2018）苏01行终255号行政裁定书］中，原告姚某全认为南京某律师事务所执业律师涉嫌帮助毁灭、伪造证据，违反了《律师法》《律师执业管理办法》等多项法律法规规定，应当受到相应的处罚，并于2017年11月20日向市律协投诉部门提交了举报材料和相关证据。但市律协在接到举报之后，未进行任何法定调查，在举报申请已逾100天之后，仍未作出任何相关的书面或口头答复意见。原告诉请法院判决南京市律师协会未依法履行法定职责，但法院认为南京市律师协会对律师实行管理是依据内部制定的《会员处分规则》，是行业自律性的管理行为，不属于《行政诉讼法》第2条规定的“法律、法规、规章授权的组织作出的行政行为”，并且南京市律师协会未给予答复的行为并未对原告的权利义务产生实际影响，故原告的起诉不属于行政诉讼的受案范围，裁定驳回其诉讼请求。

具体来看，地方法院在此判决中同样存在两大方面的问题：首先，根据《律师法》第46条的规定，律师协会应当履行受理对律师的投诉或举报的法定职责。因而依法受理对行业内执业律师的投诉或举报行为，进而对其依法做出惩戒和管理行为属于法律法规授权的法定职责，而非行业自律性的内部管理行为。其次，律师协会的法定职权不仅意味着其行业管理权力的合法性问题，也包括其是否积极履行行业管理的法定义务的问题。《律师法》授予律师协会多项管理行业协会的法定权力，其目的就是要通过律师协会的组织力量有效监督行业内违法行为，解决行业内争端纠纷，维护行业内被侵权人的合法权益。此案中原告在证明律师具有违法行为方面存在信息汇总、证据搜集等多方面的实践困境，而律师协会由于法律法规的授权则在上述调查与监管层面存在多方面的优势。一旦律师协会不积极、能动地发挥行业监管的法定职能，以原告为代表的不特定多数人将会遭受利益被侵害而难以有效维权的巨大风险。因而此案中面对原告的合法投诉与举报行为，市律师协会在未履行法定义务和职权的前提下，对于原告请求采取不受理、不回复的不作为方式当然会对原告的权利义务产生实际影响。除此之外，行业协会不作为、司法机关不受理的类似案件在上文提到的北京三界外文化艺术公司诉北京市朝阳区律师协会案中也有阐述。该案中，原告向北京市朝阳区律师协会投诉、举报相关律师涉嫌违法行为，朝阳区律师协会并未受理此投诉，而法院认为律师协会作为自律性组织，其依照《律师法》、协会章程、行业规范，对律师、律师事务所的管理行为属于行业自治领域的内部管理行为，而非行政监督管理行为，司法权不宜介入，因而裁定涉诉行为不属于行政诉讼的受案范围，驳回原告诉讼请求。

针对此类案件，本书认为“公权力”的判断不能被表面上的形式要件所蒙蔽，法院所称的“行业自律性管理行为”在实质上具有强制性，因而不应过分僵硬地解读与理解行业协会管理的行为及权力。江必新曾提出：“在社会需求与法治层面的困境之间，‘恪守法律’对法官来说无疑是最容易的。但法官作为‘活着的法律宣誓者’，当法律与社会现实发生冲突时，有义务合理地、在一定规则的约束下发展法律。具体到非政府组织的有关问题，在司法上有必要提供原则上的灵活性以容纳公与私的混合，而不作非此即彼的选择，使其处于法外状态。”① 实践中，地方法院一方面在行政诉讼过程中强调行业协会系自律组织而非行政主体身份，另一方面又在民事诉讼中强调其与成员之间为“管理”与“被管理”的非平等法律关系。考虑到当下行业协会立法的相对滞后性与法院在诉讼过程中的谨慎态度，如果法院仅以主体身份等表面形式要件作为判断行业协会是否应当接受司

---

① 江必新、邵长茂：《社会自组织管理的司法应对》，载《行政法学研究》2010 年第 4 期。

法监督依据，会使行业自治有成为“法外领域”的风险。因此，尽管我国行业协会立法存在不足，但司法机关可以运用行政法中的程序正当原则、信赖保护原则等灵活地、实质性地化解争议纠纷。同时本书认为在行业协会有关的行政诉讼案件中，司法机关选择关注行业自治的行为、后果是否合法等实质要件而非主体、身份是否具有资格等形式要件对于行为相对人的权利保障具有更为积极的意义。

（二）司法救济与规范的功能有限

目前我国行业协会侵权的救济机制在立法层面存在诸多缺陷，而司法作为维护正义的最后一道屏障，也难以发挥其在救济层面的补足作用。以张某诉佛山市司法局案［广东省佛山市中级人民法院（2014）佛中法行终字第312号行政判决书］为例，张某向佛山市律协投诉举报广东古今来律师事务所、广立信律师事务所侵犯其合法权利，佛山市律协作出回复并对其投诉决定不予受理，张某进而向佛山市司法局申请复查，复查的内容是佛山市律协回复张某投诉的送达时间是否超出法定期限，是否属于程序违法。由于现有法律法规对登记主管部门答复投诉的期限并无明确规定，张某的主张是市司法局的答复属于对其投诉事项的复查，是对市律协处理结果不服提出的复查程序，应当按照信访复查的程序确定期限，且本案中回复的送达时间已经超出了《信访条例》规定的3个月处理期限，应属于程序违法。而法院以《律师法》、《行政处罚法》以及相关法律法规规章均未对回复投诉的期限作出明确规定为由，认定其送达答复的时间未明显超出合理期限，程序违法的诉讼请求没有法律依据。

本书认为此案判决存在3方面的疑问：其一，地方法院将第三人投诉行业协会成员的行为认定为信访行为的标准是什么？其二，此类投诉或举报行为在现有法律法规缺失的前提下，法院应当如何统一定性才算合法合理？其三，既然法律法规未对此类特定的回复投诉期限作出明确规定，那么本案中法院又是依据何种法律规范认定其未超出合理期限？由此可以看出，在行业协会立法本就存在缺陷的前提下，如果法院严格遵循“法律依据标准”，可能会使审查陷入僵局和被动。

与此同时，面对行业协会的检验、检测与评估行为，司法权发挥的监管功能也十分有限。随着行业协会自治权力的逐步扩大，许多行业标准的制定、行业数据的检测、行业会员的能力评估等职能都逐渐交由特定专业领域的行业协会来行使。即使部分权力仍然掌握在政府手中，但出于对行业协会专业性、权威性的认可，行业协会出具的评估、检验以及验收等意见也已成为政府作出行政行为最为重要和关键的依据之一。但实践中，政府依据行业协会出具的检测评估等意见开展行政行为并造成了行业会员或非会员的权利纠纷之时，却可能难以得到有效的规范监督。在上海勤辉混凝土有限公司诉上海市奉贤区环境保护局案［上海市第一中级人民法院（2016）沪01行终98号行政裁定书］中，被告上海市混凝土行业协会与上海市奉贤区建设和交通委员会向原告下发奉贤区混凝土搅拌站环保绿色环保管理工作告知书，要求原告按照此告知书规定标准进行改造。原告严格按照规定要求投资并于2014年7月完成改造，后原告要求被告进行验收并核发验收合格证明，被告出具了验收意见但未予通过验收，导致上海市城乡建设和交通委员会取消了原告产品的交易备案证，相关税务部门也停发了原告取水许可证。案件的争议焦点是被告混凝土行业协会出具验收意见的效力问题。法院认为验收意见系被告根据告知书及上海市混凝土行业协会的工作函而出具，为内部征询意见，其并未直接交给原告，原告也不能证明是验收意见导致取水许可证被停发，产品交易备案证被取消，因而验收意见对原告的权利义务不产生实质性影响，故裁定驳回原告申请。

但本书认为此案件存在3点疑问：首先案件中已经指出，依据上海市出台的相关规定，混凝土行业协会负责混凝土搅拌厂绿色环保建设和考核的评价初审工作，具有初审的法定职能。可见验收意见具有评价审核相关企业是否达标的外部法定效力，并且此初步审核对于后续行政机关最终许可证的颁发具有实质上的程序阻断性，因而验收意见对于原告的权利义务当然具有实质影响。其次，验收意见的法定效力不能依据《最高人民法院关于适用〈中华人民共和国行政诉讼法〉的解释》第1条第2款第5、8项的规定进行判断。本案中法院认为验收意见是内部征询意见，其未直接送达原告，并且也未产生外部法律效力，因而应当被排除在受案范围之外。但本书认为《最高人民法院关于适用〈中华人民共和国行政诉讼法〉的解释》中的上述规定是指上级行政机关基于内部层级监督关系对下级行政机关作出的内部报告等不产生外部效力的行为应当排除在受案范围之外，其立法原意是出于对行政权力的尊重。本案中行业协会并非其内部行政机构，而是公民自愿成立的外部社会组织，因此上述法律规范的适用语境存在疑问。同时本案的重点应为验收意见是否足以产生外部法律效力，此案中原告取水许可证以及交易备案证能否顺利颁发，关键依据在于其能否达到行业协会规定的改造标准，而验收意见中必然会对原告能否达到这一改造标准作出有效力的、结论性的专业判断，同时上海市城乡建设和交通委员会也事实上据此作出了行政行为，可见验收意见在实质上具有足以产生影响原告权利义务的效力。最后，根据《行政诉讼法》第34条规定，行政机关作为被告应当负有举证责任。但本案中法院却要求原告应提供证据证明取水许可证被停发、产品交易备案证被取消是因验收意见而直接导致，违背了举证责任倒置的原则。面对行业协会的验收、检测等专业性意见在效力层面的争议纠纷，[①] 司法权在实践中发挥的监督功能确实有限。

---

① 参见奉节县兴和煤矿诉奉节县煤炭协会案，重庆市第二中级人民法院（2016）渝02行终98号行政裁定书；武汉大通正昊汽车维修服务有限公司诉武汉市锅炉压力容器检验研究所案，湖北省武汉市中级人民法院（2018）鄂01行终529号行政裁定书等。

关于行业协会内部管理文件的效力纠纷案件。对于行业协会内部制作的管理规则的性质定位，不同法院对其采取的审核态度不一。以王某隽诉上海市律师协会案［上海市第三中级人民法院（2017）沪03行终48号行政判决书］为例，案件中王某隽向上海市律师协会提交实习证申请表等材料进行执业申请，而上海市律师协会以《上海市律师协会预备会员规则》（以下简称《预备会员规则》）第5条为依据，出具了关于王某隽申请律师执业人员实习证有关问题的回复，认定王某隽不符合申请律师执业人员条件，进而不予受理。王某隽诉请法院撤销回复，并诉请对市律协制定的《预备会员规则》第5条一并进行规范性文件审查。一审、二审法院在并未实质考察《预备会员规则》规定的管理权限是否符合法律、法规、规章授权规定的前提下，便直接以“律师协会作为法律法规授权的法定自治性组织，律师协会不属于行政机关”为由，认定上海市律师协会的回复合法、《预备会员规则》不属于规范性文件，判定驳回原告王某隽的诉讼请求。

该案件可能存在两方面问题：第一，《预备会员规则》存在超越上位法的合法性问题。律师协会作为法律、法规授权的法定自治性组织，拥有管理执业律师的相关权限并无疑问。但《预备会员规则》中规定王某隽的实习材料中必须包括与接受其实习的律师事务所签订的劳动合同及律师事务所依法为其缴纳社会保险的证明是否具有上位法依据，是否不当增加执业律师申请的程序步骤，一审、二审法院在诉讼理由中并未予以阐明，其以“律师协会作为法定自治性组织”这一宽泛理由作为判决上海市律师协会回复合法的法定依据过于牵强。第二，关于《预备会员规则》是否应当纳入规范性文件的审查范围这一问题，目前，对于规范性文件的名称、内涵、制订主体、制订权限等，我国并无统一的规定。修订后的《行政诉讼法》将规范性文件纳入审查范围之内，其目的是要对实践中行政机关制定的、能够反复适用的、对一定范围内的事务具有规则意义的文件开展规范治理。而此案中的《预备会员规则》针对上海市所有具有律师身份的人员规定了应当遵守的规则要求，其同上海市具有律师身份的从业人员的合法权益息息相关，并且能够反复适用。同时，律师协会是拥有律师行业规则制定权限的法定自治组织，其在行使管理权之时，具有“准行政机关”的主体身份。考虑到其他行业协会在特定领域的管理权限，仅仅因其在字面上、形式上或者名称上不属于“行政机关”，而判定《预备会员规则》等类似行业协会内部制定的管理规则不属于规范性文件的审查范围恐怕存在违背立法原意之质疑。

关于行业协会不作为的争议纠纷案件。行业协会针对其成员的法定管理职责主要源于法律、法规、规章的具体授权，其在开展行业自治的过程中应当积极履行其法定职责，但实践中行业协会在资质审批、维权监管等层面却确实会出现行业不作为的现象。从法理层面来讲，不履行法定管理职责的情形主要包括3种：一是负有法定职责的行业协会应当依法履责而无任何作为；二是行业协会应当依法履职的前提下，以非正当理由明确拒绝履行；三是行业协会在依法应当履职的前提下，拖延、延迟履责，造成公民、法人或其他组织人身、财产和其他权益的损失。在江某诉上海市律师协会案［上海市徐汇区人民法院（2018）沪0104行初90号行政裁定书］中，原告江某作为上海某律师事务所实习律师，在其准备向上海市律师协会递交相关材料申请实习面试考核前，其原所在的律师事务所无故拒绝出具实习鉴定意见，导致其实习考核程序中断。原告据此向上海市律师协会提交了转所申请、实习证复印件、与源盈律所签订的实习协议以及个人实习总结等多项材料，申请上海市律师协会许可原告转所实习，并认定原告已经开展的实习有效。但上海市律师协会以电子邮件的形式通知原告，要求原告提供律所加盖印章的申请表，如不按要求补足相关材料，将不会批准其许可申请。此案争议的焦点为，原告所在律所无故不出具实习鉴定意见的做法是否合法，上海市律师协会要求原告出具加盖律所印章的申请材料的程序行为是否具有法律依据，是否存在法定职权不作为的合法性质疑。从案件的审判结果来看，此案中法院并未对上述两个行为开展合法性、合理性审查，而是仅以补充材料的行为系过程性行为，不符合行政诉讼受案范围为由，驳回原告起诉。本书认为，基于现有法律法规的授权规定，多数行业协会，如律师协会、会计师协会等享有本行业资质许可批准的法定权限。同时我国《最高人民法院关于审理行政许可案件若干问题的规定》第 3 条规定，公民、法人或者其他组织仅就行政许可过程中的告知补正申请材料、听证等通知行为提起诉讼的，人民法院不予受理，但导致许可程序对上述主体事实上终止的除外。在此案例之中，虽然上海市律师协会的行为属于补正申请材料的通知行为，但是相关许可程序已经因此行为对江某造成了事实上的终止结果，因此应当被纳入行政诉讼的受案范围。在此案中，上海市律师协会要求原告出具加盖律所印章的申请材料的程序行为是否具有法律依据，是否具有逃避履行实习资质审核的合法性质疑，法院都未予以审查。如果其要求原告补交材料的行为并不存在法律法规的明确依据，那么将符合上述第三项所列规定，属于拖延、延迟履责的法定情形，即应当纳入行政诉讼的受案范围。①

关于行业处罚程序违法类案件。在陈某娣诉国家市场监督管理总局案［北京市高级人民法院（2018）京行终 2945 号行政判决书］中，中国认证认可协会依据《认证认可条例》《注册人员资格处置规则》等相关规定对陈某娣作出撤销注册资格的处理决定。原告陈某娣向协会主管机关原国家认证认可监督管理委员会（以下简称原认监委）提起申诉，原认监委经过调查作出了维持撤销注册资格的处理决定。原告陈某娣再次向原国家质量监督检验检疫总局（以下简称原质检总局）提起行政复议，原质检总局也

① 类似的案件还可参见施某诉广州市律师协会案，广州铁路运输中级法院（2017）粤 71 行终 2120 号行政判决书等。

作出了维持原处理结果的复议决定。原告陈某娣最后向法院提起行政诉讼，法院认定申诉回复和复议决定合法，判决驳回原告请求。但此案中存在重大程序违法，法院却未能给予合法监督。案件中认证认可协会在作出撤销陈某娣质量管理体系（QMS）、环境管理体系（EMS）、职业健康安全管理体系（OHSMS）等高级审核员资格处罚决定之时，陈某娣已经多次明确对相关违法事实予以否认，并且要求协会出示处罚证据、依据并给予质证，但协会在并未出示证据且未进行质证的情况下，便作出了撤销原告审核员注册资格的处罚决定。同时，原认监委在申诉回复当中也确认了这一程序违法事实，并且通知中国认证认可协会“补充调查、补充证据”，原质检总局则在补充证据、补充调查的基础上作出了行政复议决定。可见整个处罚、申诉、复议过程在程序上都存在重大违法，其不仅违反了《行政诉讼法》第35、40条中行政机关在作出行政行为之后搜集的证据不能作为行政行为合法的依据之规定，还违反了《行政处罚法》（2021年修订）第44、45、62、63条的相关规定，即在行政处罚决定作出之前应当告知当事人拟作出的行政处罚内容及事实、理由、依据，并告知当事人依法享有的陈述、申辩、要求听证等权利；在作出吊销许可证件、降低资质等级等行政处罚决定之前，应当告知当事人有要求听证的权利，当事人要求听证的，行政机关应当组织听证。而在本案中，原告作为协会会员在上述法定权利被严重剥夺的情况下被撤销审核员资格，认证认可协会、原认监委以及原质检总局在程序严重违法的情形下，法院依然以“程序合法、处理决定合法”为由驳回原告诉求，可见相关法院在处理行业协会处罚案件中所持的消极不作为态度。

“如果机构的权力影响到公共利益或个人及组织的权力或实质利益，那么该机构如何行使该权力就应当接受司法审查。”① 因此，法院在审理此

① ［新西兰］迈克尔·塔格特：《行政法的范围》，金自宁译，中国人民大学出版社2009年版，第48页。

类案例时不应再秉持尊重行业自治权力或行业协会为非政府组织等审判逻辑，进而以相关受案范围不符合法定条件为由将此类纠纷一概拒之门外，而应按照完整的审判程序与顺序，积极发挥司法权力的监督功能，对行业协会管理行为的类型、性质及其造成的损害结果等进行一系列实质审查，并作出相应的合法判决。

（三）内外救济机制整体不够健全

根据当下我国的相关制度规定，面对行业协会在内部治理过程中的侵权行为，实践中作为被管理人的协会成员或相关非会员主要拥有两大救济途径可供选择：第一，通过行业协会的内部申诉、复核或仲裁的内部救济方式。第二，通过向行业主管部门提起行政复议或地方法院提起行政诉讼的外部救济方式。但目前我国上述救济机制的制度设计并不完善，各省市不同地区的相关救济规定也标准不一。具体看来内部治理过程中的整体救济机制主要存在以下缺陷。

内部复核机制难以发挥实效。在内部救济机制层面，实践当中部分行业协会并未建立相关完善的民主协商、内部调解或复核机制。由于管理与被管理的实践关系，行业协会及其会员大众构成了一定的社会联合体，或者从更广泛的意义上讲，构成了一定的“行业圈子”。在这个“圈子”内部，行业协会毫无疑问占据主导、权威与强势地位，行业成员则会相对处于弱势地位。从主观层面来看，面对行业协会管理的侵权行为，相关利害关系人，尤其是本行业成员在心理上将会极其排斥在内部救济机制层面向其“上级领导、管理层”申请申诉、复核程序。而从客观层面来看，行业内部的审核由于行业协会的强势地位和缺乏相应的社会监督机制，行业协会在作出申诉、复核等决定之时也难以做到公平、公正、透明。

内外救济衔接机制存在缺陷。以张某秀诉温州市律师协会、浙江省律师协会案［浙江省杭州市中级人民法院（2015）浙杭行终字第658号行政裁定书］为例，原告张某秀在攻读研究生期间向温州市律师协会申报实习律师并通过了执业律师考核。而后温州市律师协会经考察过后对其作出了关于撤销张某秀实习登记、实习考核合格意见的决定，并作出了行业处分决定书，限制其两年内不得再次申请实习。张某秀不服，向浙江省律师协会申请复核，但省律师协会作出复查决定书并维持了温州市律师协会的行业处分规定。张某秀认为上述决定事实认定不清、证据不足、程序违法，并且适用规范错误，滥用自由裁量权，侵犯了其就业权、择业权，于是诉请法院撤销温州市律师协会、浙江省律师协会作出的行业处分决定书、复查决定书。一审、二审法院经审查认为，张某秀的诉讼请求涉及温州市律师协会、浙江省律师协会两个不同行为，分别涉及不同的法律关系，且本案并非属于经过行政复议维持的行政案件。张某秀现一并提起诉讼，其起诉有违“一行为一诉”的行政诉讼基本原则，不符合起诉条件，故裁定驳回原告起诉。

此案判决存在以下疑问：其一，本案中温州市律师协会撤销了张某秀的实习登记和实习考核通过决定，并责令其两年内不得再次申请实习，其管理权力在权力属性上与行政处罚并无差异，并且也事实上造成了张某秀法定权利的侵害和损失。但此案中法院审理的限度让人不免存在疑问，在未对其相关处罚行为开展合法性、合理性审查的前提下，以有违“一行为一诉”的行政诉讼基本原则而不符合起诉条件为由判决原告败诉，在当下立法救济机制相对缺乏的情况下，张某秀的合法权益显然难以得到公平保障。其二，行业内部复核的效力定位不准。本案中，裁定驳回原告起诉的另一个理由是案件并非属于行政复议维持的行政案件，但本书持有不同意见。鉴于行业立法的缺失状态，《最高人民法院关于适用〈中华人民共和国行政诉讼法〉的解释》第 24 条仅确认了行业协会的行政诉讼被告地位，但对其上级复核后的确认或更改行为是否应当纳入受案范围以及被告应当如何确定的问题，现有立法没有规定。因而此时便存在一种救济上的漏洞，即下级行业协会在开展处罚行为的过程之中，面对上级行业协会维持处罚的类似情形，如果当事人对上级维持处罚的决定不服，司法机关应当如何介入，被告应当如何认定？其三，出于对司法机关中立性与权威性的尊重，对于行业内部的会员或者非会员而言，内部复核机制存在“自己做自己法官”的天然质疑，当事人当然希望上级复核的审核决定能够被纳入法院的监管范围之内。因而，如果法院将行业内部复核同行政复议划清界限，并将行业内部的上级复核排除在受案范围之外，那么很可能出现一种情形，就是当事人在内部各个层级复核过后，为了寻求进入法院审查机制之内的目的，又会再向行业主管部门申诉、复议，最终会导致内部复核机制被不当虚置，大大减损其权威性。其四，行业协会依据法律法规而行使的公权力同行政管理权力的界限十分模糊。同时，出于节省行政管理资源、实现整体救济机制最大效能的目的，行业内部复核应当同当下的行政复议构建某种连接或替代机制，而不应仅以属于“行业内部自治”为由将其同行政复议划清界限。《最高人民法院关于适用〈中华人民共和国行政诉讼法〉的解释》确认了行业协会在履行法律法规授权时的行政诉讼被告资格，因而在司法权力的监督层面，行业协会在履行法定管理权力之时同行政机关并无差异，因此本书认为上级协会的审核决定可以依照行政复议审理。

从此案可以看出，面对上述行业内部治理纠纷中的内外两种救济制度，实践中仍然存在以下几个方面的制度困境：在内部救济层面，行业协会的会员大会、理事会及监事会可以发挥何种协调救济功能？行业协会上级复核、申诉的行为应当如何定性，效力如何？是等同于行政复议效力，还是仅仅是内部管理行为？如果仅是内部管理行为，当事人对其不服又应如何进一步救济？如果等同于行政复议，在提起行政诉讼之时应当适用行政复议前置的规定，还是只要在对复核、申诉决定不服时，方能提起行政诉讼？内部复核与申诉的“审级制度”为何？省级行业协会对市区级行业协会复核的效力如何，是最终裁决还是可再向全国性行业协会提起复核？全国性行业协会复核的是否为最终裁定？能否对其可再次提起行政复议或行政诉讼？

在外部救济层面，同样存在制度困境：针对行业协会内部的管理决定，对其不服时能否直接向登记管理部门提出审核请求？对登记管理部门的审核结果不服是应继续向其上级机关申请行政复议还是可依据审核结果直接提起诉讼？协会主管部门责令行业协会纠正有关行为，但其不予纠正的法律后果为何？行业协会内部复核的机制是否为强制性前置措施，能否直接向地方法院提起诉讼？根据我国部分省市地区的行业协会立法，当利害关系人（包括行业内的会员与非会员）对于行业规则、自律措施或者其他监管行为存在异议之时，会员单位或个人可以向行业协会申请复核或申诉（深圳市还规定惩戒、申诉处理结果应当报送登记管理机关备案），或依法提请行业主管机关或其他有关部门审查处理。但仅有少数省市地区，如杭州市规定了当事人可以不经过行业协会内部复核，而有权直接向人民法院提起诉讼。而非会员单位或个人认为行业协会的有关措施损害其合法权益的，原则上可以要求行业协会予以调整或变更有关措施，也可以依法提请登记管理机关或政府有关部门审查处理，或者依法申请行政复议或向人民法院依法提起行政诉讼。但也仅有长沙市、江西省、广东省等部分地区规定了相关行政复议和行政诉讼的救济路径，江苏、广西等多个地区并未对此规定。

在内外救济的衔接层面，以邹某云、邹某剑诉福建省司法厅案［福建省福州市中级人民法院（2014）榕行终字第222号行政判决书］为例，本案中第三人向律师协会投诉其行业内会员存在违法行为，要求其履行调查、处分职能。律师协会依据法律法规授权作出审查决定，而第三人此时仍然不服，向其主管部门司法局提请行政复议，司法局以不属于行政复议的受案范围为由拒绝受理，法院也支持了司法局的不受理决定。此案中同样是围绕行政复议性质的认定问题所发生的争议纠纷，只不过不同于上文所述的张某秀一案，此案原告在对行业内部的复核结果不服之后直接向行政管理机关而非上级行业协会提起了申诉。

本书认为此案同样存在以下三方面的问题值得探讨：首先，法院如不将司法局的拒绝受理行为视为行政复议的相关决定，将会同上文张某秀案中一样产生一系列的制度困境，即此案中第三人向司法局提出申诉的行为如何定性？如果不作为行政复议等同处理，行业协会的首次内部审核决定应当如何定性？是否意味着此案中第三人对司法局申诉的处理结果不服可以再向上级司法局提出真正意义上的行政复议？哪一级别的司法局决定可作为最终决定？第三人又可在什么程序节点直接提出行政诉讼，是否应当坚持案中所提到的“先行业救济后行政、司法救济”的原则？其次，上文在张某秀案件的分析中，本书提出了行业内部复核应当同当下的行政复议构建某种“替代”或“连接”机制的设想。“替代机制”具体是指行业协会内部上级对下级的复核可以被行政复议所替代，即在司法监督层面应被视为同行政复议相同的救济效力，并纳入司法监督的范围。而“连接机制”则是指行政复议与行业内部审核的制度性连接，即本案中司法局对于争议不服的审核可以直接视为行政复议中上级对下级的审核。此时行业协会则视为其下一级的“行政机关”，而实践中司法局也的确是行业协会的上级主管部门。最后，此案中还产生了一个实践难题，即第三人向协会内部投诉、举报其会员违法的行为应当如何定性，是作为内部管理行为、公共管理职责行为还是信访行为？本书认为，行业协会的内部投诉行为应当由行业内部的救济制度机制予以解决，尚不宜定性为信访行为。

综上所述，对于我国行业协会的内部争议纠纷领域，司法权要解决的问题是要改变过分克制、谨慎的监督态度，而非学界普遍指出的过度介入行业自治的“假想风险”。从制度层面来讲，行业协会管理体制的设计初衷是为了实现以平等协商而非强制管制的逻辑来构建行业自治，但行业自治的权限应当是有限的，著名法学家卡尔·拉伦茨（Karl Larenz）曾经指出："社团在'自治'范围内对社员行使一定的纪律权力的权利，并不意味着它就可以不受国家司法权的管辖。"[①] 同时，鉴于我国绝大多数行业协会产生于行政机构改制与职能转变的独特历史实践，部分行业协会尤其是具有较大管理权力的全国性行业协会依然存在"官僚式""僵化式""强制式"的行政管理模式与逻辑。因此，为了实现行业协会成员与相关利害关系人的权利保障，法院不应以"尊重行业自治"为借口而将行业协会管理中的争议纠纷盲目排除于司法审查的领域之外。"公法救济途径的核心功能就是控制公权力，将公权力的行使约束在合宪性与合法性的范围之内。因此，将作为社会公行政权的协会处罚权实施产生的争议交由行政诉讼途径解决，才是监督协会公权力和保护成员合法权益的根本保障。"[②] 同时，法官是"活着的法律宣示者"，在面对我国有关行业协会的专业立法相对滞后的背景之下，尤其是在内部争议纠纷机制相对缺失的实践基础之上，地方法院有义务在面对行业治理纠纷之时，在不违法基本规则的前提之下能动地发展、解释法律。总体来说，无论是行业协会的内部治理还是外部治理。司法权对其的介入问题一直是学术界与实务界所面临的难题，它需要在逻辑与经验分析的基础之上开展精准的目标分析与多元化主体间的价值利益衡量。但需要明确的是，相对于国家权力的其他分支而言，司法权虽然具有消极性，即其是由利益相关人启动，且其在权力监督、程序运作等方面最为公正、公开，[③] 是最不危险的部门（the least dangerous branch）[④]。但同时为了响应我国还权于社会的社会治理创新实践，均衡推动国家与社

---

① ［德］卡尔·拉伦茨：《德国民法通论》，王晓晔等译，法律出版社 2003 年版，第 231 页。

② 石佑启：《论协会处罚权的法律性质》，载《法商研究》2017 年第 2 期。

③ 参见苏西刚：《社团自治权的性质及问题研究》，载《行政法论丛》2004 年第 1 期。

④ ［美］克里斯托弗·沃尔夫：《司法能动主义——自由的保障还是安全的威胁?》，黄金荣译，中国政法大学出版社 2004 年版，第 2、212 页。

会的整体协调发展，实质解决、矫正行业治理领域的争议纠纷与无序状态（包括滥用自治权力和附属行政化等），避免遗漏国家行政以外的具有公权力性质的主体与行为，司法权力作为社会治理过程当中的重要规范与控制机制，其权力的行使就不能过于消极。

归纳上述所面临的整体困境，今后司法在介入行业协会管理的实践过程中可以遵循以下4个原则：首先，行业协会的自治权力具有相对性。司法权力的必要介入并非对自治权力的不当干预，而是对违法行为的合理纠正与监督，更是对合法权利的必要保护。尽管行业自治权力应被适当尊重，但其法定权力仍然主要来自国家法律与行政机关的授权，同时其也行使着行业领域中的多项公共管理权力，因而绝不意味着其可同司法权之间划清边界，成为排除司法管辖权的“法外之域”。其次，司法权力的介入与管辖的法理根据是“国家保留”原则。从组织结构体系的层级上来看，行业协会组织是国家的下位概念，而司法权作为一国主权的标志之一，其在原则上保留于国家层面，其介入具有法理基础。因而，尽管如中国足球协会等行业协会设定了内部相关的裁决机制，如仲裁、诉讼委员会等，但其效力仅限于行业内部，在对外效力层面上既无法律支撑，也无法律效力，应当受到司法权的有效监督与规范。再次，司法权力的监督要相对灵活。立法规则的缺失是实践中司法权不愿介入行业自治的重要原因。尽管如此，法院作为保障公平正义的最后一道屏障也应当积极发挥其调解矛盾、化解纠纷的功能作用。具体而言，法院可充分依据行业协会管理中的现有规定，从立法原则上解释出化解相关纠纷，规范相关权力的可操作性规则，从而避免因缺乏法律依据而作出“非此即彼”的判决，使得相关争议迟迟无法解决，危及社会秩序。最后，司法权力的介入要有合理标准。由于我国目前行业立法规定尚不完善，本书认为地方法院可在综合判断以下3个标准之后综合决定是否应当在行业自治领域予以介入司法审查。第一，主体层面。在组织关系上如果其在外部层面同行政机关的沟通、合作与联系越密切，而在内部治理层面具有权力上的垄断性，并且在职能权力行使上同社会公共利益越紧密，其受到司法权监督的可能性就越大。第二，行为层面。如果其管理行为不具有营利性，并且其在管理的权限、权限的强制程度、涉及的管制对象等层面越大、越多，影响的公共利益越广泛，则司法权介入的可能性也就越大。第三，行为后果层面。当其管理行为足够对于多数人的财产、人身、自由等方面的权益造成相当程度的影响之时，司法权介入的必要性也就越强。

经过上文的论述可以看出，当下行业内部治理中的内外救济机制在相互间的程序步骤、效力认定以及衔接机制等方面都存在实践运行与操作层面的困境。因此，在面对当下行业协会的数量、规模与职权逐渐扩张的背景之下，完善行业协会的内部治理应当正面回应本书梳理的上述问题与困境，并尝试在机制建设、程序运行、权力规范以及权利救济等多个制度层面不断补足上述缺陷。

第四章　中外社会治理经验与当前行业协会治理改革

探讨新时代的行业协会治理改革，需要全面总结我国的历史经验，反思国外的治理实践。具体而言，应当重点关注社会主体的本土治理理念，即我国社会主体的角色定位、国家与社会主体间的结构关系以及国家与社会主体分工合作的模式选择等问题。需要明确的是，当下我国探讨的社会治理概念、国家与社会之分以及社会主体称谓等都是西方社会治理理念与模式下所引导的结果，我国应予以理性甄别。

从我国本土的经验出发，在古代治世的公理思想之中，社会主体统一被包含或归类为“私”主体的范畴之中，国家治理的实践当中只有“家”与“国”、“官”与“民”、“公”与“私”以及“乡绅之治”等概念之分，并不存在“社会主体”“国家”“社会”等西式治理概念。因而探究我国社会治理创新问题，就需要追本溯源，需要从我国历史治理经验当中回溯古代公理思想的整体脉络。而本书则重点聚焦于古代公理思想的两大重要载体——中国的“公”与“私”概念。从经验借鉴的角度来说，尽管我国古代的国家治理在其方式、理念以及制度等层面存在其时代的局限性，但可以预见的是，以古代史料中的“公”与“私”为观察对象，通过对当时士大夫著书立说中的详尽表述与内涵使用，可以从大体上总结和梳理出古代“官”的治理逻辑以及古代“民”的治理需求，进而归纳出社会治理问题中的中国智慧、中国方法与中国理念。

第一节　古代公理思想的梳理与归纳

我国古代的公理思想是几千年来社会治理实践中所积累的宝贵经验与财富，其能够直接反映和体现出我国对待“公”“私”主体的独特治理理念。以“公”“私”概念为研究对象，进而全面系统地探究其内涵背后的公理性思想，这一过程无疑将对我国当下的社会治理改革尤其是理念选择层面大有裨益。从整体上来看，我国历史上的“公”与“私”概念并非成对的概念，它们往往各自单独使用，且“公”被援用的比例远远多于“私”。①

一、春秋战国的“公”“私”之源

早在我国的春秋战国时期，《荀子》《韩非子》《诗经》等文献资料就开始将“公”“私”作为成对的概念并列使用。最早在著作《荀子》之中，“公”的内涵可以被理解为“公平”“公道通义”之意，而“私”则可以被解释为“私欲”“违反公道”之意，两者在概念上存在相互背反之关系。与其相同的是，《韩非子》也继续沿袭了这种概念上的背反关系，其“私”的内涵可以被解释为“自环”“自围”“自私”“偏私”“奸邪”之意。而与之相对，“公”的含义则可解释为“打破自围”“公众”“共通”“平分”“公平”之意。与此同时，在道家的公理思想之中，“公”的

① 例如，在古代金文之中，只有“公”作为尊称的例子而没有“私”的个例，又如在《今文尚书》之中，共有71处指代爵位的“公”，而只有1处“私”的个例。

含义通常与“天”“道”等原理性概念相对等，由于“天”具有对万物不偏不私的特性，因而符合“公”即符合“天理、道义”的道德伦理标准，而这个标准也成为了衡量君主作为统治者的正当性基础与政治德性，符合“公”即具有正当性。而在《诗经》当中，“公”的概念有了另外一层含义，即众人共同劳动、祭祀的王宫、公堂、官府或支配这些场所的君主、族长等与统治机关紧密相关的含义，它更偏向于一种组织性的指向性。对于古代中国而言，第一组“公”与“私”的含义一直在汉、唐及宋代持续存在，甚至到了近代，孙中山先生的公理思想也与其颇有渊源。而作为“国家”“政府”含义的“公”，第二组的概念在中国古代至近代的过程中始终扮演着较小的角色。两组“公”概念的内涵被交替使用，两者之间的差异始终未得到相应的区分和明确。

从上述论述中可以看出，这一时期的“公”“私”内涵虽然含义众多且不易理解，但两者的内涵在两个方面十分明确：首先在关系层面，两者之间存在明确的背反关系。其次在价值层面，“公”的内涵通“公平”“公正”，其具有价值理念上的正当性与道德性。而“私”的内涵通“自私”“奸邪”“偏私”，其在价值选择之上并不具有优势。在封建社会关系之中，这种概念上的价值定位强化了原有的身份等级秩序，巩固了封建专制的统治秩序。

二、宋、明两代的“公”与“私”

宋代继承了道家之中解释“公”“私”概念的部分学说，并在此基础之上对其作出了一定的补充与深化，其概念内涵主要发生了 3 个方面的变化：首先，“公”作为一种抽象性的伦理规范，在适用对象的范围层面有所扩大。对于“公”的解释，春秋战国时期仅将“公”解释为君主一己应当遵守的政治德性，而到了宋代则将其扩展为广大臣民也应遵守的普遍行为规范与伦理道德标准，即“仁义礼智”等美德。其次，“公”的内涵开始与“自然”概念相结合，即符合道家“自然”状态的“公”才是万千臣民生存的法则。不同于“自然”在西方语境中的内涵，“自然”在道家理学之中是指宇宙万物“本初”“至正”“中正”的原始存在状态，因而在伦理规范层面其也代表了一种臣民应当普遍遵守的顺应天理、万人归一的根源性、综合性、普遍性的伦理规范。而与“公”相对，“私”作为一种相对于“自然”的个人后天形成的能动性的意愿、意志与诉求，则被解释为不当搅乱“自然状态”，打破先验身份秩序，背反自然天理的自私、偏私与不正之行，两者在伦理价值层面仍旧存在一定的背反关系。最后，“私”的内涵开始同“人欲”相结合。不同于春秋战国时期简单对“私”在伦理价值层面的全盘否定，宋代理学作出了一定突破。其承认“私”的部分正当性，认为“公”的秩序尽管应当遵守，但只要作为“私”的特殊性能够遵守“公”的统一性，两者达至一种“归一”的和谐状态，那么作为“私”的人欲也不应被彻底扼杀。

到了明代时期，对于“私”概念的关注度与认知度在不断提高，“公”“私”内涵之间的背反关系在不断减弱，两者之间的包容性与协调性也在逐渐增强。具体来看，“私”概念的变化主要体现在以下两个方面：第一，“私”可被解释为人的自然感情（喜怒哀乐）以及个体的生理性或本能性欲望（食欲）等“五官之欲”，而这种欲望既是天然而然的，也是必然存在的，因而对“私欲”存在的合理性应当给予认可和肯定。尽管本能的、主观的“私欲”可能与先验的、符合天理的统一秩序性规范之间存在张力，但只要个人能够通过自省、修炼等方式克己节欲，“私”就必然能融入进“公”所要求的归之于一、符合天理的自然状态。第二，主观“私欲”的内容范围有了进一步扩张。“私欲”不仅局限于简单个体所需的生理与本能欲望，还应当包括个体对于物质欲、所有欲及生存欲等超越个体局限之外的普遍性、社会性欲望的追求。随着明代社会经济的发展，这一时期对于社会价值以及所有制关系的认知更为多元化，黄宗羲不仅更为明确地肯定“私”存在的必要性与合理性，其还进一步具体指出如个体小农、地主以及城市工商等相对富裕的阶级应当是享有上述“私”权益的特定主体。

除去“私”内涵的变化，“公”的内涵也发生了两个方面的重要变化：首先，明代时期认为先前作为君主一己政治德性的“公”只是君主为遮蔽和满足一己之私的美言而已，完整意义上的“公”应当涵盖“私”的内涵，真正的“天下之公”应当是社会达到一种整体、普遍富足的状态，特别是人民（主要指上述特定富人阶级）的“私欲”得到满足的状态，这点同西方提出大众的、共同的、普遍的福利（commonwealth）的概念相互呼应。并且这一时期对于“公”的理解还尝试从政治意识形态与体制改革的独特视角切入，并与当时富人阶级的利益诉求开始产生关联性。其提倡当时的统治者应当脱离君主一己德治式的治理模式，构建在君主专制体制下富裕阶级享有对其私有经济支配权的分治式治理体制。其次，尽管提倡“私”的合理性，但富人阶级的“私”也应有所限制，从而在整体上实现各阶级相对平均的“公”。鉴于不同阶级内部之间在经济上同样存在“不均”的状态，特定富人阶级在追逐自己私欲的过程当中也应严格受到“公”理的约束，应当遏制利己主义的过度放任倾向，遵守不同阶级间“定分”的整体框架结构，以免出现滥用本阶级特权的负面后果。

三、清末民初的“公”“私”裂变

经过宋代朱熹与明代吕坤、黄宗羲等一系列理学家在“公”“私”概念解读中所作出的理论贡献，“私”已经不再被简单地认为是“奸邪”等反面概念，“公”对“私”概念的包容性正在逐渐增强，从整体上来看只有两者相互结合，互相共存，才能真正地实现各自的完美状态。

具体而言，清末民初时期的“公”在内涵上发生了以下变化：首先,“公”的内涵开始借助“仁”的概念来解释,“仁”与“不仁”基本上等同于清代之前“公”与“私”的含义。“仁”在传统意义上通常被解释为“仁慈”与“忠恕”之意——具体是指尊者对其下位者的恻隐之心或个人对他人的单方面关心。但是在清朝封建士大夫戴震的推动之下,“仁”的含义开始逐渐趋向于“公”,其认为“仁”是“与天下共遂其生”,是指所有生民都应达到彼此富裕的生活状态,这一含义便与宋、明时期“天下为公”的含义接近。同时在他看来,“私”应当重新解释为“偏私、自私与特殊”之意,“不仁”便等同于“私”,与“公”所代表的“天理、公正、普遍”含义相对。除此之外,清代对于“仁”的解释也突破了个体、特定阶级之间的局限,开始具有普遍性的社会秩序含义。不同于明末仅支持和承认富人阶层的“私欲”保障,戴震对于“仁”(“公”)的理解也打破了阶级之间的局限,他对于尊卑、长幼、贵贱等秩序差异不公的感叹表明贫民阶层的生存欲望也被其纳入了“仁”的探讨之中,体现了他对贫民阶层的关心与关注。其次,“公”被解释为两个层面的含义,即在一方面,“公”通“共”,是指以多数人民为关联纽带,以反对“私”(主要指经济上的不均,政治上的专制)为正当性基础而建立起来的权威性公理。而在另一方面,“公”也指向国民权所包含的个体自主性。但不同于西方以个人权利、原子式个体为本位的治世理念,中国社会与国家运行的原理基础仍然是整体性、普遍性的“天下之公”。因此,尽管这一时期“公”承认与包容“私”的自主性价值与功能,如平等、自由等,但“私”仍然应当统合于、服从于“公”理的范畴,并且“私”权行使的最终目的仍是更好地服务于“公”理的正常运行,巩固整体的公理秩序。最后,鉴于清末内忧外患的时局环境,对于“公”概念的理解开始从满足社会欲望等经济领域扩展到了包含变革政体、国体的政治领域。这一时期,以严复、康有为、陈天华等为代表的清朝封建士大夫为拯救国家内外危机,实现民族救亡图存,采取对于“公”内涵展开新突破的方式，针对当时的封建君主专制政体提出了新的政治诉求。

严复的贡献之一在于其提出的民权思想，他认为“公”应当包含“自由平等”之公理，而这一公理主要是指臣民（以封建士大夫为主体）应被赋予一定的政治权利。严复的这一公理思想突破了清朝变法派主张的自上而下、君主一元化的落后立宪君主主义，在中国近代的思想史上具有重大意义。受到严复的影响，康有为也对于“公”所包含的“自由平等”理念提出了自己的见解。不同于严复所指的“士大夫”的平等自由，康有为在其《大同书》中所提出的“平等自由”更接近于道教或佛教所宣扬的一种泛化的、平均的以及无差别式的平等自由。可以看出，他所理解的“自由平等”式的“公”理从内涵层面更多地传承与彰显了中国传统理念中的大同、天理思想。但相对于严复而言，康有为所表述的完全无私、绝对平等的大同世界更多体现的是一种空想式的理论产物，其不能有效地回应当时国内不同阶级主体在政治、经济领域的合理诉求。并且尽管康有为并不否认“私欲”存在的正当性，但这种过分乐观的、强调统一普遍性的“大同”式、“廓然大公”式的公理思想也会不经意地模糊其与“私”之间的权利边界，吞噬作为特殊性的“私”权的生长空间。最后，通过不同朝代中国“公理”思想的不断延续、传承与超越，到了民国初期，中国的民权思想通过孙中山、朱执信等人的不断丰富逐渐发展为了民生主义，进而走向了社会主义。孙中山在其《三民主义与中国前途》一文中提出，推翻少数满人专制就需要发动民族革命，推翻君主一人专制就需要发动政治革命，而推翻少数富人专制就需要发动社会革命，因而能够看出其所阐述的“民生主义”仍然是在反对少数的、个体的、利己主义的“私”的基础之上，是在实现中国四万万人能够穿衣吃饭的“天下之公”的原理之上构建而成的。

与此同时，“私”概念的内涵也发生了 4 大方面的重要变化：首先，

"私"权的享有主体范围开始包含贫民阶层。"私权"范围的扩大取决于"公权"内涵的丰富。在这一时期，打破传统宗族秩序与阶级束缚的"人人平等"理念开始被解释为"公"概念的重要内涵之一，只有不同阶级主体的私欲得到平等满足方是真正的"天下之公"。太平天国运动在中国进入近代之前，对于"公"概念内涵的丰富发挥了其独特的承前启后的历史意义。鉴于当时中国内忧外患的实践环境以及西方基督教、中国佛教、道教中平等观念的广泛传播，以洪秀全为领导的太平天国不仅继承了传统中国的大同思想以及"万物一体"观，也提出了打破宗族社会秩序，互为兄弟姐妹式的新平等观念。并且太平天国所宣扬的这一"平等"理念所适用对象更为广泛，其范围不仅局限于传统士大夫与富裕精英阶层，同时也关注基层贫民的"私欲"保障。虽然这一"公"概念下的新"人人平等"观念具有乌托邦式的空想性，但其对于传统以富民阶级为代表的固有阶级秩序产生了极大的冲击。

其次，"私权"的享有主体范围逐渐扩展为更为多元和立体的全体"国民"，"私"被解释为全体国民有权享有和支配的"民权"。在这一时期以陈天华为代表的众多思想家以实现"反对专制，唤醒民权，实现民族独立"为目标，进一步丰富了"公"所应包含的内容与含义，他们认为真正的"公"应当涉及经济与政治两个领域，是多数人能够享有"自由、平等、民主"等"国民权"的"天下之公"，而非清朝君主、满人专制的少数之"私"。因而这里所指的"国民"已不再是朝廷——国家之下的王朝之民，而是"参与国政之民"，它排斥君主专制的"私"。可见，陈天华所指的"国民权"在政治经济领域尽管都具有反对君主专制的进步性，但这种不以"个人"而以"天下观"式的角度讨论"自由民主"的论述，仍旧继承与保留了中国传统"公"思想的惯有特性，即都是推崇广义上天下式、普遍式及全体国民式的"公"，而限制与反对少数的、个体的"自私"

与“偏私”。[①] 毫无疑问这一民权思想在当时的国内环境之下，积极调动了全体国民的革命能动性，有效凝聚了全体国民的主体力量，充分激发了反对君主专制的民族、国民权利意识，在中国近代思想史之中具有重大的进步意义。但需要承认的是，在这种传统集体式、天下式以及统一式的大“民权”思想指引下，单纯的数量逻辑便产生了负面作用，从而导致作为个体“自由平等”的权利容易被视为“少数”而被不当忽视或限制，而这是中国传统公理思想的逻辑惯性下必然产生的局限性。

再次，“私权”除了包含“国民权”之含义，其还包括“生民”之权。所谓“生民”，是指依靠天来生存的“天之民”，其并非依赖朝廷、国家或者官府而生存，而君主只是天命的代理执行者，因此君主应顺应天意满足“生民”的生存欲、所有欲等“私欲”，而非剥夺“生民”的“私欲”并将其据为己有。同时，生民之间不仅要遵守“尊长秩序”等礼数之外，也要实现经济政治上的“均平”——彼此之间不应有贫富之差以及贵贱、人种、男女之不平等。但在实践当中，作为“生民权”的“私”与士大夫所宣扬的作为“国家”“天下”的“公”之间存在认知上的差异。不同于士大夫所宣扬的宏观“治世”观念，对于个体的“生民”来说，他们所认知与理解的“公”局限于自身同亲戚、朋友、师长等之间组成的内部公共领域，而这样的领域是带有血缘、地缘、学缘等连带性质的。因而，它在整体上是封闭的、排他的、利己的联合，是不利于“生民”之间走向普遍的、多数的联合，并且极易与特权相连形成新的等级差异，最终将有

① 这里的“私”含义不同于春秋战国、宋、明时期的“私”，上述时期的“公”“私”划分是一种一刀切的解释方法，认为只要是“非公”的，便是“私”，而“非公”的“私”则当然是“奸邪、偏私”的，一律应当予以排除。但这里的“私”的含义在价值观层面则更为明确和具体，这里的“私”并不只是简单作为“公”的对立面，而是指少数、个体的“私欲”在价值选择上是违背公理的“自私”与“偏私”，因而只要“私欲”“私权”的要求在价值层面上符合公理的，就应当对其予以认可和肯定，而并不会因其在概念划分上简单属于“私”的范畴就被当然排除与否定。因此，相对于上述3个时代的“私”，清末民初时期的“私”含义的范围更小，也更为明确与具体。

悖于士大夫所宣扬的“生民权”所应包含的平等、多数、均分、利他等核心要义。

最后，除“私”所包含的“生民”概念以外，“人人”概念也被清末民初时期的康有为、孙中山等人所提出。“人人”概念同“生民”“国民”概念之间具有以下 3 个方面的关联和区别。其一，“人人”包括“生民”的基本内涵，尽管个体之间存在阶级、地位、身份、性别之分，但作为天下的“人人”，要实现“天下之公”，就需要实现相互之间在经济、政治权利上的“均平”。正如康有为在其《礼运注》中所述“公者，人人如一之谓，无贵贱之分，无贫富之等，无人种之殊，无男女之异……人人皆教养于公产，而不恃私产……惟人人皆公，人人皆平，故能与人大同也”，可见其同“生民”概念的共通之处。其二，“人人”相对于笼统、泛化与抽象的“生民”概念更加能够突出个人自立、自主的另一面，从而在内涵上较为容易同“自由”“自主”“自治”“独立”等理念相结合，它展现出了“生民”概念中所不具备的崭新的意义，弥补了“生民”内涵的不足。其三，“人人”是“国民”概念的重要内容，深入理解“国民”概念需要详细探究“人人”一词的内涵与使用。“人人”虽然也指代自主、独立的个体，但它同时也代表一种人数上的总称，具有与“国民”概念相同的普遍性、共同性与总体性的内涵。由此可以看出“国民”、“生民”与“人人”之间，三者在内涵与价值理念上是存在传承与递进关系的，同时从概念的变迁与演进过程中可以看出，整体上“公”的内涵在不断丰富与多元化，“私”的内涵在不断具体与明确，两者之间的关系与比例也逐渐趋于协调与平衡。

四、中西“公”“私”理念的特征与差异

中西方的“公”“私”文化理念差异较大，并且保障“公”“私”权利（力）的制度设计层面存在根本不同。回溯整个“公”“私”概念的发

展过程，中国的“公”“私”内涵博大精深，虽然理念在不同历史阶段会有所变化但仍一脉相承。无论是士大夫阶层的民族、民权之“公”，还是辛亥革命时期关照细民的天下之“公”，抑或是近代民生主义、社会主义的“公”，中国的公理思想一直是反对个体的、少数的“私”，强调天下的、普遍式的“公”，因而为了实现国家、民族等整体多数意义上的“公”，对于个体“私”利的限制是必要的且具有正当性的。由此可见，中国传统的公理思想易于同民生主义、社会主义相结合，两者的结合非但没有太大阻力，反而受到传统治世理念的推动，或者说中国传统形式的“天下之公”本来就是社会主义的重要内涵之一。

中国之“公”所具有的主要特色就在于国家、君主与政府可以被视为“私”，因“天下之公”属于更高位阶的“公”，是超越民族—国家之“公”的界限的，这个“公”在实现民主平等与国家独立的层面显示出了它强大的生命力与凝聚力。① 同时从整体上可以看出，中国的“公”与“私”更多强调的是一种伦理性质与价值的区分，如果违背“自然”“天理”，“公”也可成为“私”。如果顺应“自然”“天理”，“私”也可转化为“公”，两者的界限并非十分明确。相比较而言，西方传统自然法意义上的“公”“私”主要是指国家与社会、整体与个人之间的组织性或主体性区分，这其中并不含有任何伦理性，而西方的“公共”（public）概念也只有当作为统治者或社会整体意志成为普遍规范的时候才会具有一定的伦理性的价值成分。

在中国长达几千年的治世历史之中，个人、家庭、社会与国家是互相影响与联结的有机整体，群己之间的界限并非泾渭分明，而是你中有我、我中有你的关系状态。个人利益在不断向外扩张中受到集体秩序的约束，而国家的政治管理（君主治理）又应遵守“德治”等个人道德伦理的底

① 孙中山的民权主义正是受这种“天下式”的“公”的影响而主张的民主平等。

线，致力于为公益所服务。此种“家国同构”的结果就是没有国家与社会权力（利）的明显区分，或者更确切地说是没有国家与社会的对立冲突，而更多的是协调互动。同时中国的“公”与“私”更为强调“公”对“私”的包容性和“私”对“公”的协调性，而并非像西方社会一般强调公与私（public and private）的对立性、冲突性与不可调和性。

考察上文对春秋战国、宋、明以及清末民初等时期中国公理思想的详尽梳理，中国公理思想的发展脉络已经逐步清晰，而通过比较中国传统“理学”同西方自然法原理，可以更进一步地认知中国治世过程中公理思想的本土特色。中西不同的历史、文化背景孕育着不同的思维方式和理论演绎方法，需要相互尊重，彼此有所借鉴。

在中英鸦片战争之前，中国“公”“私”原理是可以作为一种自给自足的原理而通用的。但在之后的时期里，西方的冲击（western impact）使得中国固有的秩序原理被瓦解了，自此之后西方便企图以世界之名将其原理提升到普遍绝对的地位，并迫使中国承认其普遍的绝对的“公”“私”原理。但经过上文对我国“公”“私”概念的详尽论述可知，相对于西方的近代思想原理，中国的“公”与“私”原理有其独有的历史、传统和优势。① 而那种将中国传统的“公”视为一种负担或者重负的观点是站在“西方绝对化”的主观认识上得出的，它并未将中国几千年历史的公理思想平等地视为同西方并列的一种多元化的、同等的、独立性的世界原理，并且西方的这种主观判断也是缺乏客观存在的事实依据的。因此，在我国

① 中国对于“公”与“私”的探讨是在政治、道德、自然三者相结合的天下式的自然法框架展开，而西方对于“公”与“私”的探讨则是采取将道德、政治、自然相分离的思路展开，因此中西双方从根本上就具有完全不同的特质。再具体如个别的理论问题，并非西方首创，如对个人欲望的探讨问题（西方式的个体权利），戴震提倡的满足个体本身欲望以及实现个体之间欲望相协调的观点是在1777 年提出，距离鸦片战争还有近 70 年。再如中国古代孔子的大同思想，孟子的民本思想，朱熹的君尊民思想，李卓吾的中国自然法思想，黄宗羲的民权思想，陈天华的反专制君主思想以及孙中山的三民主义思想等都体现了中国式公理思想的独特价值和意义。

当下强调道路自信、理论自信、制度自信、文化自信的新时代，对于上述过分推崇西方式的一体化、一元性观点应当有所警醒。

总结上文中国公理思想的本土性特征以及中西公私理念之间的差异可以得出，中国自古以来，一直强调国家、社会结构的统一性。虽然国家持续在整体组织结构体系中占有最高位阶，但我国一直奉行集体一致的、公私一元化的、和谐统一的治理模式。因而从现代社会治理的角度来看，中国今后的模式、思路选择不应以西方的标准、尺度来展开。党的十九大提出我国应当构建“共建共治共享”的社会治理格局，这是在坚持党的领导、政府负责的中央一元化前提下，在构建国家与社会和谐统一，互相协作，虽有区分但不对立的总体模式下，走出的社会治理社会化的中国式道路。

第二节　民国时期公民结社的制度经验与反思

民国时期的行业协会同样是包含在社会团体或民间组织的范畴之中，整体上其管理社会团体的立法相对完整，并由民国时期的中央社会部颁布实施了《社会法规汇编》（全 3 辑），每部规范在立法体例上都分为总则、组织训练、社会福利、合作事业以及人力动员共 5 个部分，每一辑都详尽地包含了《社会部组织法》《非常时期人民团体组织法》《律师法》《会计师法》等各类特定职业领域的社会团体实体、程序以及组织立法。①

① 除此之外，在每一辑的组织训练章节之下，社会团体的立法还具体包括了教育会、体育会、律师公会、医师公会、技师公会、中国社会服务事业协会、中医公会、助产士公会、牙医公会、护士公会、医药职业团体公会、药剂师公会、农会、工会、会计师公会、新闻记者公会、中华海员工会、工商团体、商会、轮机员工会、工程师公会、铁路工会、同业公会、公益团体、兵役协会、宗教团体、妇女会、文化团体、体育团体以及慈善团体等近 30 个行业团体领域。参见中国第二历史档案馆馆藏资料，《社会法规汇编》（全 3 辑），全卷宗号十一，目录号 2，卷宗号 1773、4127、4732、4733、4734。

这一时期，随着辛亥革命的爆发，人民的国家主体意识也日渐增强，公民集会结社的热情空前高涨。1933 年年底，除去未予合法登记的民间组织之外，全国共有民间组织 49, 247 个，会员 7, 194, 175 人。[①] 经过 6 年的发展，自 1940 年至 1946 年民间组织已形成了以职业团体与社会团体两大种类为统领，包括农会、公会、渔会、教育会、新闻记者公会以及慈善团体等近 30 种具体种类。[②] 整体上对比两个时期的民间组织类型比重，1933 年以前的职业团体如农会、渔会、工会等可达到全体社会团体比重的 88%，而其中自由职业团体如教育会、律师公会等的比重只有 0.0004%。而到了 1946 年，虽然职业团体所占全体社会团体的比重仍然高居不下，但其中自由职业团体的所占比重已经上升到了 13%，其增长速度十分显著。同时，鉴于民国时期的内外战争国情，有关公益、慈善等代表公益事业的社会团体总量较少，社会公益难以保障。

一、社会团体管理的规范性考察

民国时期由于国内局势不够稳定，基于巩固国内秩序、最大限度发挥群众力量的目的，社会团体治理的立法规范工作得到重视。在这一时期，从法律规定的各个层级，无论是宪法、法律法规还是国民党的各项政策方针均对当时环境下的多种社会团体作出了相对完备的规定，这是我国开展社会团体本土治理的重要经验和财富，需要予以认真总结和反思。但同时需要强调的是，鉴于当时国内外存在战争动乱的实践环境，相关立法在较多层面上体现了一定的应急性、临时性、不稳定性以及管制性色彩。因而在当下强调释放社会治理活力，加大服务供给，强调和谐共治的新时代背景之下，我国的相关立法修订应当有针对性地予以甄别取舍。

---

① 参见中国社团研究会编：《中国社团发展史》，中国当代出版社 2001 年版，第 489 页。

② 参见中国第二历史档案馆馆藏资料，卷宗号 11，案卷号 167。

（一）宪法规定

宪法作为国家最高位阶的法律，对国家政体、组织机构设置以及人民基本权利义务作出了最为全面与核心的原则性规定，应当首先予以关注。

武昌起义之后，中央层面颁布的《中华民国临时约法》、《中华民国约法》、《中华民国宪法》（“曹锟宪法”）、《中华民国训政时期约法》、《中华民国宪法草案》（“段祺瑞宪法”）以及《中华民国宪法》等对国民结社的自由权利均有不同程度的规定：“中华民国由中华人民组织之……中华民国之主权属于国民全体……国民各项之自由权包括言论、著作、刊行及集会、结社之自由。”① 此外，地方层面军民颁布的《浙江约法》《江苏约法》《鄂州临时约法草案》等也对国民结社的权利有着具体规定：“人民有言论、著作及集会、结社之自由……人民自由言论、著作、刊行并集会、结社……军政府除有人为增进公益维持公安及非常紧急必要时外，须依法律保护人民身体财产安全及言论、著作、刊行、集会、结社、通信、营业、居住之自由，不得侵害。”② 客观地说，虽然这一时期宪法规定的基本权利在实施层面难度较大、耗时较长，并且下位法也常常存在与其冲突的具体规定，但辛亥革命之后将公民地位以及结社自由权利写入宪法的重大突破对民国时期的社会团体立法提供了重要指导，应当予以充分肯定。

（二）法律法规规定

此类规定是指低于宪法层级的，由国家立法机关制定的有关社会团体规范的基本法律。其主要分为两大类：一是针对所有社会团体普遍使用的一般性、原则性法律；二是针对特定职业社会团体的专门性法律。针对第

① 蔡鸿源：《民国法规集成》（第2卷），黄山书社1999年版，第12页。
② 蔡鸿源：《民国法规集成》（第2卷），黄山书社1999年版，第1、7、8页。

一类基本法律，北洋政府时期以及南京国民政府初期都未制定关于民间组织或社会团体的基本法律。1939 年 6 月，中央政府颁布《非常时期人民团体组织纲领》，全文仅有 15 条，其粗略地规定了人民团体成立的目的、精神以及程序步骤等原则性内容。1940 年 10 月 11 日，以中央层面的社会部为主管负责单位，针对全国范围内的民间组织管理工作制定颁布了《社会部组织法》：在组织机构层面，其规定民国对于行业协会的管理权限统一由中央层级的社会部集中行使，并具有较为完整的社会管理组织体系。1942 年 2 月 10 日，中央政府继续颁布实施了《非常时期人民团体组织法》，其详尽规定了人民团体的主管机关、分类、会员资格与选举、组织程序以及违法处罚等多方面内容，但因其产生于抗日战争的“非常时期”，因此服务于战争的组织目的性较为明显。而对于第二类针对行业协会的专门性法律，北洋政府时期仅制定有《中央学会法》与《商会法》等少数几部。而南京国民政府时期针对特定职业团体的法律规范则较为完备，据不完全统计，自 1927 年至 1948 年，有关民间组织团体的法律规范共有如《律师法》《监督慈善团体法》等近 20 项，同时配套有相关的实施细则，内容十分丰富。①

与此同时，关于政府部门制定颁布的办法、规则以及通则等，同样需要予以重点关注。具体来看，北洋政府时期制定颁布有《教育会规程》《农会规程》《工商同业公会规则》等，广州国民政府时期颁布有《农民协会章程》《工会条例》等。而在南京国民政府时期，有关民间组织团体

① 同时还有《工会法》《农会法》《教育会法》《商会法》《新闻记者法》《医师法》《助产士法》《药剂师法》《技师公会法》《中华海员工会法》《工商同业公会法》等。配套实施细则有《监督慈善团体法施行规则》《工会法实施细则》《律师法实施细则》《医师法施行细则》《药剂师法施行细则》《助产士法施行细则》《新闻记者法实施细则》《示范县农会实施办法》《示范工会实施办法》等。参见中国第二历史档案馆馆藏资料，《社会法规汇编》（全 3 辑），全卷宗号十一，目录号 2，卷宗号 1773、4127、4732、4733、4734。

的法规有70余种，其中一般性法规主要有《全国人民团体总登记办法》《人民团体会员训练办法》《人民团体整理办法》《人民团体图记刊发规则》《非常时期党政机关督导人民团体办法》等。[①] 并且针对特定种类社团的也有法规规定，如《督导工商团体办法》《非常时期工商业及团体管制办法》《医药职业团体组织暂行要点》《收复地区铁路工会整理办法》《中国社会服务事业协会会长草案》等。[②]

(三) 方针、政策与路线规定

除了宪法、法律以及法规，国民党制定的政策性文件在管理民间组织方面也发挥了不可替代的实践作用。

按孙中山所构想的革命步骤，自训政时期之后应当实施"以党统政""以党治国"的治国方略。无论是1928年所颁布的《训政纲领》，还是1931年颁布的《中华民国训政时期约法》，均规定了国民党代表全体国民行使"政权"，国民政府代表国民总揽"治权"（或称行政权、中央统治权）。在这一政治体制之下，国民党所出台的政策方针虽然在名称上并非国家法律法规，但在事实上其重要性并不低于法律。例如，1929年国民党制定的《人民团体组织方案》规定了人民团体的设立除了需要主管部门的申请、许可、备案及登记，还需要经过党的考察等实践环节。尤其是在南

① 同时还有《人民团体组织指导员任用规则》《人民团体组织指导员服务规则》《人民团体立案证书颁发规则》《指导人民团体改组办法》《社会部奖励人民团体暂行办法》《社会部直辖团体经济补助暂行办法》《人民团体职员选举通则》《非常时期职业团体会员强制入会与限制退会办法》《人民团体理事监事就职宣誓规则》等共计40余部。参见中国第二历史档案馆馆藏资料，《社会法规汇编》（全3辑），全卷宗号十一，目录号2，卷宗号1773、4127、4732、4733、4734。

② 同时还有《非常时期公会管制暂行办法》《中医公会组织规则》《合作组织与农工团体登记配合推进办法》《调整乡农会原则》《示范县农会实施办法》《示范工会实施办法》《医药职业团体组织暂行要点》《新闻记者公会组织暂行要点》《加强工商团体管制实施办法》等共计20余部。参见中国第二历史档案馆馆藏资料，《社会法规汇编》（全3辑），全卷宗号十一，目录号2，卷宗号1773、4127、4732、4733、4734。

京国民政府时期，国民党针对民间团体组织发布了大量的纲领、方针、政策以及方案等中央指导性文件，例如《修正工会法原则》《非常时期职业团体会员强制入会与限制退会办法》《职业团体书记派遣法》《职业团体书记服务规则》等均为先由当时国民党中央执行委员会、常务委员会决议通过之后，由行政院予以公布。除此之外，在当时国内战乱且法制并不健全的环境之下（见表4－1），党政官员的重视、偏好等主观态度，以及国民所持的政治文化，如政治价值、认知、态度以及信仰等方面的个人取向也影响、制约与规范着民间团体组织的发展。

表4－1　民国时期人民团体管理的法律体系

	构成主体	存在的问题或影响
第一层次	宪法	内容更替频繁，缺乏具体制度落实
第二层次	法律	战时特征明显，具有应急性和临时性
第三层次	法规	政策导向明显，具有片面性
第四层次	国民党的方针政策	内容宽泛、可操作性不强

二、民间组织的外部监管

总体来说，这一时期的政府监管主要包括民间组织成立的申请、备案与注册、提交主要职员人选、会员名册、组织财务、实践活动等相关报告以及违背法律法规相关规定相应的处罚等多项措施。

从具体层面展开来讲，这一时期民间组织的监管部门经历了从中央统一管理到各级专设主管部门管理的过程。如民国初期的教育会，省级教育会需要报中央教育部予以审查备案，而其余级别的教育会则由地方行政长官管辖。[①] 又如民国初期的商会，各个级别的商会都需要地方行政长官交

① 参见蔡鸿源：《民国法规集成》（第27卷），黄山书社1999年版，第249页。

由中央农商部统一核准后方能成立。而到了南京国民政府时期，民间组织的管理工作则由对应的各级主管机关具体负责。1929 年颁布的《人民团体组织方案》规定，人民团体需要接受政府之监督，此处的政府是指中央层级的行政院、省级的省政府、市级的市政府以及县级的县政府。[①] 随后在 1938 年，国民党中央设立了社会部，主管民间团体事务。1940 年，该部纳入政府组织系统后，在地方各级陆续设置了相应的人民团体主管官署。1942 年《非常时期人民团体组织法》由国民政府发布，其在第 2 条中规定："人民团体之主管官署，在中央为社会部，在省为社会处，未设社会处之省为民政厅，在院辖市为社会局，在县市为县市政府，但其目的事业，应依法受该事业主管官署之指挥监督。"[②] 管理监督民间组织的政府机构逐渐趋于特定化与专门化。

而在南京国民政府后期，政府对于民间组织的监管日趋严格、细致。例如，《医师法》（1943 年 9 月 22 日公布）第 26 条至第 40 条、《助产士法》（1943 年 9 月 30 日公布）第 20 条至第 32 条分别详尽规定了医师公会、助产士公会的设立级别、地域限制、发起人数、成立条件、主管备案官署、监事理事任期、章程内容以及违法后果等多项监管规定。又如，《工会法》（1947 年 6 月 13 日修正公布）也规定了公会发起组织应向主管官署申请许可、备案、报告以及派员监督；章程、职员变更应呈报主管官署；工会应当在必要时将职员姓名、履历、会计部、经营状况等随时报告主管官署；在工会成立条件不具备，违法法令情节严重等情形下主管官署可将其解散等近 20 条监管规范，规定十分详细且苛刻。[③]

---

① 参见蔡鸿源:《民国法规集成》(第 69 卷)，黄山书社 1999 年版，第 195 页。

② 《非常时期人民团体组织法（民国三十一年二月十日公布）》，载《立法院公报》1942 年第 118 期。

③ 参见中国第二历史档案馆馆藏资料，《社会法规汇编》(第 3 辑)，全卷宗号十一，目录号 2，卷宗号 4734。

三、民间组织内部治理的制度规范

民国时期，民间团体的成立需要有特定数量的发起人组织，并需经过主管官署（地方行政长官或主管部门）的登记、注册或备案等手续，并且这一规范程序体现为一个逐步完善的过程。

（一）组织的成立与解散规定

广州国民政府时期，由于“大革命”目标的时代导向，如何高效地发动、组织群众成了重中之重。以这一时期农民协会为例，其组织程序充分体现了自下而上具体组织、由上而下统筹发动的“大革命”式的时代特征。具体组织的顺序是，农业协会的发动应先由个体农民（包括自耕农、半自耕农及佃农等农力劳动者）联合并同居住在一县的拥有会员资格者50人以上成立临时农民协会，随后即着手组织各乡农民协会，然后按照乡、区、县、省的层级顺序一一组织各级农民协会，有3个省级农民协会成立后，即可组织全国农民协会。[①]

南京国民政府时期，民间团体得到了进一步整顿，其具体设立程序与治理事务范围得到了一定规范。例如，1929年公布的《人民团体组织方案》着重规定了“职业团体”的设立程序，其主要由党政同时审核并具体分为两大程序——不仅要向国民党提出设立申请，由当地党部开展具体的视察、许可、指导以及批准工作，还需向政府主管官署呈报备案、核准立案。[②] 这种

---

① 参见蔡鸿源：《民国法规集成》（第3卷），黄山书社1999年版，第283页。

② 参见荣孟源：《中国国民党历次代表大会及中央全会资料》（上册），光明日报出版社1985年版，第763、764页。具体内容分为以下4个方面：其一，应由50人以上拥有住所的发起人向地方党部申请许可，接受申请的党部应派员考察，对于考察合格者应颁发许可证，并派员指导；其二，此团体方可正式组织筹备设立，并需要呈报政府主管官署予以备案；其三，筹备大会上须草拟章程并须经地方党部核准方能实施，团体组织须依章程进行；其四，团体组织设立完成，经地方党部确认后还需正式呈报政府主管官署核准立案。

党政相互交叉，由党审批核准、政府备案立案的双重监管体制，无疑加剧了当时民间团体成立的组织成本与压力，导致其组织运行的程序烦琐，效率低下。又如，1930年12月颁布的《农会法》规定了不同层级农会的组织设立程序：对于乡、区农会而言，应由该区域内拥有会员资格的50人以上发起，并经全体1/3以上成员同意方可设立；上级农会的成立应由下级农会过半数同意；经5个以上省级农会提议，并经实业部同意之时，方能召集全国农会联合会议。① 再如，1937年修正公布的《工会法》在前四章以及第九章对于工会的组织设立与解散等程序都给予了详细的规定：针对组织程序方面，其详细规定了工会在发起筹备、组织设立、章程拟定以及组织大会等多项程序步骤。而针对解散程序方面，其则规定了法定解散的6种情形以及解散后应依法重组的具体要求。② 同时相较于"职业团体"而言，慈善团体等"公益性"团体的成立要求则相对较低，仅需5名以上具有资质的发起人即可。

随着1940年社会部由中央执行委员会改隶行政院，民间团体组织成立的审核权也由党部逐渐移交给政府："各种人民团体之成立无论下级团体或上级团体均应政府之许可……本办法颁行后全省县党应将主管人民团体许可组织事宜移送同级政府接管并会衔通告当地人民于发起组织团体时向

① 参见中央民众运动指导委员会编：《民众运动法规方案汇编》(上册)，1935年版，第111~119页。

② 其规定了只有同一区域或同场内年满20周岁的产业工人达到50人以上，或者同一区域或同一职业内的工人达到30人以上的两种情况下，才具有依法组织产业工会和职业工会的前提资格。而针对组织成立的程序方面，其具体规定了以下步骤：工会需经合乎法定人数的发起人联名，向主管官署申请许可，经许可之后，方能推定筹备员，组织筹备公会，并由主管官署备案；在召开成立大会前，应向官署报告筹备过程、呈报章程草案给官署，并提请官署派员监督；组织完成之后，应制定会员名册、职员略历册，与章程一道呈报主管官署立案。对于解散的程序而言，它规定了官署命令解散以及主动宣告解散两大情形。官署命令解散的情形主要包括成立之基本条件不具备者、违反法令情节重大者、破坏安宁秩序或妨害公益者3种。而宣告解散的情形主要包括工会之破产、会员人数不足以及工会之合并或成立3种。其在第50条中也规定了公会由命令或因破产而解散者，应即依法重行组织。参见蔡鸿源：《民国法规集成》(第42卷)，黄山书社1999年版，第66页。

政府申请许可。”[①]《非常时期人民团体组织法》第13条至第18条分别规定：“人民团体之组织，应由发起人向主管官署申请许可，经许可后，主管官署即应派员指导……人民团体许可组织，其发起人应即推定筹备员组织筹备会，呈报主管官署备案……人民团体于召开成立大会前，应将筹备经过，连同章程草案，呈报主管官署，并请派员监选……人民团体组织完成时，应即造具名册，职员略历册，连同章程各一份，呈报主管官署立案，并由主管官署造具简表，转送目的事业主管官署备查……人民团体经核准立案后，应颁发立案证书及图记。前项立案证书及图记之式样暨颁发规则，由社会部定之。”

与此同时，由于抗战救国的特殊背景，这一时期对于工会等重要团体的组织成立进行了重点管制：对于运输、市政以及文化等职业工会以及部分地方主管官署指定的产业工会，应当组织成立工会而未组织者，由主管官署派员指导限期组织，健全基层组织构建。[②] 同时，对于个别职业团体的发起规定也有所变化，除特殊规定之外，县级人民团体的组织应当由15人以上发起，而省、中央直辖或院辖市应当由30人以上发起，并且“各种团体依法有级数的组织者应先组织下级团体，上级团体组织原则上应由该区域内下级团体半数以上成立并参加始得成立，其因特殊情形不适于采用此原则者得先成立总会然后成立分会或支会”。[③] 而此时期颁布的《律师法》（1941年1月公布）与《新闻记者法》（1943年2月修正）也遵循了这一基本规定。《律师法》第9条规定：“地方法院录之律师满十五人者，

---

① 参见《非常时期人民团体组织纲领》《非常时期党政机关督导人民团体办法》，中国第二历史档案馆馆藏资料，《社会法规汇编》（第1辑），全卷宗号十一，目录号2，卷宗号4732。

② 参见《非常时期工会管制暂行办法》（1941年8月21日行政院公布），中国第二历史档案馆馆藏资料，《社会法规汇编》（第1辑），全卷宗号十一，目录号2，卷宗号4732。

③ 参见《非常时期人民团体组织纲领》，中国第二历史档案馆馆藏资料，《社会法规汇编》（第1辑），全卷宗号十一，目录号2，卷宗号4732。

应于该法院所在地设立律师公会，其未满十五人者应暂时加入临近地方法院所在地之律师公会或共同设立之。”[①]《新闻记者法》第7条至第10条规定：“新闻记者应加入其执行职务地之新闻记者公会或联合会，其他无工会者应加入其临近市县之新闻记者公会；市县新闻记者公会由已在该区域内执行职务之新闻记者15人以上发起组织之，其不满15人者应联合两个以上县或市共同发起组织之；省新闻记者公会得由该省内县市公会或其联合会五个以上之发起及全体过半数之同意组织之，其县市公会及其联合公会不满五单位者得联合二个以上之省共同组织之；全国新闻记者公会联合会得由省或其联合公会或院辖市公会11个以上发起及全体过半数同意组织之。”[②] 虽然对于职业人数较少的公会团体也有特殊的发起人数规定（如10人以上即可），[③] 但基本上是遵循了《非常时期党政机关督导人民团体办法》以及《非常时期人民团体组织纲领》中的指导性程序规定。

纵观整个民国时期，民间团体设立的法制环境相对宽松，其组织程序规定并不烦琐。尽管在民国初期、南京国民政府时期等不同时期存在程度上的差异，但排除抗战时期的特殊情况，民国时期只要拥有一定数量的从业人员（非从业人员原则上也并不排除在外），办理特定的登记注册手续后，民间团体即可被批准成立。

（二）会员的入会与退会规定

民间团体所吸收的会员都是拥有本职业特殊经历与经验的专业从业人

---

① 参见中国第二历史档案馆馆藏资料，《社会法规汇编》（第1辑），全卷宗号十一，目录号2，卷宗号4732。

② 参见中国第二历史档案馆馆藏资料，《社会法规汇编》（第1辑），全卷宗号十一，目录号2，卷宗号4732。

③ 参见《中医公会组织规则》（1941年5月9日行政院公布），中国第二历史档案馆馆藏资料，《社会法规汇编》（第2辑），全卷宗号十一，目录号2，卷宗号4733。

员，因此对于会员的职业身份都有特定要求。广州国民政府时期，鉴于扩大革命队伍的现实紧迫性，民间团体会员的入会条件较为宽松。以农会为例，除去资产较为富足者（良田百亩以上）、政治立场可疑者（外国神职人员）与不良嗜好者（吸食鸦片、赌博成瘾）之外，凡居住在中国境内年满16岁者，无论国籍性别，皆可成为农会会员。对于申请入会者，须填写入会志愿书，缴纳会费、月金，遵守农会章程和纪律，经乡会员全体大会半数以上代表通过（非农民身份，须经3/4以上代表通过），并经乡农民协会执行委员会批准，方能入会。而对于会员退会，则应由乡农民协会纪律裁判委员会判决，并经会员全体大会3/4以上通过，方能退会。[①]

1930年前后，民间团体的入会资格要求趋于严格。总体上主要增加两大限制条件：首先是政治条件，职业会员需要服从三民主义与中国国民党的领导；其次是专业条件，原则上职业团体不吸收非本专业从业人员为会员。[②] 具体来看，对会员对象的范围等方面都作出了不同程度的修改。以农会为例，1930年新颁布的《农会法》在之前的基础上对农民的身份作出了3方面限制：其一，参会农民须是其所有农地面积达到10亩以上或园地达3亩以上的佃农身份；其二，参会农民拥有中等以上学校毕业者身份并有研习农业经验；其三，不具有农民身份但须经营与农业有直接关系的特定行业职业者。同民国初期的农会会员资格相比较，新法已将中小佃农与雇农排除在外，但非农民身份依然拥有入会资格，[③] 1931年国民党中央开始组织各地农会清理旧会员，吸纳新会员。随后在1937年、1943年《农会法》经历了两次修改，农会的会员资质要求有了不同程度的调整：如1937年颁布的《农会法》将农会会员范围扩大为不仅包括农业生产资料

① 参见蔡鸿源：《民国法规集成》（第3卷），黄山书社1999年版，第300页。

② 参见蔡鸿源：《民国法规集成》（第69卷），黄山书社1999年版，第194页。

③ 参见荣孟源：《中国国民党历次代表大会及中央全会资料》（上册），光明日报出版社1985年版，第114、115页。

者，如农用土地拥有者、佃农，又包括农业劳动者，如拥有一年以上经验的雇农，还包括拥有农业方面的专业知识与经验的农民或非农民身份人士，如拥有农业学校学习经历者、从事与农业相关职业工作者等。① 又如1943年颁布的《农会法》将农业生产资料拥有者中的农用土地拥有者进一步划分为自耕农和半自耕农，并将从事与农业相关职业工作者细分为农业改良工作者、经营农业事务的公私团体职员。同时，其规定了自耕农或半自耕农、佃农等实际以农业为生者应当加入农会，而雇农或从事与农业有关的职业者则可加入农会。②

抗日战争时期，由于凝聚全国力量抗战建国之需要，民国关于民间团体会员的入会、退会以及变更等事项均以强制为原则，退会需要接受不同程度的限制。1939年通过的《非常时期人民团体组织纲领》第9条规定："全国人民除受法令限制者外，均得分别参加人民团体之组织，侨居国外之人民亦同。"③ 1940年10月的《非常时期职业团体会员强制入会与限制退会办法》规定，拥有农会、渔会、商会、律师公会、工程师公会以及医师公会等会员资质的职业个人或团体，均应当加入该团体成为会员，非因废业、迁移出团体组织区域或接受永久停业处罚情形不得退会。对于拒绝入会的人员或团体，应由该民间团体限期劝令加入，逾期不加入，应当予以警告，自警告15日内仍不加入者，应当对个人或团体分别予以处分。对于个人而言，处分措施包括罚款和暂停执业，对于农民而言，处分包括限制接受农贷、农仓之权利。对于团体而言，处分则包括整理和解散两种。④

① 参见蔡鸿源：《民国法规集成》（第55卷），黄山书社1999年版，第85页。

② 参见《农会法》，中国第二历史档案馆馆藏资料，《社会法规汇编》（第1辑），全卷宗号十一，目录号2，卷宗号4127。

③ 参见中国第二历史档案馆馆藏资料，《社会法规汇编》（第1辑），全卷宗号十一，目录号2，卷宗号4732。

④ 参见中国第二历史档案馆馆藏资料，《社会法规汇编》（第1辑），全卷宗号十一，目录号2，卷宗号4732。

同时为加强工会管制，1941 年 8 月公布的《非常时期工会管制暂行办法》规定限令有工会资格入会者应一律入会，并随时考察，违者依法予以处分。[①] 而与上述职业类团体不同，兵役协会、文化团体、宗教团体、慈善团体、公益团体以及体育卫生团体等“社会团体”类会员，[②] 由于其团体的发展与国家某项公益的实现紧密相关，会员的资格除个别限制性规定外，门槛相对较低。

（三）内部组织结构与外部系统设置规定

民国时期，虽然国民政府强调对民间团体的监管与控制，但同时也不断强调民间组织应保持其内部组织管理层面的独立性与民主性。尽管民国时期关于民间组织管理的法律法规、政策方针在不同政府执政时期有所变化，但有关其内部组织建设机制的规定却未曾改变：民间团体的成立首先需要创建会员大会或会员代表大会这一最高权力机构，会员大会或会员代表大会应定期举行，并视情况召开临时会议，其中会员在这一机构中平等行使选举权，并有权参与选举理事、监事、理事长以及干事等重要职员。对于具体表决而言，相关会议一般按照 1/2 以上多数投票决定，而个别重要事项则需要 2/3 以上多数投票决定。而表决权利的大小一般根据会员单位或个人的资本额或会费缴纳数额而定，资本额度越大、会费缴纳的越多的会员，其在相关决议过程中的表决权利就越大，担任团体领导职务的概率也越大。本部分主要聚焦于职员选举与会议程序两大内部组织制度展开探讨。

---

① 参见中国第二历史档案馆馆藏资料，《社会法规汇编》（第 1 辑），全卷宗号十一，目录号 2，卷宗号 4732。

② 参见《人民团体分类及组织系统表》（1945 年 3 月改制），中国第二历史档案馆馆藏资料，全卷宗号十一，案卷号 167。此分类表将人民团体主要分为了职业团体与社会团体两大类，其中职业团体分为农会、渔会、工会、工商业团体以及自由职业团体 4 大类，而社会团体分为兵役协会、妇女会、文化团体、宗教团体、慈善团体、公益团体、体育卫生团体以及其他社会团体。

在职员选举方面，南京国民政府时期，仍旧在原则上尊重民间团体内部组织程序的民主集中制原则："各种人民团体之最高权力机关应为会员大会或会员代表大会，其执行及检察权之行使则属于会员大会或代表大会产生之理事会及监事会。"① 具体例如1937年修正公布的《工会法》第3条至第17条规定："工会会员须具有中华民国国籍、年满23岁，才有被选举权；非在业工人之会员，不得被选为职员；职员任期两年，连选得连任，但连任人数不得超过2/3；理事处理工会一切事务，对外代表工会，理事得互选常务理事一人至三人，必要时并得就常务理事中选举一人为理事长；工会设监事一人至三人，后补监事一人，由会员中选任之，监事掌握审核工会薄、记账目，稽查各种事业进行状况及监察各职员之职务，监察名额为三人时得互选常务监事一人；工会会员年满25岁以上者，得选为工会之理事监事；工会理事监事任期两年，连选得连任；工会职员有违背法令或失职情事，会员大会得决议罢免之，主管官署亦得予以警告，或通知工会予以解职。"②

抗日战争期间，由于特殊背景之需要，"各种人民团体除受中国国民党之指导，政府主管机关之监督外，关于抗战动员工作并受军事机关之指挥"③。为了加强战时国家对于民间团体的监管与渗透力度，对于针对职业团体应单独加设"书记"一职对团体进行指导："各种职业团体应设书记一人，以曾经特种训练合格之人员充任，必要时得由政府指派，承各该团体执行机关之命办理事务，并负责推进各该团体各种活动之责任。"④ 3年

① 参见蔡鸿源：《民国法规集成》（第69卷），黄山书社1999年版，第195页。

② 中国第二历史档案馆馆藏资料，《社会法规汇编》（第2辑），全卷宗号十一，目录号2，卷宗号4733。

③ 《非常时期人民团体组织纲领》（1940年6月1日颁布），中国第二历史档案馆馆藏资料，《社会法规汇编》（第1辑），全卷宗号十一，目录号2，卷宗号4732。

④ 《非常时期人民团体组织法》（1942年2月10日颁布），中国第二历史档案馆馆藏资料，《社会法规汇编》（第1辑），全卷宗号十一，目录号2，卷宗号4732。

之后，又补充规定了除职业团体之外的其他类人民团体，必要之时也得设置书记一职。但这一时期仍然强调“各种人民团体之组织不得违反民主集权之精神”，人民职员的选举仍然需要经过民间团体成立的会员大会或会员代表大会的途径，例如1941年公布的《律师法》第11条至第13条规定：“律师公会设理事3人至21人，监事1人至9人，由会员大会选举之；律师公会理事、监事任期二年，连选得连任一次。”① 又如同年公布的《中医公会组织规则》第11条至第14条规定：“省中医公会联合会及院辖市中医公会设理事监事，由代表大会或会员大会选举之，其人数理事至多不得逾11人，监事至多不得逾7人，前项理事得互选常务理事一人至三人处理日常事务；县市中医公会设理事由会员大会选举之，其人数至多不得逾五人，前项理事得互选常务理事一人处理日常事务；理事监事均为名誉职任期二年；中医公会得酌设有给职员佐理会务，由理事会任用之。”②

对于民间团体的会议制度而言，一般分为定期会议与特别会议两种，并且对于团体内部不同的决议有着不同的出席、表决比例的规定要求。一般涉及团体内部的一般决议，半数以上会员出席加半数以上同意方可通过。而当涉及关乎团体命运的重大决议，则需要2/3会员出席且2/3以上同意方能通过。南京国民政府时期，无论是农会、中医公会还是其他类职业团体的会议制度都较为统一。以这一时期公布的《工会法》为例，其具体规定：“工会至少每年应开会员大会或代表大会一次，必要时得举行临时会议，由理事会召集之并应于15日前呈报主管官署；下列事项应经会员大会或代表大会之议决：一、工会章程之变更，二、经费之收支预算，三、事业报告及收支决算之承认，四、劳动条件之维持或变更，五、基金

① 中国第二历史档案馆馆藏资料，《社会法规汇编》（第1辑），全卷宗号十一，目录号2，卷宗号4732。

② 中国第二历史档案馆馆藏资料，《社会法规汇编》（第1辑），全卷宗号十一，目录号2，卷宗号4732。

之设立管理及处分，六、会内公共事业之创办，七、总工会或工会联合会之组织，八、工会之合并或分立；工会会员大会或代表大会非由会员或代表过半数之出席不得开会，非有出席会员或代表过半数之同意，不得决议，但前条第一款及第七款之决议，应经出席会员或代表2/3以上之同意。”[①] 到了民国后期，关于各类团体会议制度的规定则更为详尽与细致。[②]

关于民间团体的整体组织系统，各个时期也有所不同。南京国民政府时期，为了应对当时存在的民族危机，1931年国民党决议通过了《确立民众运动方案》，其包括了两项内容：第一，应强化各民众运动中的党团活动；第二，应批准民众团体成立全国范围内的系统组织。[③] 但在1933年，国民党又陆续通过了《修正指导民众运动方案》，其对于不同民间团体的系统级别设置了不同程度的限制：“各种人民团体之有系统组织者，皆以现行组织基本团体为原则，由基本团体逐步推行，并须经过相当时期之指导与考核，认为健全，始得合组上级团体。其无基本组织者，经党部认可、政府核准后方准成立。”[④] 具体体现为农民团体仅允许设置省市级别以下的系统组织，一般工会组织仅允许设置县市级以下系统组织，妇女团体、商会以市县级组织为原则以及青年团体以学校组织为单位等限制，这一时期随着党政对民间团体监管的力度加强，其对组织系统健全的全国性组织已经有所戒备。

民国后期，有关民间团体组织系统的法律法规有所修正，当局已经逐

---

① 中国第二历史档案馆馆藏资料，《社会法规汇编》（第2辑），全卷宗号十一，目录号2，卷宗号4733。

② 具体包括《工会法实施细则》《工会章程准则》《工会会员代表大会选举办法》《律师公会章程订立办法》等法规文件。详细参见中国第二历史档案馆馆藏资料，《社会法规汇编》（第3辑），全卷宗号十一，目录号2，卷宗号4734。

③ 参见荣孟源：《中国国民党历次代表大会及中央全会资料》（下册），光明日报出版社1985年版，第137页。

④ 中央民众运动指导委员会编：《民众运动法规方案汇编》（上册），1935年版，第1~6页。

渐准许重要职业团体可自下而上建立全国性组织。例如，《体育会组织办法》第5条规定："乡镇体育会由十五人以上发起组织之；县市体育会由过半数以上乡镇体育会联合组织之；省体育会由过半数县市体育会联合组织之。"又如，《律师法》第9条规定："地方法院登录之律师满十五人者应于该地方法院所在地设立律师工会，并以地方法院之区域为组织区域，未满十五人者应及时加入附近地方法院所在地之律师公会或共同设立之，各地方律师公会得以七个以上发起及全体过半数之同意组织全国律师公会联合会。"再如，《会计师法》第26条至第28条规定："会计师公会于省或院辖市设立之，并得设全国会计师公会联合会于国民政府所在地；省或院辖市会计师公会以在该省区域内从业会计师九人以上之发起组织之，其不满九人省得加入附近区域公会或联合组织之；全国会计师公会联合会应由省院辖市会计师公会七个以上发起及全体半数之同意组织之。"①

（四）民间组织内外负责事务规定

民间团体成立后，需要在实践中履行相关事务工作，一般其事务主要分为内部治理事务以及外部协助政府事务两项。广州国民政府时期，各类民间团体要承担和解决的事务越来越广泛。以这一时期的工会为例，其内部需要处理的事务包括：调查、编制与制定团体统计报告，筹备组织内部团体间的工业合作社、培训机构、银行储蓄机构、劳动保险机构、俱乐部等，为会员介绍职业以及调节会员间纷争，代表会员与雇主签订集体契约以及特殊情况代表多数会员行使罢工权等。而外部事务则包括为制定、修改与废止相关法律法规提供咨询意见以及配合主管官署的审查、监管工作

① 中国第二历史档案馆馆藏资料，《社会法规汇编》（第3辑），全卷宗号十一，目录号2，卷宗号4734。

并给予实时答复。①

南京国民政府时期，鉴于北伐战争、抗日战争的动荡背景，民间团体的事务范围有所减少，其主要以民众的社会生存大局为目的，因此其事务局限于生产生活等经济领域，协助政府治理也成为其重要的社团事务。以《农会法》为例，就内部事务而言，农会主要负责指导农民开展务农业务，具体包括：土地水利、农具技术以及种子肥料等改良，农业、农村教育的培训，农村水旱虫灾之预防、救济，农村森林植被之防护、培植，托儿所、养老济贫院、图书馆、娱乐室等公益场所的创办以及政府所委办、咨询之事项等。②

抗日战争时期，协助政府治理则毫无疑问地成为了社团中心事务。以工会为例，除这一时期《工会法》所规定的社团事务之外，行政院还在1941年特别公布了《非常时期工会管制暂行办法》，其在第6条规定："凡实施管制之工会除《工会法》规定之任务外应以左列事项为中心工作：一、协助政府平定工资；二、协助政府调制所属会员工资及生活费指数；三、协助政府征调所属会员服行工役；四、指导会员改进生产技术节约器材消耗，增加生产效率；五、举办教育合作卫生娱乐等福利事业；六、发动会员参加战时服务工作。"③ 又如这一时期的国民精神总动员和新生活运动提倡"人民团体应以推行国民精神总动员及新生活运动为中心工作之一，各团体负责人尤应以身作则率先倡导实行"④。

① 参见蔡鸿源：《民国法规集成》（第3卷），黄山书社1999年版，第301~303页。

② 参见蔡鸿源：《民国法规集成》（第55卷），黄山书社1999年版，第83~85页。

③ 中国第二历史档案馆馆藏资料，《社会法规汇编》（第1辑），全卷宗号十一，目录号2，卷宗号4732。

④《人民团体推进国民精神总动员及新生活运动工作实施纲要》（1942年2月3日社会部颁发），中国第二历史档案馆馆藏资料，《社会法规汇编》（第1辑），全卷宗号十一，目录号2，卷宗号4732。

(五) 民间组织的资产经费规定

纵观民国的整个时期，会员的会费（包括入会费和平时会金）缴纳是民间团体经费的基础来源，政府补助、社会捐助也是民间团体发展的重要经费来源。同时，也存在个别依靠国外资金募捐而建立的公益团体组织，如中华平民教育促进会、中华教育文化基金会以及慈善团体中国华洋义赈救灾总会等。广州国民政府时期规定了协会经费的种类及数额，例如农民协会的经费具体分为入会费、月费、会员所得捐款、特别捐款以及会员借款5种，省级农民协会可以规定不同会员之间入会费的减免。[①] 又如工会会费的收缴主要以会员的收入额为标准依据，同时会员日常所承担的会费数额，不得超过其收入的5%，但特别基金或临时募基金的数额并无限制。[②]

南京国民政府时期，在外部层面，对于民间团体给予一定的经费补助，但其总额不得超过团体经费总额的40%："人民团体之组织系以民众之自由意志为基础，由民众自行发起，故其经费应以该团体会员之会费及捐助充之为原则。惟现在训政时期，各地民众有应组织而无力组织者，有已经组织者，对于本党主义颇能真是接受推行，且奉公守法，为民造福，而无力维持者，为推行训政、制止反动、建设民权政治之基础计，在此特殊情形之卜，本党尚有予以经济上补助之必要。"[③] 而对丁内部会费的缴纳，则在会费的数额、类型及方式上给予了规定。以这一时期颁布的《工会法》为例，其在第24、25条中规定："工会经费以下列各项充之：一、会员入会费及经常会费，二、特别基金，三、临时募基金，前项入会费每人不得超过其入会时一日工资之所得，经常会费不得超过各该会员收

① 参见蔡鸿源：《民国法规集成》（第27卷），黄山书社1999年版，第297~300页。

② 蔡鸿源：《民国法规集成》（第27卷），黄山书社1999年版，第297~300页。

③ 蔡鸿源：《民国法规集成》（第69卷），黄山书社1999年版，第201页。

入2%，特别基金、临时募基金或股金非经主管官署核准，不得征收；工会为举办会员福利事业应由雇主依法提拔职工福利金，无一定雇主之职工工人，对请求地方政府辅助之。"① 抗战时期，由于民间团体在协助政府方面的特殊重要性，政府对其补助的数量与种类都有明显增多，程序渠道也更为通畅。1941年3月中央社会部特别公布了《社会部直属特种社团经费补助暂行办法》，其规定了国际问题团体、重要学术团体、宗教团体以及救国团体等社会部直属的特种社团在从事与抗战有关或政府组织委托的实践工作之时，应当给予经费补助，这里的经费补助包括组织补助费、经常补助费以及临时补助费3类。② 同年6月，社会部还公布了《社会部奖励人民团体暂行办法》，其规定了凡是符合战时有特殊贡献者、协助推行政令有显著政绩者以及举办社会福利事业确有成效者等情形之一者，每年经过总考核后发放奖励金。其还规定民间团体事务凡与抗战有直接关系或受社会部所命令、委托工作者等情形之一者，经过核定后也予以发放一次性或分期奖励补助。③

第三节　欧美社会治理中的国家、社会与第三部门

自20世纪90年代之后，我国陆续出现一大批有关社会组织管理的理论研究成果，如学者康晓光提出的"分类控制"与"行政吸纳社会"

---

① 中国第二历史档案馆馆藏资料，《社会法规汇编》（第2辑），全卷宗号十一，目录号2，卷宗号4733。

② 参见中国第二历史档案馆馆藏资料，《社会法规汇编》（第2辑），全卷宗号十一，目录号2，卷宗号4733。

③ 参见中国第二历史档案馆馆藏资料，《社会法规汇编》（第2辑），全卷宗号十一，目录号2，卷宗号4733。

概念、学者刘鹏提出的"嵌入型监管"概念、[①] 学者唐文玉提出的"去政治的自主性"概念以及学者范明林、张钟汝提出的"法团主义"概念[②]等。从上述成果来看，学者对于社会组织的研究都不同程度地受到所谓第三部门理论的影响，即强调国家、市场与第三部门是以相互独立、平行的状态与地位组成整体的发展环境。

一、美国与欧洲第三部门的理论特点

美国派系的"第三部门"理论可归纳为三方面的特征：第一，第三部门的概念及属性并不明确。其是以国家和市场为参照对象的第三种选择，导致除政府和企业之外的很多组织都被简单划归为"第三部门"的范围之中，具体包括"非营利""非政府""志愿部门"等多种名称形式。第二，第三部门产生和兴起的最重要目的是更好地满足公共需求。由于政府的强制性与市场的营利性特征，两者在这一领域存在不同程度的短板与不足，第三部门才作为一种重要的补充性力量，拥有了发展与生存的空间。第三，在组织结构之中，第三部门是独立于政府组织与市场部门的，三者相互间互相独立，不存在隶属关系，彼此之间会发生冲突与对立（见图4－1）。提出国家、市场之外对于公共需求的第三种路径选择，是美国模式对于第三部门理论的最大贡献，至今在方法论层面上仍对我国社会组织研究持续有着重要的参考意义。

---

① 刘鹏：《从分类控制走向嵌入型监管：地方政府社会组织管理政策创新》，载《中国人民大学学报》2011年第5期。

② 范明林、程金：《政府主导下的非政府组织运作研究——一项基于法团主义视角的解释和分析》，载《上海大学学报（社会科学版）》2006年第4期；范明林：《非政府组织与政府的互动关系》，载《社会学研究》2010年第3期；张钟汝等：《国家法团主义视域下政府与非政府组织的互动关系研究》，载《社会》2009年第4期。

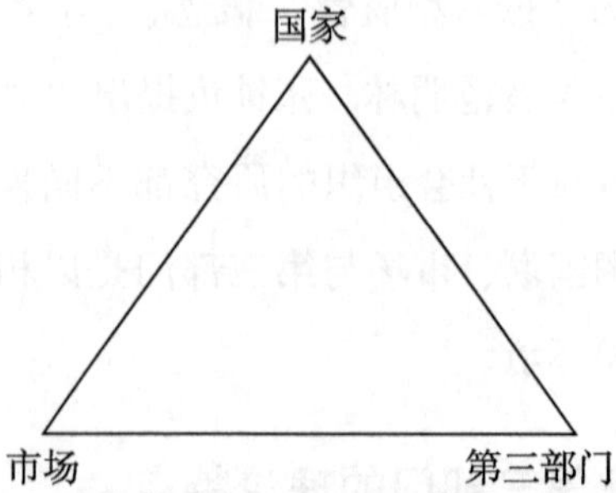

图 4-1 美国第三部门理论模型

然而相比较而言，同美国学派强调国家、市场与社会主要指以非政府组织为代表的社会主体间存在原生性分割的逻辑出发点不同，欧洲学派强调家庭、市场与国家三者是在共存基础下的个别冲突（见图 4-2）：第一，欧洲学派强调三者之间并非总是冲突与紧张关系，在第三部门这一中间领域之中三者体现出来的是一种融合与共存关系，这与美国学派强调三者的独立、平行与冲突关系存在逻辑上的本质差异。第二，欧洲学派并不否认三者之间存在不同程度的紧张关系，只是这一冲突与紧张关系集中体现在了第三部门这一三者交叉的公共领域之中。正是因为三者具有不同的行为准则，也正是因为三者在这一领域共存的事实，所以在第三部门领域共存之下也必然导致冲突和紧张，第三部门就变身成为三者之间力量比拼与制衡的角力场所。

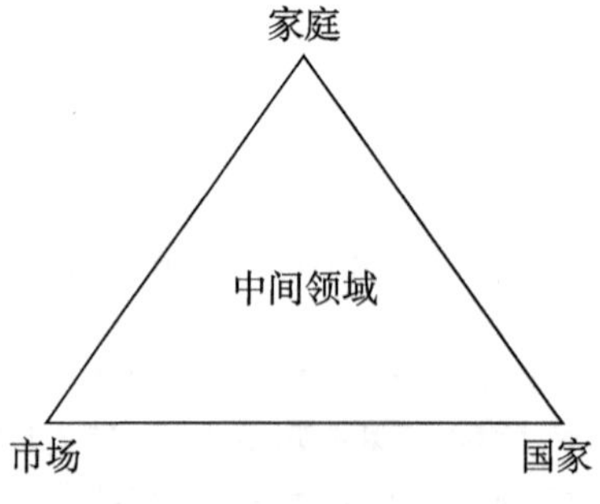

图 4-2 欧洲第三部门理论模型

进一步展开来讲，首先，市场、家庭与国家的不同行为标准决定了三者间必然存在不同程度的对立与冲突。在家庭之中，个体间责任的分工与实现是保持相互间紧密联系和纽带（bond）的重要行为标准。在市场之中，货币是主体间交换与联系的重要媒介，工具理性是重要行为标准。在国家之中，统一、协调、有秩序的规则与标准是相互间联系的重要方式，普遍的、多数的利益实现是这一领域的基本行为标准。因此，上述三者在诸多方面的先天性、内在性价值取向和行为方式决定了其在第三部门领域相互角力的现实特征。其次，国家体制的不同决定了家庭、市场与国家在经济发展过程中所发挥的功能差异以及层级关系（hierarchy）。实践中国家经济的运行大多是家庭、市场与国家组成的混合经济体，但三者所发挥的实践作用却与国家体制的选择紧密相关。在自由市场经济体制的指导下，市场原则毫无疑问占据主流与基础地位，消费者尤其是弱势群体的平等权利则会被削弱。在个别社会主义体制的国家当中，国家主导的经济发展模式会占据基础地位，而个体民营的经济利益则会被不同程度地吸收合并。而在一些体制相对传统与保守的国家之中，个体责任与伦理道德的地位至高无上，社区与家庭的经济地位相对较高，国家与市场的发挥空间则会退居其次。因此选择合适的“第三部门理论”，需要建立在充分尊重不同国家历史发展与本土经验的基础之上，也需要在多元化的国家体制与意识形态中具体分析与认知其存在的实践特征，唯有如此才能寻找出家庭、市场与国家协调、共存与融合的经济发展模式。

二、欧美第三部门理论的反思与启示

自20世纪70年代之后，美国学者一直在第三部门理论的研究领域占据主导地位，但美国式的第三部门理论是依托美国本土的实践经验构建而成的，其理论特征决定了它无法解释中国社会组织产生与发展的经验现实，因此需要予以反思。

本书认为，欧洲派系在第三部门理论领域的部分有益经验却是可取的选择：首先，第三部门领域并不排斥国家的介入，而是强调国家、市场与家庭的协调配合，这一点同中国本土经验高度契合。因此，在这一总的经验指导下，对于中国社会组织以及国家—社会关系等理论问题的研究则可以进一步聚焦于国家将以何种角色、程度以及方式介入社会组织治理，以及社会组织将在国家、市场与家庭三者之间发挥何种功能与作用等具体问题。其次，“福利供给”的独特研究视角对我国社会组织的研究工作也产生了一定程度的影响，如学者彭华民、许光提出的“福利三角”与“福利多元主义”概念①等。最后，不同于美国仅聚焦于国家、市场等正式组织的理论模式，欧洲模式重视家庭关系在第三部门中所发挥的重要作用。欧洲理论模式将家庭视为同国家、市场等同的第三独立部门，这一点同中国社会组织如城市地区内社区类服务组织，农村地区内“草根”组织等的实践运行有共通之处。需要说明的是，这里的家庭关系并非指通常意义上的核心家庭，而是以血缘或地缘关系形成的一种伦理型的紧密纽带。如在中国古代，为有效解决鳏寡孤独等人群的生老病死问题，以血缘、地缘关系组成的善会善堂、族田义庄等多种社会组织为附近地区人民提供社会服务。而在当下，多数未经民政部门备案却又获得地方群众广泛认可的“草根组织”往往在特定的社区内为解决群众日常生活、兴趣爱好等方面的需求发挥着重要作用。这些“草根组织”，无论身处城市还是农村，它们多数以血缘、地缘关系为纽带，借助地方基层政府的支持，依托特定社区范

---

① “福利三角”概念是深受德国学者伊瓦思（Evers）提出的福利三角模型的影响。参见彭华民：《福利三角：一个社会政策分析的范式》，载《社会学研究》2006 年第 4 期；彭华民、黄叶青：《福利多元主义：福利提供从国家到多元部门的转型》，载《南开学报》2006 年第 6 期；彭华民：《福利三角中的社会排斥：对中国城市新贫穷社群的一个实证研究》，上海人民出版社 2007 年版；许光：《制度变迁与利益分配：福利三角模式在我国的应用与拓展》，载《中共浙江省委党校学报》2010 年第 3 期。

围内的人力社会资源，为该社区的群众提供持续稳定的社会服务，因此可以说家庭关系在中国不同地区尤其是农村地区的社会团体之中发挥着非常重要的作用，他们是中国理论模式下开展理论分析的重要基础变量。

结合上文对于我国“公”“私”概念源流的详尽梳理以及当下中国社会组织的发展运行实践，我们可以看出在中国社会组织所代表的第三部门领域充斥着国家、市场与家庭的多种属性，3 个独立部门间不同的价值取舍、结构模式以及独特属性造就了中国社会组织发展的独特复杂性、融合性与交叉性，这应当是中国社会组织发展的独有特点与经验。可以清晰地看出，欧洲派系的理论模式同中国实践经验更为契合，但遗憾的是国内社会组织的研究领域仅仅关注了欧洲模式下的“福利供给”视角，对于上文所阐述的其他理论内容涉猎较少，因此从比较研究的角度出发，今后我国对于社会组织、国家与社会关系等理论问题的研究应更多关注法、德等欧洲大陆法系所构建的理论模型，才能更为贴近我国的本土经验。

同时上文已经有所论述，在中国实践经验的基础之上，社会组织的成立、发展与运行从未脱离过国家的治理与介入。虽然有诸多学者从不同角度指出了社会力量逐渐走向独立的不同趋势，如学者高丙中提出的“国家与社会从重合走向分离”概念，[①] 但从本书社会组织的管理运行实践来看，在中国语境下给予社会组织较为独立的组织结构地位仍具有较高的难度。当下我国社会组织在组成人员、发展资金以及资产属性等多方面，国家代表的“公”属性，政策扮演的“公”作用，内部运行的“公”方式依然随处可见，社会组织在很多层面上依赖于国家的扶持与治理，只是程度有所差异而已。因此，强调第三部门同国家之间的平行、独立、对抗理念将会在我国显得水土不服，也会对中国国家与社会关系的研究带来较大的理

① 高丙中：《基于“公民性”的评价》，载《探索与争鸣》2008 年第 2 期。

论困难。

因此，要想更好地回答中国今后社会治理发展的整体方向，首先应当从我国国家与社会两者的整体比例、具体关系两大方面去着手与把握。中国国家与社会的权力比例并不平衡，这一点是无法否认和回避的客观制度事实。鉴于中华人民共和国成立初期计划经济的特殊背景，国家主导的治理逻辑、模式以及思维惯性长期存在于各级地方政府的治理实践之中。我国的社会力量是在国家的扶持、保障与指导下逐步产生的。因此，如何实现国家与社会的权力比例是当务之急。其次，不平衡的权力关系并不意味着这一结构比例不合理，社会对于国家存在部分程度的人力或物质依赖也并不意味着不科学。与此同时，实际上极度平衡的权力关系下反而因两者的实力接近而较为容易产生博弈、冲突与对抗，而权力的相对不平衡才更能有利于实现双方之间达成高效率的妥协与合作，这也同我国历来强调和谐社会的构建不谋而合。国家与社会的共同目的都是为实现社会公共利益的最大化。因此，如何在保证国家与社会统一有序的和谐关系下，有效地统合两者力量，使其步调一致地开展协商与合作，才是我国社会治理的整体路径与方向。

第五章　行业协会治理的制度改革与发展路径

为了实现行业协会稳定、成熟、高素质的发展，党和政府对其的治理要"管"，更要"放"。党的十九大提出，我国要提升全社会的发展与创新活力，实现社会和谐有序又充满活力。党的十九届三中全会也提出应加快实施政社分开，激发社会组织活力，克服社会组织行政化倾向，这就为我国行业协会自治提供了发展方向。同时，行业协会是人民自主自发及灵活结社的成熟组织形式，其产生、运行与发展的动力源泉便是成员的自愿性，这是一种由内而发的自生性动力。因此在微观层面上保障行业协会的自主性、能动性，用法治方式推动行业协会规范开展自治，科学合理地对其开展培育、引导及治理将会在宏观层面上持续释放与刺激社会的整体生产活力。

目前，伴随行业协会的客观独立性，如内部机制运转、组织建设能力以及服务供给水平等各方面的提升，诸多行业协会参与社会治理的主体性地位急需我国给予政策、法律与制度上的认可与支持。党的十八届四中全会与党的十九届四中全会提出，要支持行业协会商会类社会组织发挥行业自律和专业服务职能，实现政府治理和社会调节、居民自治良性互动，夯实基层社会治理基础。因而在社会治理的实践过程中，不应将行业协会简单视为被指挥、被管理的对象和工具，而应在完善行业协会的机构、职能、权限、程序以及责任等方面的法定化与合理化的基础之上，将其视为社会治理中的重要主体性力量，从制度上赋予其更多的主人公色彩，保障其成立、发展与运行的独立空间，避免其游离于政府与社会之间，成为我国行政组织体系下的附庸。因此，行业协会治理应当重点关注两大问题：如何保障政府在不影响行业协会发展活力的基础上适度管理行业协会？如何保障政府在尊重行业专业性的前提下充分向行业协会放权？

第一节　新时代国家公权与社会自治权再定位

从人类社会发展的历史来看，社会权力是先于国家权力而产生的。只是随着私有制与各阶级的出现、国家机构的产生与扩大，社会权力被国家权力吸收殆尽了。第二次世界大战后，西方国家在社会自治权同国家公权的关系定位层面上长期奉行“以权制权、以权抗权、以权限权”的基本原则，强调社会自治自成一条主线，并且是同国家公权并立、对抗、制衡的一种新兴权力，因而实现社会自治权的高度独立性、支配性与自主性是其发展的核心目标，两者之间的分离、博弈和冲突是两者关系的主要表现形式。

但我国的情况则完全不同。长期以来，我国在社会治理领域一直奉行政府主导推进，国家公权与社会自治权统一协调、互不掣肘的治理模式。二者间虽然也存在冲突与竞争，但沟通、协调、合作仍是其主要表现形式，社会治理功能的实现也需要国家公权的充分保障与支持。同时，我国社会自治权力有其独特的发展历史。自改革开放以来，我国社会自治权力逐渐从国家公权中剥离、拓展，两权发展的路径系从国家公权这一主线中逐步分离而成，而非由其自身自发形成，社会自治权力的内容边界取决于国家权力“简政放权”实施的成熟度与深度。因此，不同于西方社会的治理经验，如何在党的领导与政府负责的前提下，逐步推进国家公权向社会领域科学、充分地放权才是探讨我国社会自治权的正确逻辑。

一、国家公权与社会自治权关系的历史再审视

在我国古代，虽然实行的是“普天之下莫非王土，率土之滨莫非王臣”的封建分封制，但“社会权力”的确存在自己的一点独立空间，只是在中华人民共和国成立初期的计划经济时代下，国家公权严格控制了社会自治权。由于清末民初时期国内外常年战争的客观环境，国家无力对各类行业协会的成立、运行与发展进行监督管理，从而导致各类非法行业协会泛滥横行，甚至发展为扰乱民族团结、国家统一的组织性保护伞。因此，为吸取清末民初教训、巩固国内秩序、实现持续的稳固统治，国家在当时对行业协会的成立与发展持谨慎与警惕态度，对其进行严格监管，在目前看来这种制度考量也是具有合理性的。

随着新时代中国特色社会主义制度的不断发展、国家秩序与安全的进一步稳固，以人民为中心、崇尚人民主权、实现人民当家作主、优化社会资源与权力配置以及最大限度实现社会公益等已经成为我国新时代国家与社会治理的目标。因此，国家公权中所包含的“公共属性”不再同“公共利益”机械地画上等号，而只有保障公共治理的开放性、参与性与透明性，实现国家公权与社会自治的协调发展才能从根本上巩固新时代社会治理的正当性基础。

同时需强调的是，我国的国家体制是社会主义。社会主义则指向的是以公共管理和广泛公众参与为基础，以实现行业协会等各类社会组织的成熟自治，以实现广大人民福祉、扩大公众参与、逐步还权于民为目标的公共治理模式。因此，开放公共治理过程、吸纳公众参与治理、刺激社会主体的权利观念与角色意识、在整体上实现社会自治活力、保障国家与社会

的互动才是其核心治理目标。目前，我国各类社会组织在实践中扮演着党和国家联系、沟通人民群众的重要桥梁，是社会治理的坚强组织力量，因此社会自治权的功能和作用需要得到鼓励、支持与保障。

同时，经济基础和体制的变化必然带来社会自治权与国家公权在关系与结构上的重新划分。我国新时代的经济体制是持续不断完善的社会主义市场经济体制，与中华人民共和国成立初期的计划经济时代不同，这一经济体制必将对国家公权在结构、功能以及角色上提出新的要求，而这也是我国政治体制改革的重要组成部分。

从整体上看，经济基础的变化对权力结构主要产生了以下5个方面的影响：第一，随着新时代社会主要矛盾的变化，人民物质、文化及权利需求急剧增长，大量的社会治理事务进入到国家公权的范围，从客观层面上导致了国家公权与社会公权在内容范围上的交叉、错节与重合。第二，国家治理由统一的、直接管理的、微观式的职权管理方式逐步转向委托式的、授权式的、下放式的以及间接式的宏观调控方式。第三，国家治理的模式从行政组织体系内的单一垂直模式逐渐走向多元化治理主体参与的横向、纵向交叉、协调、合作的编织型、网络型治理模式。第四，社会治理逐渐从秩序式的、管控式的、被动式的、粗放式的治理模式走向注重培育社会自身治理能力，精准划分社会治理主体分工，释放社会自身创新驱动力、持续更新政府监管方法等方式构成的一种主动式的、应变式的、发展式的、驱动式的以及规范式的精准治理模式。第五，从刚性治理模式走向通过更多信息公开、多方参与、权力共享等具体方式构筑起来的以人民为中心的民主、开放、透明的治理方式。哈贝马斯曾经提出："科学为之奋斗的目标就是社会解放，是在人与人之间建立一种没有统治的交往关系和取得一种普遍的、没有压制的共识。"因此，伴随我国新时代经济基础、治理目标以及治理理念等多方面的变化，国家公权与社会自治权之间应当更多地朝向均衡、共赢、协作以及良性互动的整体方向发展。

二、我国社会自治权的来源、功能与性质

社会权力的核心为“社会自治”，社会本身的运行发展也需要更多地依赖自律和自治，因此社会自治的实现需要更多地尊重社会领域发展的自然规律和专业性特点，防止国家公权的滥用。目前，我国的社会自治权更多地是一种公共治理的权力，主要分布在以下 3 个领域：“一则体现为诸多由非正式制度或私法调整的私域，因私人选择机制的失灵而变成公域；二则体现为不少原本向国家权力封闭的私域，因国家权力的社会化而被纳入社会自治视野，并因其社会权力开放而变成公域；三则体现为众多因科技发展而新增加的社会领域，由于公共权力的初始介入而成为公域。”① 同时，社会自治的意义就在于通过一种超越私人个体局限的组织实体（包括行业协会、民办非企业等各类社会组织）来协调、集中和表达不同社会领域的共同意志、兴趣、诉求和利益，并依靠这些组织实体，使公民参与国家政治与公共事务的积极性得到提升，使社会治理的矛盾得到更为实质性的化解。

对于社会自治的认知，首先应当准确界定其在属性上是权力还是权利，这是关乎其自治权内涵是否周延的重要前提。目前，我国对于社会自治权的属性认知还存在争论，对其性质究竟属于权利、义务抑或是权力缺乏正确认知。究其原因，主要系我国的宪法条文是针对不同的主体在不同的语境下对“自治权”进行规定的，从而导致自治权的属性定位并不清晰。《宪法》第 4 条第 3 款规定，各少数民族聚居的地方实行区域自治，由于其行使的主体是民族区域中的各少数民族，此处的自治权的性质主要指向的是权利。然而对于《宪法》第 115 条至第 117 条规定的自治权，由

---

① 罗豪才、宋功德：《公域之治的转型——对公共治理与公法互动关系的一种透视》，载《中国法学》2005 年第 5 期。

于其行使主体属于自治机关，此时的性质则主要指向权力，而非权利。那么自治权的属性究竟为何？本书认为，从充分保障自治权实现的实证主义或功能主义的角度上讲，自治权的属性应当涉及权力与权利两方面内容，即社会自治权的属性既应反映出社会事务管理的权力领域，如自治规则的制定、自治领域的维权等，也应反映出自治领域内各类成员在法定权利层面上的整体聚合，如结社自由、批评建议以及权利救济等。

打造新时代的社会治理格局需要在“放管服”改革的整体背景下推进国家公权向社会领域的持续放权，需要扩充社会主体的自治权力内容、范围，更需要充分保障社会自治的独立空间与专业能力。然而，如果仅将“权力”作为社会自治权的核心属性，其首先就从组织结构上将社会自治权纳入了国家公权之中，社会自治就容易成为国家权力内部权力分工体系的一部分，对社会自治的真正含义与功能的理解就会被异化。同时，权力应当先“授权”再“限权”，先“充实”再“规范”。如果仅以“权力”的属性定位作为逻辑基础，相应构建起来的社会自治法律制度就会倾向于对“权力”展开规范、监督和限制，从而忽视对社会自治领域的充分授权以及社会成员的诉求回应，而这无疑将对当下我国社会自治权的制度实践造成负面影响。与此相反，将“权利”的属性引入社会自治权领域则会产生以下 3 方面的积极作用：第一，“权利”属性的认知是尊重人类社会治理经验的结果。社会自治权包含了人民权利的联合授权，国家公权的授予只是其中一个方面。第二，社会自治权的“权利”属性有助于实现社会和谐，巩固新时代社会治理的伦理基础。江平教授曾经提出，某些社会权力就是从私权本身所发展出来的，社会权力是国家权力的私法化结果，和谐社会的构建需要以私权的保障为基础。第三，“权利”属性的定位有助于扩大社会自治的权力内容与范围，有助于及时地回应公民权利诉求及高效地提供社会服务。

三、我国社会自治权与国家公权的关系结构再划分

正如郭道晖教授所指出："法治社会是政府的助手，是集中和反映民心民意的晴雨表、指南针、智囊库、出气口、安全阀、调整器。"① 因而从整体上看，我国国家公权与社会自治权之间的关系结构划分也应当遵循4个基本原则：首先，牢记法治社会是法治国家的基础。社会的主体是由人民组成，公权力的运行需要充分反映全社会的共同意志，需要得到全社会民众的支持和参与。其次，社会自治权力的发展需要国家公权的扶持与保障。我国社会自治权由于受计划经济体制的历史影响，其在公共组织、资源整合等层面能力有限，因此其发展的路径主要依托于国家公权的"放权"与"松绑"，而这就需要国家公权从制度上主动保障社会组织的发展权利和管理权力，从实践中积极引导和规范其合法、良性的发展。再次，国家公权在法治层面应当维护与尊重社会自治规范的多元化。一国之内，尤其是面临我国人口、地域、民族如此庞大的治理负荷，许多社会矛盾、社会问题仅靠国家法律来解决是不现实的。而种类多样的社会自治规范，如村规民约、商会行会章程以及其他民办非企业的自律性组织纪律等均能在社会治理的不同领域发挥独特、有效的治理规范功能。但需要注意的是，社会自治的规范内容也应当满足合法性要求，不能同我国宪法、法律相抵触。最后，国家公权应当支持、保障社会自治权参与社会治理，而社会自治权应充当国家公权的"助手与帮手"而非"对手与敌手"。社会自治权在弱势群体的扶助、基层社区居民的服务、社会矛盾的调解、公共道德的宣传、社会群体共同意志的凝聚、行政权力的监督乃至国家改革的创新等层面都有其独特的功能作用。因而，对于更适合由社会自治领域来承担的治理事务和职能权限，国家公权应当主动退出与放权，积极释放社会

---

① 郭道晖：《论法治社会及其与法治国家的关系》，载《中共中央党校学报》2015年第1期。

自治权力的整体活力。

需要强调的是，虽然权力本身具有天然的扩张属性，但不同于西方国家与社会之间的对立冲突，我国社会自治权是国家公权的有力协助者，两者之间更多地体现为“求同存异、和谐共处”的协作关系。即便社会自治权与国家公权之间存在一定的张力，但权力本身也具有可交换性或互动性。在社会公益领域，社会权力不仅可以填补国家权力的真空，其相较于国家权力而言还可以更为充分、迅速地汇集社会群体的诉求与要求，从而避免国家权力偏离社会公正目标。因此上述两个权力之间并非不可调和的；相反，科学、合理地展开两者权责边界的划分才是最佳选择。正如有学者指出：“社会管理的本职，重点不在管，而在于理，理顺社会关系，促进社会自治。”① 因此实现新时代的社会治理目标，重点需厘清关系结构，解决国家公权与社会自治权的合理分工与配置。社会治理体制的发展不仅向政治体制提出了更为民主化的要求，也向国家公权提出了更为高效化的要求，而这就需要政府在社会治理的过程中转变政府职能，降低行政管理成本以及强化政府监督机制，而社会自治权就是上述目标实现的重要方式和载体。

具体来看，国家公权与社会自治权的关系结构主要体现在国家权力的介入边界。本书认为，考虑到我国社会治理的具体实践，原则上国家公权不能介入社会自治的领域和事务，其仅在下列 4 种特殊情形下才能介入社会自治：第一，当社会自治权力主体面对社会侵权等乱象时采取不作为态度，国家公权应当介入并督促其积极履行社会监管职责。第二，当社会自治权力被滥用、垄断等违法行使之时，国家公权应当履行监督职责，纠正其违法行为，保证其合法运作。第三，当社会自治权力被某类特定行政机关或特定个人掌控而造成显失公正的客观结果之时，国家公权力必须介入

① 曹建萍：《从社会管理到社会治理：理念与实践》，载《特区实践与理论》2013 年第 1 期。

并打破这一非法的特权运行状态。第四，当部分社会权力纠纷，如行业纠纷等难以得到相应的救济和解决之时，国家公权，如司法权、行政权等应当介入予以补足，从而有助于充分化解纠纷矛盾。

第二节　共治前提下的行业协会内外治理对策

新时代行业协会发展需要坚持共治的基本前提。本书此前就行业协会在立法、司法以及执法等层面存在的困境开展过详尽论述。从本土经验出发，我国行业协会治理应当重点从行业协会治理理念和行业协会专门立法两方面解决问题。

一、转变行业协会治理理念

《“十四五”社会组织发展规划》提出了我国到2025年社会组织发展的总目标：我国应当更加健全党建引领、统一登记、各司其职、协调配合、分级负责、依法监管的中国特色社会组织管理体制；更加完善政社分开、权责明确、依法自治的社会组织制度；更加定型结构合理、功能完善、竞争有序、诚信自律、充满活力的社会组织发展格局。因此整体而言，公权力应当对行业协会治理有所介入，但同时也应保持同其合理的权责界限：首先，政府应保障与指导行业协会的职能履行不偏离公共利益的实现，不能“放任不管”。我国学者王绍光曾经指出，非营利组织具有追求单一、狭隘利益的盲目性，其通过组织规模的不断扩张，有可能发展出“可以阻碍代表性制度的运转，并且有系统地扭曲政策结果，使制度和政策有利于那些富有的、有广泛社会关系的、组织更好的社会群体”。[①] 因

① 胡鞍钢等编：《第二次转型　国家制度建设》，清华大学出版社2003年版，第60页。

此，为确保行业协会的发展不偏离公共政策和利益，党和政府必须在特定领域“掌好舵、把好关”。其次，政府的管理不能过分介入行业协会的治理过程，不能“管得过宽”。在实践环节中行业协会的职权难免会受到政府部门的干预和介入，可能造成同国家职能相互混同的结果。因而，行业协会外部治理的发展方向首先应避免上述两个方面的问题与弊端。

（一）培育为主，逐步放权

新时代社会治理的理念是由社会控制向社会服务、引导发生转变，其削减了治理理念的强制性、刚性以及非灵活性，而自由意识与服务性得到凸显。这就意味着政府应当在理念上承认社会组织的存在和价值，在政治上允许社会组织的自主与独立，在制度上保障社会组织的空间与权利，在资源上提供其发展的财政资金，在体制上开展对其有效的治理。在这种模式之下，社会自治与政府管制一同发挥治理作用，对于社会主体的治理能力与水平将会提出更高的要求。

如本书第一章所述，早在 1999 年原国家经济贸易委员会就印发了《关于加快培育和发展工商领域协会的若干意见（试行)》，其提出工商领域协会的发展应当坚持“自立、自治、自养”的原则，应将会员企业服务、行业维权作为协会基本职能，并且应当按照“政企分离”的原则积极开展此领域协会的具体管理工作。随后 2007 年 5 月，《推进行业协会商会改革和发展的若干意见》（国办发〔2007〕36 号）予以发布，其提出行业协会的发展总体上应坚持市场化与“政会分开”的总体方向，应坚持按照法律法规和章程独立自主地开展活动，切实解决行政化倾向严重以及依赖政府等问题，要推进职能、机构、工作人员、财务等方面与政府及其部门、企事业单位彻底分开。同时要改革和完善监管方式，简化和规范管理内容和方式，鼓励行业协会之间适度竞争提高服务质量，培育一批按照市场化规范运作且具有广泛代表性的行业协会。近年来，我国行业协会商会改革再次提速，除上文所述的《行业协会商会与行政机关脱钩总体方案》《机构改革方案》以外，2015 年 7 月国务院办公厅再次发布了《关于成立行业协会商会与行政机关脱钩联合工作组的通知》（国办发〔2015〕53 号），随后财政部、民政部、国家发展和改革委员会以及中央编办等部门相继颁发了一系列保障支持脱钩的相关法规政策性文件①，上述各类文件互相衔接、整体联合打造了一个相对完整的规则体系，为解决行业协会长期依附权威行政资源的实践困境，充分释放行业协会的发展活力，培育和支持行业协会发展提供了制度支撑。

就培育行业协会发展而言，可从以下多个方面着手：首先，行业协会的管理理念应逐步从硬性细致的监管措施和方法更多地转变为宏观指导、评估与激励等软性措施。积极引入竞争机制，建立行业协会的绩效、激励评估机制、优胜劣汰机制，将监督交由市场，将自主权交由行业自身，鼓励行业协会自主办会，自担风险、自负盈亏。其次，加大政府同行业协会在服务供给领域的合作。完善政府招标、合同外包、政府采购等购买服务合作机制，规范承接政府职能的行政收费。再次，强化工作指导和发展保障。优化法律法规等制度发展环境，跟进非营利企业所得税等税收优惠政策，保障直接财政拨款。提供业务、人员、技术培训机制与平台，帮助其开拓国内行业市场，健全行业协会内部法人治理机制，保障和落实行业协

---

① 具体包括《财政部关于做好行业协会商会承接政府购买服务有关问题的通知（试行）》（财综〔2015〕73 号）、《财政部关于行业协会商会脱钩有关经费支持方式改革的通知（试行）》（财建〔2015〕788 号）、《民政部关于印发〈全国性行业协会商会负责人任职管理办法（试行）〉的通知》（民发〔2015〕166 号）、《国家发展改革委、民政部、中央组织部、中央直属机关工委、中央国家机关工委、外交部、财政部、人力资源社会保障部、国务院国资委、国家机关事务管理局关于印发〈行业协会商会综合监管办法〉的通知》（发改经体〔2016〕2657 号）、《中央编办关于印发〈关于贯彻落实行业协会商会与行政机关脱钩总体方案涉及事业单位编制调整的意见（试行）〉的通知》（中央编办发〔2015〕38 号）以及《中国科协办公厅关于成立全国性行业协会商会与行政机关脱钩试点中国科协工作组的通知》（科协办发学字〔2015〕37 号）等。

会的民主选举、依章程治理的内部管理制度。完善行业协会工作人员在薪酬、养老、医疗、失业、工伤、生育以及保险等领域的社会保障待遇。深化会员的劳动人事改革，规范劳动合同制度，对符合条件的专业人才开展职称评定。最后，积极支持行业协会在进出口贸易与对外交流中“走出去”，拓展国际市场。鼓励具有一定水准的行业协会积极构建对外贸易与投资等服务平台，规范与扩大对外贸易。扶持建立一批具有国际一流水平的行业协会，使其能够在特定行业的国际贸易摩擦中同政府一道发挥协调、指导、咨询以及服务等作用，如积极组织会员企业做好反倾销、反补贴和保障措施的应诉、申诉等，指导、规范和监督会员企业的对外交往活动。

在培育指导行业协会发展方面，政府应因时、因地、因会逐步向行业协会放权。就“因时放权”而言，在新时代“共建共治共享”的社会治理目标下，全面推进国家向行业协会放权已经势在必行。21世纪初期，由于我国行业协会的治理创新仍是改革开放后的新生产物，行业协会在一定层面上缺乏成熟的自治经验，在旧的政治经济体制中并没有其独立位置。因此，它必须以政府机构为依托，不断主动地进行调试以适应政府职能的新转变，与政府机构开展协调与合作，找准自己在辅助角色上的准确定位。但就目前的政策与实践发展环境而言，由行业协会全面开展自我治理的时机已经成熟。随着各地行业协会在规模数量与专业领域的快速深入发展，若仍旧坚持改革开放初期的政府垄断管理模式，将行业标准政策制定权、行业资质审核权等管理权力不予下放行业协会本身，将会背离新时代行业协会发展的政策目标。

就“因地放权”而言，纵观全国范围内行业协会的成立、发展与制度建设，除民营经济较为发达的地区如深圳、广东以及江苏等，其余大部分地区的行业协会发展并不成熟。目前，这些经济欠发达地区的行业协会在发展实践中存在一组难以克服的矛盾，即行业协会对行政权力或行政资源的依赖性问题。行政权力一直是推动改革的核心力量，行业协会也不例外，拥有更多的行政资源势必也会为其带来高水平的市场表现与发展前景。因此在此目标的驱动之下，行业协会无法与行政权力保持理性的距离，部分协会甚至会为了暂时的发展而盲目追求行政权力的支持与保障，从而面临扭曲、牺牲整体协会的效率、公平等种种风险。从长远来看，此举是对行业协会本质属性和根本目标的背离。① 而对于经济欠发达地区的行业协会，如果政府一味放权并完全依靠行业协会开展自治，恐不能有效实现整体上的社会治理，国家针对重点行业开展针对性的引导、扶持和培育才是此类地区行业协会治理的发展关键。相较而言，对于深圳、广东、上海、温州等行业协会发展较为成熟的省市地区，则可试点先行，积极探索创新改革，大胆放权，打造一批按照市场化模式运作的代表性行业协会，并总结经验，逐步向全国推广。

就“因会放权”而言，由于不同职业、经济领域以及国家管理层面的不同需求，实践中成立的行业协会种类纷繁复杂、各具特色，因此应当根据不同的行业特色与发展运行特点开展分类管理。中国的行业协会既包括同行企业、俱乐部组成的团体，如中国足球协会、中国室内装饰协会等，也包括主要由同行人员组成的团体，如律师协会、会计师协会等，还包括科技协会等机关法人。这些行业协会往往具有不同的行业性质、行使着不同的市场准入、标准制定和惩戒会员的权力。这些权力有的来自其团体成员订立的章程，有些还来自法律的确认或者授权。其中有些行业协会具有事实上甚至法律上的垄断地位，对其成员影响巨大。他们行使权力的行为有的基于成员自愿，有的也并不完全出于团体成员的合意，团体成员也无

① 行业协会是其内部全体会员的真正利益代表，是面向其全体会员，富有创新精神、完善知识机构和充满活力的自愿性、民间性的社会组织。但为获得行政权力、资源的支持和保障，个别行业协会通常需要以牺牲社会效率和公平为代价，不得不背离行业协会的本质属性和初始目的。

法直接控制团体的行为，无法掌握自己在团体中的命运。因此面对拥有不同管理权限、运作模式以及组成人员的行业协会，应当根据其种类特色具体安排、具体指导、具体把握。

具体而言，放权措施主要应针对以下三方面展开：第一，放宽行业协会的登记管理条件。行业协会的高效率成立是其实现自治的前提条件，对其标准的放宽可从以下方面进行改进，首先，鼓励各地区实行“一业多会”的行业支持政策。由于《社会团体登记管理条例》第 13 条第 2 项规定“在同一行政区域内已有业务范围相同或者相似的社会团体，没有必要成立的”，登记管理机关不予登记，许多地方行业协会专门立法给予了相同的规定。并且在实践当中，少数登记管理机关过于谨慎地解释“业务范围相同和相似”，限制地方行业协会的发起设立。随着当下互联网技术、生物科技以及其他各类高新技术产业的飞速发展，何谓“业务相同”“业务相似”，恐怕也难以由非专业的行政机关予以解释和定夺。其次，改革发起筹备阶段的审核工作。尽管广东省、江苏省等地已经正式推行了行业协会直接登记改革，但在正式登记之前，行业协会仍需经过发起筹备的法定程序，并需得到登记主管部门的审核批准。本书建议，今后各地在直接登记改革的过程当中，要么可以直接取消筹备申请的批准程序，要么在筹备申请批准程序中仅对名称、住所等形式要件进行审核，从而真正地贴近行业协会直接登记改革的题中之义。再次，降低会员数量与注册资金标准，简化验资手续程序。《社会团体登记管理条例》以及各省市地区行业协会立法对会员数量、设立资金以及资产评估等方面均规定了相对严苛的标准与程序。本书建议可以适当降低标准，简化程序，且对于特定新兴产业、高科技行业或者公共服务类行业协会可以进一步放宽标准。最后，鼓励大学生、青年行业人才创办行业协会。目前我国行业协会缺乏人才培养和引进的健全机制，部分省市地方行业协会的职员多数由兼职人员、行政机关离退休干部、大学科研机构兼职研究员等组成，而上述人员往往难以将充足的时间、精力投入到行业协会发展运行的实践工作之中。而对于刚刚毕业的大学生或者青年行业人才而言，如果地方登记管理机关能够在程序、政策上对其提供行业协会成立的优惠服务，将在很大程度上为行业协会的发展提供人才保障。

第二，积极支持行业协会参与制定行业协会相关立法、政府规划、产业政策、行业指南、行业标准政策、行业数据统计以及行业道德准则等事务，充分发挥其在行业管理、咨询、服务以及第三方评估等方面的职能与作用。

第三，应将监督权力更多地放还社会，即将行业监管模式更多地调整为政府指导、社会监督的模式。具体体现为政府的监管重心由事前向事中、事后转移，推进政府监督向社会监督转型。深入推进行业协会信用（诚信机制、失信惩戒、信用良好激励）制度、信息公开（章程、财务、资产、人事选举处分等）制度、评级（资质、评优、评先）制度。

（二）协作共处，各司其职

党和国家提出自治、法治与德治相结合的治理模式。社会治理也应当强调社会监管与社会自治相结合，过分强调社会监管易造成公权力滥用，损害公民权利，抑制社会活力；而片面推崇社会自治又容易造成秩序失控，危及社会稳定。二者应当相辅相成，良性互动。因此需要行业协会等社会组织充分发挥其在治理社会中的独特功能与优势，需要一定自治权的行业协会拥有独立发展的意志和客观条件。

客观来讲，目前我国行业协会的自治经验依然较少，在当下社会治理的实践当中，尽管其发挥着特殊的自治功能，却不能代替政府，而只能协助政府发挥治理作用。协作共处是指在今后社会治理格局多元化的实践当中，行业协会作为社会主体的代表应始终坚持在党的领导和政府负责的前提下，协助参与社会治理。不同于西方国家对于行业协会的法律规定与实践定位，我国行业协会始终同政府之间保持着协调、互动以及功能互补的和谐关系，即行业协会应作为党和政府开展社会治理的协助者与坚强组织力量。尽管在我国的权力组织架构之中，国家权力始终高于社会权力，特定领域组成的共同体只有得到国家法律的认可才能成为行业协会，唯有合法组成并经国家承认的共同体才是实存的，但对于我国的行业协会而言，国家并非简单地对其进行管制，而是希望通过必要的措施积极塑造同业公会，两者在更多意义上是合作共生，而非西方国家意义上的平行、对立与冲突关系。

而各司其职是指党的领导和政府负责应尊重行业的自治权力与专业性特长，给予行业协会合理的自治空间与自由。具体来看，在党的建设领域，应明确的是，行业协会的党建工作不是行政脱钩之后的“再行政化过程”，而是通过党组织不断加以完善和引导的方式，促使行业协会能够更好地整合实现其服务行业、联系群众、反映社会需求、促进社会和谐的功能作用。根据《行业协会商会与行政机关脱钩总体方案》规定，行业协会的党建事项也应同原主办、主管、联系和挂靠单位脱钩，由特定党委统一领导专业负责，摒除混乱失范的领导模式。针对全国性行业协会商会的党建工作，应当由中央直属机关工委、中共国家机关工委以及国务院国资委党委领导。地方行业协会党建应当依托地方党委组织部门与民政部门建立社会组织党建工作机构统一领导。而各级党委以及行业协会中建立的党组织应当重点在政治方向、思想工作、生活作风、组织纪律以及人才组织培养等方面做好大政方针的宏观领导工作，但对于行业协会的成立发展、内部治理、行业标准制定、行业监管处罚等具体运行领域不应过度介入。

同时对于业务主管、登记管理部门的实践管理领域，政府应避免在行业协会的自治实践，如行业章程制定、领导职员选举、行业政策标准制定以及会费资金使用等诸多环节不合理地进行干预。行业协会是由特定职业、行业领域的成员自愿联合成立，按照其章程开展活动的非营利性、非政府性社会组织，这一特性是由我国立法予以明确的。因此在行业协会发展层面，政府应保障其在充分实现自治权力的基础上向社会化、市场化转型。随着行业协会承接政府职能、开展行业管理、协助社会治理以及参与政策制定等方面功能作用的逐渐强大，行业协会的管理必须破除中华人民共和国成立之初行政化的、计划经济式的传统模式，构建充满活力、相对宽松的新型行业管理、运行与发展体制，促进行业协会自主运行、有序竞争、专业发展。

为提高我国社会工作的专业化水平，在中央层面，党的十六届六中全会作出了《关于构建社会主义和谐社会若干重大问题的决定》,[①] 民政部、人事部（现已撤销）等部门也曾相继发布了《社会工作者职业水平评价暂行规定》（国人部发〔2006〕71 号）、《民政部关于印发社会工作者职业水平证书登记办法的通知》（民发〔2009〕44 号）、《民政部关于贯彻落实〈社会工作专业人才队伍建设中长期规划（2011—2020 年）〉的通知》（民发〔2012〕73 号）等针对特定社会工作者的相关部门规章及规范文件。在省市地区层面，深圳市根据上述部门规章在结合本市的经验基础之上也积极出台了《深圳市社会工作者登记和注册管理办法》《深圳市社会工作行业投诉处理规范（暂行）》等多项具体管理规范，为当下我国构建科学、全面与规范的社会工作体系提供了法治基础，也由此可以看出行业协会领域专业性特长的培育正在逐步受到重视。行业领域要想实现长远发展，必须在健全的法律规范基础上，在专业的领域由专业的人才主管专业的事务。

二、健全行业协会专门立法

关于完善行业协会立法，党的十八届三中全会以来，有关社会组织治

---

① 党的十六届六中全会在此文件中提出，我国要充实公共服务和社会管理部门，配备社会工作专门人员，完善社会工作岗位设置，通过多种渠道吸纳社会工作人才，提高专业化社会服务水平等多项要求。

理的政策举措频频出台，党中央以前所未有的高度看待行业协会改革发展及其在社会治理中的重要作用。鉴于实践中行业协会的种类和功能复杂多样，有必要制定出体现分类监管原则的专项法律法规，依法管理和监督各类行业协会。《法治社会建设实施纲要（2020—2025年）》指出，为实现法治社会的建设目标，我国要加快建立健全社会领域法律制度，完善多层次多领域社会规范，强化道德规范建设，深入推进诚信建设制度化，以良法促进社会建设、保障社会善治；要促进社会规范建设，充分发挥社会规范在协调社会关系、约束社会行为、维护社会秩序等方面的积极作用；要加强居民公约、村规民约、行业规章、社会组织章程等社会规范建设，推动社会成员自我约束、自我管理、自我规范；要深化行风建设，规范行业行为，加强对社会规范制订和实施情况的监督，制定自律性社会规范的示范文本，使社会规范制订和实施符合法治原则和精神。

宏观层面上，针对在城镇化进程中行业协会数量增长、活动空间增大、活动方式多样等现实，亟须通过法律的手段，明确行业协会的法律地位、工作范围、经费来源、管理手段、管理程序等，规范行业性协会参与社会治理的工作行为，并尽快制定一部国家法律层级的综合性行业协会促进法作为“母法”，以有效统领现有的相关法律、法规、政策，防止不同部门超越权限违法制定相关政策法规文件，以法律形式促进各类行业协会创新管理方式，拓宽服务领域，实现健康发展、依法发展。

从具体层面来看：一方面，全国人大应尽快制定国家法律层级管理行业协会的“母法”，以有效统领现有法律体系，防止不同部门超越权限违法制定“过度剩余”的政策法规文件。另一方面，管理行业协会的政策法规应走向精细化。每一类行业协会都有自己的特点，如职业类行业协会与经济类行业协会之间就存在很大差异，需要运用不同的法律规则来建构相应的秩序予以规范。针对困扰行业协会健康发展的关键领域和核心环节，比如政社分开模式的探索、各相关领域双重管理旧制的突破、公益捐赠财税优惠措施力度的加大以及行业协会的公益产权及合法属性的确定等，应根据国情从行业协会立法层面给予必要回应，以提高国家管理的权威性、科学性。

三、强化行业协会党组织建设

现代化的行业协会治理需要党建工作的长期引领。我国应最大限度地发挥党组织的先进性、集体性与整合性优势，强化党组织在新时代社会建设领域的领导力、协调力、影响力，使其成为充分支持行业协会发展的坚实保障。只有将党建科学融入行业协会的治理工作之中，充分发挥基层党组织和党员的先锋模范作用，才能真正实现行业协会有效参与社会治理、为困难群众解忧的预期目标。

早在新民主主义革命时期，各类社会组织被称为“群众组织”“群众团体”，对其开展管理工作已成为这一时期党领导革命、建设工作的重要内容之一。

改革开放之后，党的十四届四中全会提出：“各种新建立的经济组织和社会组织日益增多，需要从实际出发建立党的组织，开展党的活动。”近年来，就社会组织中党组织的建设问题，除了《中共中央办公厅印发关于加强社会组织党的建设工作的意见（试行）》中提出的推进党的组织和党的工作有效覆盖、拓展党组织和党员发挥作用、加强党务工作者队伍建设以及强化党建工作的组织领导党委领导这 4 点要求之外，2016 年 9 月，《民政部关于社会组织成立登记时同步开展党建工作有关问题的通知》（民函〔2016〕257 号）予以发布，其规定了社会组织新成立的同时，应向登记管理机关提交社会组织党建工作承诺书。

党对于行业协会的领导应秉承开放性的治理理念，应对其成立、运行与发展开展合理的规范和治理，将行业协会视为社会治理中的重要合作伙伴与坚强组织力量。实践中，行业协会也是党委开展群众、社会工作的重要领域，完善社会组织内部的党建工作有利于强化党委和群众的联系，扩大党委工作在新时代社会建设领域的影响力和渗透力，因此行业协会中的党组织建设需要开展系统性的强化与完善，构建党建引领行业协会治理的长效机制。但应明确党是社会发展的政治领导核心，却不是社会自身持续发展的轴心。“共建共治共享”是一种极具开放性的社会治理格局，而社会网络的建构、社会主体的组织以及社会资源的整合等任务都应更多地交还给社会主体自身去独立完成，因此应尊重行业协会的独立建设与发展，避免行业协会在政治、经济、社会领域中的独特功能和作用被高度组织化的党委体制化解、吸收与合并，导致其逐渐失去自主性，背离“共建共治共享”的社会治理目标。具体来看，高质量的党组织建设应从以下三方面着手。

第一，明确党是我国社会建设领导核心的行业治理理念。行业协会的党建工作是提升我国社会治理能力与水平的重要途径，是行业协会的命脉和魂魄，是指引行业协会前进方向的旗帜。因此，为释放行业协会发展的活力与空间，我国应最大限度地发挥党组织的先进性、集体性与整合性优势，使其成为充分支持行业协会发展的组织保障力量。具体来看，只有将行业协会党建融入日常工作中，充分发挥基层党组织和党员的先锋模范作用，才能真正实现行业协会有效参与社会治理、为困难群众解忧的预期目标。各级组织部、“两新”党工委应积极协助行业协会的党建工作，使基层党建工作与行业协会自身发展的愿景、服务领域、服务群体、服务方式相结合，打造以党建促公益、以共建促发展的良好局面。除此之外，应进一步厘清各级党委与各级政府及其相关业务主管部门的管理权限，秉承“放管服”的总体治理方针，形成三方合力的监管体制。在总体上须明确党委应主要保障行业协会的发展不偏离服务人民的整体方向。要处理好“统筹领导”与“业务管理”的关系，即要注重党建工作在政治、思想、价值、方向层面的引领，重视党组织对行业协会的培育和支持。对于行业协会重要事项决策、大额经费开支、开展涉外活动等党组织可以提出指导意见，但不能在业务工作和日常管理中“包办一切”。

第二，强化行业协会基层党组织机制建设，引导行业协会成为社会主义现代化建设的重要力量、党的工作和群众工作的重要阵地。完善行业协会内部的党组织建设工作是加强党的组织扩张与组织覆盖的重要内容，是提升执政党执政能力乃至推进国家治理体系和治理能力现代化的重要抓手。在宏观层面，基层党委应将改善社会组织管理工作列入重要议事日程、政绩考核内容与社会治安综合治理考评体系，党委常委应定期听取社会组织工作报告，建立完善地方党委研究决定社会组织工作重大事项机制，强化落实党建工作责任制度。同时，党建制度的组织机制建设不仅应成为社会组织内部治理制度的重要内容，也应成为评判其内部治理法治化、规范化、系统化的重要标准。而从具体层面来看，强化基层党建工作要从以下四方面入手：首先，要逐步提升行业协会内部党组织的有效覆盖率，构建完善的行业协会党组织架构、管理体制与运行机制。实践中，行业协会开展的业务范围广、灵活性大，因此除了要在数量上实现党组织的高覆盖率，还需要针对不同行业、区域以及层级的行业协会实现基层党建对其日常工作的有效融入与结合，按照应建尽建的原则实现实质上的有效全覆盖。对于暂不具备条件的行业协会，可选派党建工作指导员、联络员或建立工会、共青团组织先行开展党的工作。其次，要着力健全行业协会内部党支部的各项制度建设，包括党员发展、党员监管、党内民主、网络建设、党费收缴以及“三会一课”等，积极开展党员先锋岗、党员责任区、党员公开承诺等活动，推动各省、市、地区建立社会组织党建专项资金制度，保障社会组织党组织书记与专职党务工作者的津贴待遇。再次，要高度重视党务人才的培育、选拔和引进工作，完善行业协会内部党员的专业培训与指导工作，鼓励支部党员发挥模范带头、宣传示范作用，积极从行业协会和管理层业务骨干中培养和发展党员队伍。要逐步推动企事业单位、机关与街道社区、乡镇、村党组织和社会组织党组织资源共享、共建共促，为丰富行业协会的党建活动提供充分条件。最后，要借助网络大数据，完善党建工作采集、报告、评估工作。充分利用网络平台数据资源，落实登记阶段党员信息采集工作，完善年检年报阶段的党建检查工作，强化党建的评估核验工作，做到科学党建，精准把控。

第三，明确党建机制的各项权责与功能定位，完善党在具体领导行业协会治理的各项创新机制建设。从宏观层面来看，厘清权责要做到以下三方面：其一，要处理好服务会员与管理会员的关系，即在行业治理过程中要注重对内部会员的服务与引导，而非强制与监管，从而调动会员参与行业治理的积极能动性。其二，应统一行业协会与党组织建设两者间的政治认同和价值共识。党组织要为行业协会发展提供政治、组织、人才保障，行业协会发展要贯彻党的路线、方针、政策，契合党以人民为中心的执政价值目标。其三，要协调推动党建和行业协会的组织建设。行业协会的党务部门要同其会员大会、理事会、秘书处等组织设置同步推进，确保党组织成员在决策、监督、执行部门的领导和参与。从具体层面来看，行业协会治理要明确其内部党组织的具体权能，不断推进形成系统、完善、稳定的党建引领制度体系。首先，党建有关的制度建设不能碎片化、形式化。要强化顶层设计与系统谋划，明确党组织的具体权能，实现分工有别、交替有序，不断推进形成系统、完善、稳定的党建引领制度体系。其次，以法治化手段明确党建的权责归属与关系，构建党建责任清单制度，实现行业党建与行业管理在权责层面的适度匹配、统一协调，保证激励与问责机制的整体平衡。最后，充分发挥党组织的统筹协调功能，要以制度形式逐步构建、完善行业协会党委主导下的“三会”、民主评议、党建联席会议等各项议事协调制度，打造党组织领导在行业协会自治、参与社会共治等领域的完整决策、实施、评估机制。

四、规范行业主管部门的管理行为

政府是社会治理过程中的主导者，是我国行业协会的主要管理部门，因而政府对行业协会的管理更应做到合法合理。《法治政府建设实施纲要(2015—2020年)》曾指出，今后我国要创新社会治理，要完善社会组织登记管理制度，加强社会治理法律、体制机制、能力、人才队伍和信息化建设，规范和引导网络社团社群健康发展，提高社会治理科学化和法治化水平。可见在社会治理创新层面，用法治化、制度化的方式规范其管理行业协会的行为，在未来我国构建法治政府的过程中意义重大。

根据现行有关行业协会的政策、法规执行情况，目前我国实践中缺少统一的权威领导部门是造成部分地方行业协会“双重管理”的深层次原因。打破现有困境，就要改革“双重管理”的执法体制，建立全国范围内统一、权威的行业协会管理与执法体系。上海市静安区人民政府发布的《关于促进社会组织参与社区建设管理的实施意见（试行)》规定：“对业务领域不易界定或跨行业的社会组织，区政府授权区社会组织联合会逐步试行行使业务主管单位的职责。”这一由枢纽型社会组织承担特定领域内社会组织的业务主管职责的制度尝试，不仅对“双重管理”制度冲击较小，而且改革成本较低，面临的阻力较小，可作为地方行业协会管理的创新经验。

宏观层面上，各级政府应加强行业协会法治建设，制定统一协调的行业协会管理制度体系，依法推进社会组织直接登记改革，从制度上保障行业协会发展的法律地位与法治水平。同时，应当充分贯彻服务行政的治理理念，着力改进对行业协会的管理方式：其一，应注重引导与监管两种方式的有效结合，不可偏废一方。《中共中央关于制定国民经济和社会发展第十四个五年规划和二〇三五年远景目标的建议》曾指出，我国要深化行业协会、商会和中介机构改革；要加快转变政府职能，建设职责明确、依法行政的政府治理体系；要深化简政放权、放管结合、优化服务改革，全面实行政府权责清单制度；要加强事中事后监管，对新产业、新业态实行包容审慎监管。这就意味着新时代的政府监管权力要更为谨慎地行使，要更多尊重社会主体、企业的发展自主权。

其二，应针对行业协会管理构建分级、分类准入制度，针对不同行业领域、层级、类型的行业协会推进分类指导、监管。行业协会的种类复杂多样，政府对其管理不应采取“一刀切”的方式给予其高门槛的准入标准，而应在善意推定行业协会积极功能的基础之上，以充分发挥行业协会参与社会治理的积极作用为目标导向，进一步厘清、统一行业协会的分类标准，科学规范地展开针对不同种类行业协会的分类监管工作。具体而言，要大力培育发展社区类行业协会，针对在城乡社区开展为民服务、养老照护、公益慈善、促进和谐、文体娱乐和农村生产技术服务等活动的社区协会，应采取降低准入门槛的办法，支持、鼓励社区行业协会积极发挥服务基层、参与社会治理的作用。而针对全国性的行业协会组织建立监管，应严谨审核、充分论证组织成立的必要性、发起人的代表性、会员的广泛性等，对于活动地域跨省（区、市）的社会组织，比照全国性行业协会的审批标准谨慎审批。

其三，在全国行业协会的管理实践中改革或取消“双重管理”制度。坚持培育支持行业协会发展与加强行业协会管理并重的监管理念，在全国推进行业协会直接登记改革的同时，应逐步提升行业协会登记服务效能，优化登记程序步骤，将相关监管工作的重心从事前登记的组织建立监管向事中、事后的组织行为监管转移。着重完善行业协会管理中的执法、评估以及投诉受理职能，强化同社会力量合作的社会监督体系，对于行业协会运行的过程及结果给予更为密切的关注以提升治理效能。重点对行业协会日常行为和活动的合法性、合规性进行事后监管是世界许多发达国家的普遍管理经验。在事中、事后的组织行为监管过程中，各级政府相关监管部门要综合运用评估、认证、调研以及年检等多种监管机制，密切跟进行业协会开展的具体活动和日常工作，将治理重心由事前审批逐步转向事中、事后监管。具体而言，逐步推进事中、事后的多元化监管，完善监管联动机制，规范和强化对行业协会的政治监督、行政监督、纪检监督、执法监督、财会监督、税务监督、审计监督、金融监督、行业监督以及社会监督等多种方式；应逐步精进专业化行业监管，在行业协会依法登记成立后，相关监管部门可通过组织调研或委托第三方等形式对社会组织的行为合法性、信用信息建设、公共服务供给能力等方面开展实时调查、评估、认证和评级；应完善网上投诉举报系统，畅通社会监督渠道；应依法监督社会组织负责人、资金、活动、信息公开、章程履行等情况，建立社会组织“优秀名录”“异常名录”“违法失信名录”“黑名单”制度，建立完善行业协会负责人违法惩戒制度，健全行业协会执法案例公式、通报制度；应加强相关管理部门之间的协调联动，将行业协会的实际表现情况与社会组织享受税收优惠、承接政府转移职能和购买服务等挂钩，保障行业协会持续、规范和高效地参与社会治理。

五、优化行业内部人事管理

优化行业治理提升其人事管理水平十分关键，因人事管理的优化同行业内部治理水平的提升、内部治理行为的规范以及内部治理机制的健全紧密相关。总体来说，在组织机构层面，要逐步构建权责明晰、运转协调、科学制衡的法人治理结构，以行业协会章程为核心，规范开展民主选举、民主决策和民主治理，建立健全会员大会（会员代表大会）、理事会（常务理事会）以及监事会制度。具体可从以下多个方面切入。

一方面，需要优化人事管理制度，培育发展行业协会专业人才。强化行业协会的人才建设与支持保障，建章立制，合理用人。其一，深化行业协会的人才资源开发。应将行业协会人才纳入国家人才工作体系，致力于推动行业协会工作专业岗位，完善行业协会人才的职业资格、注册考核与职称评定政策，给予符合专业条件的行业专门人才相关补贴，鼓励有条件的行业协会优先聘用具有社会工作者职业资格证书的人员。同时要积极向国际组织推荐具备国际视野、涉外能力的专业人才，针对性培养数字化、信息化建设领域专业人才。

其二，完善行业协会的人才培训机制。按照服务岗位需要对组织成员进行分级培训，基础培训应以培养、强化工作人员服务理念、服务技能为重点内容。逐步完善行业协会人才继续教育制度，鼓励院校举办社会组织管理与服务专业，开设社会组织课程、学科，使培训成为吸引成员加入的因素之一。对骨干成员要加入组织管理、心理学等培训课程，提高骨干成员的组织力、领导力。针对行业协会领导人、高层管理人员而言，由于部分地区的行业协会领导人主要仍由离退休国家机关工作人员担任，应针对性地强化其行业协会的专业管理经验和知识，积极构建行业协会领导人的专职培训机制，完善法定代表人述职、主要负责人任职前公示以及主要负责人责任追究等制度，引导其自觉践行社会主义核心价值观，强化其政治能力、社会责任和诚信意识，保障其开展行业协会业务管理与发展的专业素养。未来领导及管理人员应更多在尊重内部团体章程的基础之上，通过民主选举、差额选举或无记名投票的途径产生，探索实行理事长（会长）轮流制、秘书长聘任制，以保障行业协会成员的积极性。

其三，完善行业协会专职人员的聘用制度。打造科学、完善的人才保障机制，针对行业协会成员建立完善的工资、保险、失业以及养老等配套保障制度，建立健全薪酬水平正常增长机制，是保障组织成员竞争力与专业性的有效路径。以专职员工的养老保险工作为例，2008 年 3 月《劳动和社会保障部、民政部关于社会组织专职工作人员参加养老保险有关问题的通知》（劳社部发〔2008〕11 号）予以发布，文件提出隶属依法登记社会团体的专职工作人员应当参加当地企业职工基本养老保险，尚未参加的专职人员应当持有关证件及时办理社会保险登记手续，在本通知发布之前已签订劳动或聘用合同的专职员工可以补缴基本养老保险费；对于专职工作人员曾在机关事业单位工作的，其符合国家规定的工作年限应视同为基本养老保险缴费年限，而对于曾在企业或以个人身份参保的，要按规定做好养老保险关系的接续工作；鼓励有条件的社会组织建立专职工作人员的年金制度，从而提高工作人员退休后的保障水平。然而从现有规范来看，养老保险的宽泛性、原则性规定相对较多，具体可操作性的规则仍相对较少。除此之外，实践当中不同的编制类型或者劳务合同种类便意味着不同的社会地位，不同的待遇保障机制。行业协会要想引进更多的专职、专业人才，应当考虑从身份保障的基础上，减轻其从事行业协会管理的“执业风险”，提升其“执业福利”。因而我国行业协会应当在摒弃编制管理的基础上，完善行业协会专职人员的劳动或聘用合同制度，在合同的内容、形式、年限等方面不断创新，以最大限度保障专职工作人员的权利、待遇和福利。

另一方面，是关于社会团体领导干部的任职问题。实践中，要严格治理党政领导兼任社会团体领导干部，合理规范退（离）休领导干部兼职社会团体以及完善行业协会负责人任职等问题。早在 1998 年 7 月、11 月，中共中央办公厅、国务院办公厅、民政部围绕干部兼任问题先后发布了《中共中央办公厅、国务院办公厅关于党政机关领导干部不兼任社会团体领导职务的通知》（中办发〔1998〕17 号）、《民政部关于对〈中共中央办公厅、国务院办公厅党政机关领导干部不兼任社会团体领导职务的通知〉有关问题的解释》（民社函〔1998〕224 号）。上述文件明确提出，党政领导干部确需兼任社会团体领导职务的，此社会团体必须是在国家、地区、行业中起重要作用，而非一般的民间性社会团体；县及县以上各级党的机关、人大机关、行政机关等及其所属部门的在职县（处）级以上领导干部，原则上不得兼任社会团体领导职务；因特殊情况确需兼任领导职务的，必须按干部管理权限进行审批，并到社会团体登记管理机关履行相关审批手续；已经兼任的，须在通知下发半年内辞去兼任的领导职务；通知适用的范围包括担任现职的副县（处）长以上领导干部、中共中央、国务院经组织部门任命的副县（处）级以上非领导职务的人员、已退出领导岗位但仍未办理离退休手续人员，不适用于企业及没有行政管理职能的事业单位。此后1999年、2014年，中共中央组织部陆续发布了《中共中央组织部关于审批中央管理的干部兼任社会团体领导职务有关问题的通知》（组通字〔1999〕15号）、《中共中央组织部关于规范退（离）休领导干部在社会团体兼职问题的通知》（中组发〔2014〕11号），上述文件对于因特殊情况确需兼任社会团体领导职务，需要按干部管理权限进行审批的特定情形进行了明确规定。文件提出兼任社会团体领导干部不得收取任何报酬；中央管理的干部兼任社会团体领导职务，应当由社会团体业务主管部门征求干部所在党组（党委）的意见，经所在单位（人事）部门审核，党组（党委）研究同意后，以干部所在单位党组（党委）名义报中央组织部审批；正部级以上领导干部的兼职，需要征求中央或国务院分管领导统一，再报中央组织部；报请中央管理的干部兼任社会团体领导职务的，需要说明兼职的理由等六大项法定情况。同时文件进一步对于兼任社会团体职务人员的法定要件、行为规范、经费待遇、履职报告以及备案报告等多个方面的规范事项进行了细致的补充性规定。

2015年9月，《全国性行业协会商会负责人任职管理办法（试行）》予以发布，文件对于全国性行业协会负责人包括理事长（会长）、副理事长（副会长）以及秘书长等职务的基本任职条件、换届选举程序、候选人审核、任期制度以及民主监督等问题都作出了相对细致的规定。总体而言，今后我国在优化内部人事的管理层面，应在上述3个方面的基础上，深入推进行业协会自治的科学、民主水平，扩大企业会员的民主参与范围，提升行业协会治理的整体活力。

六、完善行业协会的资产管理

完善资产管理，首先应着力解决行业协会发展资金短缺，需要政府提供多种形式的财政资助与合作机会，具体可采取5种主要途径：第一，加大对从事公益慈善领域，如科技、环保、教育、养老以及社区服务等类别的行业协会的直接财政拨款与扶持。第二，充分利用市场调节机制，通过政府招标、合同外包、政府采购等多种间接合作的方式，为行业协会在供给公共服务的过程中提供必要的经费与政策支持。继续深化落实《财政部、民政部关于通过政府购买服务支持社会组织培育发展的指导意见》，逐步提高政府购买服务的资金使用效益。第三，对于从事上述公益事业类的行业协会，在落实非营利组织免税资格、公益性捐赠税前扣除资格等税收优惠政策的基础上，应持续提升其接收社会捐赠的税收优惠幅度，构建统一完善的税收规范体系。第四，政府主管部门应提升对境外基金支持的监管水平，构建专门的政策法规和执法体系，依法合理地鼓励合法运作的境外基金组织，打击和规范非法的海外活动组织。第五，政府要为行业协会的发展搭建专业平台，邀请专业的行业协会培育机构针对具体行业协会的不同发展阶段开设相应的培训课程，从理论和实践操作上促进行业协会的发展完善，提高行业协会的专业化程度，提升社会工作者的专业素养。

其次，政府还需着力改进行业协会内部的资产管理与核算机制，完善组织监督、审计监督（财务监督）、捐赠人监督、公众监督和自我监督相互配合的严密监督机制，具体可从以下4个方面展开：其一，政府主管部门应尽快制定行业协会的资产管理规范，在法律规范层面对社会组织的公益产权予以确权。其二，健全行业协会资产管理的透明性、公开性，完善其信用机制建设。加强信息披露机制、信息公开机制建设是行业协会提升公信力的必然要求，也是行业协会实施多种形式监督的基础和载体。其三，明晰行业协会内部理事会、监事会、秘书处的权责关系，设置科学的业务流程，按照流程进行规范化操作，按项目发展配置资源，做到管理工作的科学化、民主化和制度化。其四，行业协会内部应通过对财会人员的专业培训、完善资产管理内部章程等方式规范与完善自身的资产管理和审核制度。

最后，应充分治理违法资产管理行为。2009年《中共中央办公厅、国务院办公厅印发〈关于深入开展“小金库”治理工作的意见〉的通知》(中办发〔2009〕18号）予以发布，该文件提出个别地方、部门和单位设立“小金库”的违法现象必须坚决予以清除。文件对于治理“小金库”的总体要求、基本原则、方式方法、领导机制、法律后果等问题都作出了相对全面的基础性规定，并且提出要在全国党政机关和事业单位开展专项治理，然后再逐步扩展到社会团体、国有及国有控股企业。随后2010年6月，中共中央纪律检查委员会等部门联合发布了《中共中央纪委、监察部、民政部等关于印发〈社会团体“小金库”专项治理实施办法〉的通知》(中纪发〔2010〕28号)。同年8月，中央治理“小金库”工作领导小组办公室发布了《社会团体和国有企业“小金库”专项治理工作举报奖励办法》。上述两份政策文件以专项治理的形式对实践中部分社会团体私设资产“小金库”的违法行为大致进行了4个方面的规范与监督：其一，专项治理主要针对隐匿会费收入、截留行政事业性收费、截留捐赠收入、资产处置出租收入、虚列其他支出转出资金以及会议费劳务费培训费等名义或以虚假发票、假合同手段套取资金私设“小金库”等特定违法形式。其二，专项治理的种类方式包含动员部署、自查自纠、重点检查、整改落实以及举报奖励等。其三，专项治理的处理原则包括从轻从宽处理自查问题，被查后财务、税务、责任单位、责任人员都要接受处罚，通报批评并责令整改专项治理中的形式主义以及“小金库”数额巨大、情节严重的要按规定从重处理等。其四，专项治理工作的具体要求是要做到加强组织领导，建立工作机制；完善协调机制，形成工作合力；坚持分类指导，突出工作重点；注重统筹兼顾，实施综合治理；拓宽举报渠道，落实奖励政策；强化源头治理，构建长效机制六大方面。

第三节　准确规范与限缩行业主管部门的职能权限

当下我国行业登记主管部门在管理行业协会的过程中，其职权范围触及行业协会的筹备、发起、设立、登记、变更、年检、评估以及注销清算等各个程序环节。

对于行业登记主管部门职权范围的准确划定，应当遵循3个基本原则：第一，行业登记主管部门行使管理权力需要充分尊重与保障行业协会建议权、监督权、知情权以及开展科学、文化、艺术、结社活动等方面的基本权利和自由，做到依法规范管理。第二，行业登记主管部门行使管理权力需要充分贯彻“简政放权”“放管服”等中央改革的政策精神。现代分工日益细密，政府并非全知全能，行业协会在特定的专业、职业领域拥有独特的知识、信息与技术优势。因此，对于适合由行业协会自治的权力与事项，行业主管部门应当给予充分的尊重和信任，做到“有所为，而有所不为”。第三，行业登记主管部门行使管理权力要重视其同行业协会自治权之间的协调配合。在社会治理的过程中，为了能够向我国人民提供更高效的公共服务，应当承认行政机关与行业协会两者在不同领域的治理优势，实现两者在治理层面的知识共享、信息交流与职能协作，实现社会治理与公共服务供给的低成本、高效益。

一、统一行业协会登记的审核依据和标准

审核依据和标准的适用体现在行业协会登记、年检以及注销各个阶段，但实践问题却集中发生在登记审核阶段。目前，我国多数省份的行业

协会登记并未实现直接登记，而仍按双重登记制度进行管理，并且对于行业主管部门的前置性审核内容也还没有具体的法律规定。诚然，由于我国行业管理的历史实践原因，较多地方的民政部门同相关主管业务部门的职权交接尚未完成，推进直接登记改革尚不充分。但国务院或民政部至少应当出台相应的过渡性指导文件，从而推动业务主管部门同民政登记部门的职权交接与配合，但目前我国仍然未见此类指导文件。业务主管部门的存在并不一定意味着行业协会成立登记的效力降低，对于两个部门职权交接仍未真正完成的部分省市地区，只要业务主管部门的审核依据和条件足够充分、透明和公开，其与民政登记部门的分工配合足够高效，这样的标准也是基本符合直接登记改革的整体要求的。

本书认为，基于中央对行业协会直接登记改革的内容要求，对于仍旧实行双重审核的省市地区，业务主管部门应当仅对预备成立的行业协会在会员数量规模、名称、机构、住所、工作人员以及资金资产能力等形式要件方面进行审核。行业协会在我国是社会公共服务供给的重要组成部分，只要其在上述形式要件层面满足为省市地方提供公共服务的要求和能力，业务主管部门就应当同意其开展设立登记，不可考虑不相关因素。而对于民政登记部门而言，则可在其已经开展的初审基础上对预登记的行业协会在申请书、章程草案、发起人负责人情况以及活动地域等层面开展审查，对于业务主管部门已经开展的审查事项，如资金资产能力、场地使用权等方面，民政登记部门不应再重复审查。效率是行业协会直接登记改革最为关注的核心。因此，对于仍旧实行双重审核的省市地区，两个部门应当从下述4个方面作出整体上的协调、分工与配合，从而为取消业务主管部门的前置性审核程序做好过渡性工作：第一，两个部门的审核期限应当同步减少，做到审核期限的总和不超过合理期限。第二，职权交叉重合的审核事项应当作出调整与删减，做到审核事项不交叉、不重叠。第三，递交材料的审核机构应当设置为同一地点，避免给当事人的登记设立工作造成不合理的时间成本。第四，统一协调两部门之间的审核程序机制，避免同一程序的重复审核。

二、改革行业主管部门的管理方式与重心

目前对于行业协会管理主要存在以下 3 种模式：第一，“事前”监管为主。此类监管主要是将行业协会登记、设立的事前门槛和入口作为管理重点。具体体现为双重登记管理制度的实行，管理行业协会的法律法规、条例以及政策等对行业协会的名称、机构、人数、章程、场所、活动范围以及资金经费等事项都提出较为严格的“事前”规定。第二，“事前、事中”监管相结合。此类监管除去事前审核与登记程序外，对于行业协会的发展运行过程规定了年检、评估、备案以及异常目录等多项监管措施，部分省市地区行业协会的清算工作甚至也要经过业务主管部门的审核才能继续推进。第三，多头管理模式。此类监管模式主要是从监管主体的视角进行讨论，实践中多数省市地区对于行业协会的监管，除去民政登记部门之外还存在其他各类业务主管部门，如健身协会归文化局管理，艺术协会归体育部门管理以及科技协会归教育部门管理等。同时，地方各级党组织也是部分党建类协会、研究会的主管单位，故而各类行业主管部门之间难免存在职权交叉与冲突。

今后改革可对上述 3 类监管模式作出以下完善：第一，坚持“充分授权、信任”而非“严格限权”的监管原则，对于部分法律法规的相关空白性授权要秉持积极支持的态度。上文已有所论述，目前我国有关行业协会的法律规范倾向于规定某类行业协会享有管理特定行业的自治权限，但其对于具体的权限内容往往缺乏详尽列举。而实践当中，部分相关主管部门就可能在行业协会行使空白性授权之时，以其权力行使缺乏具体法律依据为由认定其违法。本书认为，鉴于行业自治相关立法的实践情况，只要行业协会自治权力的行使不明显违背其上位法的空白性授权，执法机关就应

善意推定其权力合法，给予其权力行使过程中一定的制度空间。第二，监管并不等于代替，行业协会的自治缺陷应当尽可能地交由其自身改进和完善。具体而言，针对行业协会的监管应更多采取指导、引导或间接干预的软性措施。上文已有所论述，对于我国行业协会的治理应当重在培育，因而主管部门在对行业协会开展管理的过程当中应当慎用行政处罚、行政强制以及行政责任人约谈等直接的、刚性的管理措施，转而应当更多采用指导的方式，或者采用评比、评估的方式，建立优秀或异常名单的竞争模式进而对行业协会的各项指标、运行状况进行公示，从而间接督促、引导其主动地、能动地改进不足、提升服务质量。第三，构建行业协会的社会监管模式，建立与完善行业信息公开机制。行业协会的监管也应充分考量成本与效能，一对一地采取线上主管部门监管的方式在当下“互联网＋”盛行的新时代背景下已显得相对落后。行业设立、登记以及发展的信息是新时代管理行业协会的关键，推进行业协会信息公开、建立行业协会信息统一公开平台将不仅有助于登记管理部门实时掌控行业协会动态，缩小行政成本，提升管理效能，也将提升行业协会的社会监督效果，构建政府、社会监督的联动机制，实现人民群众的广泛参与。

三、下放行业自治领域的管理职权

下放行业自治领域管理权限的核心在于关注政府不能、不该管理的行业自治事务。具体体现为行业利益诉求的表达、行业规则的制定、行业主体的服务、行业秩序的维护及行业纠纷的解决五大方面，而此部分主要关注从国家公权视角出发应当向行业分权、剥离和放权的特定权力内容。

（一）行业利益诉求的表达

从行业主管部门的视角来讲，下放行业自治的权力包括两个方面：一是原本由政府享有的管理权力通过授权或者委托的方式直接转交给行业协会行使；二是对于行业协会实际享有并履行的合法权力（利），行业主管部门应当予以合理地保障、支持和鼓励，这也是下放行业自治权力的另一层含义，而保障行业协会利益诉求的表达则是此项要求的重要内容。

具体来看，一方面，需要行业主管部门从财政、平台和技术等层面支持行业协会构建信息汇集和统计机制，从立法层面推进行业协会信息实现透明化、公开化，赋予行业协会组织、搜集、审核协会会员及相关非会员内部信息的强制权力，强化协会会员及相关非会员配合协会或主动提供业务信息的法定义务。另一方面，针对行业协会专业领域制定法规政策。行业协会代表的决策权、建议权等应当在程序参与和意见效力上得到实质性保障。根据国务院颁布的《重大行政决策程序暂行条例》（中华人民共和国国务院令第713号）第19条规定以及其他相关条款的立法精神，针对专业性、技术性较强的决策事项，决策单位应当组织专家、专业机构论证其必要性，并提供必要保障，同时对于其他涉及有关公共服务、社会管理等方面的重大决策和措施，也要保障其在启动、制定以及公开等各个过程当中社会公众的参与水平。行业自治这一公共领域同样不应例外，应当制定决策程序听取行业领域的专业意见，明确要求行业协会代表列席会议，并在有关会议纪要中准确记录行业代表意见。

（二）行业规则的制定

明确行业规则的内容、效力与范围。首先，行业规则包括对内、对外规则两大方面。在对内方面，行业规则主要体现为行业章程，章程的内容主要表现为行业协会的内部治理机制建设。而在对外方面，行业规则主要表现为行业标准、行业准则。其次，行业规则应当以特定行业领域为调整对象，即除去行业章程等内部规则之外，相关人员只要同行业协会领域具有法律上的利害关系，不论其是否属于行业协会会员，都应接受行业规则调整。最后，行业规则的制定应当以“问题促动”为导向、以“合作主义”为原则，即行业规则的制定应当着重解决行业发展在专业、标准、技术以及秩序等方面存在的实践问题，重点关注如何能以行业组织的形式更大限度地整合行业资源、协调成员行动、表达行业利益，着重促进行业自治同政府管理之间的共生共荣、合作互动以及协调配合。

因此，面对行业与政府之间、行业与行业之间以及成员与成员之间在特定领域的价值冲突和利益分立，行业规则的制定应当理性地尊重和认知上述多元化的利益诉求，通过构建多元协商、充分参与以及有序表达的程序规则，实现多元主体间诉求的充分表达、整合与包容。

（三）行业关联主体的服务

我国行业协会的服务范围并不仅限于对其内部会员的行业服务。当其作为社会治理的重要主体时，行业协会在提升行业治理能力、供给行业服务的过程中同时也服务于部分非会员主体。原则上在目前我国市场环境下，行业协会提供服务应当享有收取合理费用的正当权利，但由于行业协会具有的特殊性质与地位，往往在其收取服务费用时也会相应产生行业垄断、不正当竞争等方面的多种争议。对于此类争议，本书在第二章中有所提及，基于行业协会的公共属性以及其掌握行业部分资质审核的强势地位，行业主管部门倾向于对行业协会在开展特定协会成员或非会员的资质认定等服务时的收费行为开展了行政处罚。但此类处罚案件却存在 3 个争议点：第一，行业协会作为具有公属性的服务机构，其是否有权收取服务费用。第二，行业协会针对部分特定企业开展资质认定或联合部分特定企业制定标准规则的行为，是否应当认定为不正当竞争行为或行业垄断行为。第三，判断其行为属于服务行为还是不正当竞争行为的标准应如何确定。

本书认为，行业协会虽然具有部分公属性，但其当下的法律属性仍然是由公民自发、自愿成立的社会团体。当其作为私主体，在市场环境下提供行业服务时，其收取行业服务费用的行为毫无疑问具有合法性、正当性基础，行业主管部门应当予以合理支持。并且在推进行业自治的过程中，行业服务收费也是其重要的资金来源之一，在未能证明行业服务的收费行为具有数额严重不合理或破坏行业秩序的前提下，行业主管部门对其收费行为展开处罚应被视为不当侵犯行业自治权的不合法行为。同时，行业协会同特定会员企业开展标准制定或收费行为并不当然意味着其存在不正当竞争或垄断行为，因而行业主管部门在针对此项收费行为作出行政处罚时还需同时考虑三方面的因素：首先，行业协会收费的主观是否为恶意，即行业协会是否系出于正当的服务行为收取的合理服务费用。其次，行业协会的行为本身是否违法，即行业协会的收费行为是否存在明显不当，是否在收取费用的过程中利用自身的强势地位强迫特定企业签订服务协议，并造成了显失公正的不正当结果。最后，行业协会的行为是否客观上对其他企业造成了不公平结果，即行业协会组织特定会员收取服务费用是否不当排除了其他非会员企业的竞争机会，是否造成了行业秩序的进一步混乱。因此如果未对于上述三方面进行充分考察，就应当充分保障行业协会开展服务收费方面的权利。诚然，为了防止此类纠纷再次发生，行业协会的服务项目、内容、程序以及收费标准等事项也应做到公开化、透明化、普遍化与科学化。

（四）行业秩序的维持

虽然行业秩序在概念上隶属于社会秩序的范畴，原则上政府有权力对其开展维护，但面对专业性较强、技术性较为突出以及治理内容较为精细化的特定行业领域，政府在实践过程中应当更多地在拟定宏观政策、颁布普遍规范以及作出终局裁决等方面发挥作用。对于行业领域内审核行业资质与标准、受理举报与投诉、开展调查与调解、公开相关争议信息以及处理裁决行业纠纷等具体维权职能，应当交由行业协会内部去治理更为妥当。

具体而言，在行业维权的相关职能层面，政府治理应当在以下两个方面予以改进：第一，彻底下放行业资质审核权限。以我国的律师协会为例，《律师法》第5、6、7条规定，律师执业许可应当满足在律师事务所实习满一年、无犯罪记录以及具有民事行为能力等条件，并应向当地司法行政部门递交相关证明材料。但具体看来，真正具有许可效力的材料便是律师协会出具的实习审核合格材料，因为在实践过程中需要同时满足培训合格与面试合格两个要件才具备律师协会的实习合格条件，而司法行政部门仅对上述材料进行形式审查，其完全可以下放给律师协会代为行使。第二，充分授予行业协会在维权领域的职能权限。本书认为，应从以下三方面予以完善：首先，面对行业内的投诉、举报以及申诉行为，行业协会应当有权独立开展调查取证或配合相关主管部门联动调查，相关人员应当予以配合、协助。其次，完善行业协会复核与主管机关复核的联动协调机制。应当立法规定行业协会内部审核的法定前置程序，对于行业协会的维权类纠纷应当先由行业内部审核裁决，不服裁决后方能交由主管部门最终审核或提起行政诉讼。最后，应当强化行业协会对相关投诉的复核与处理的约束效力与权威，对于不接受复核等决定的责任人应当建立严格的处分机制。

（五）行业争议纠纷的裁决

针对行业领域的相关纠纷，虽然我国在立法层面较为宽泛地规定了行业协会的调解、复核以及提起诉讼的权力（利），但对于行业协会如何组织调解、调解的程序及效力、不同层级的复核效力以及复核同行政诉讼的协调机制等具体问题，目前仍未在立法层面给予明确的规定。具体而言，调解程序主要是基于双方当事人自愿合意的方式达成，行业协会在此间也主要扮演着第三人、居间者的角色。此程序的缺陷在于其约束力有限，当事人双方的参与性、配合度也不高，造成部分当事人最终仍旧选择相关诉讼程序，不必要地浪费了行政资源。复核程序本应是指行业协会内部上级对下级的决定开展审核，但在我国此类程序却尚未产生同行政复议一样的公信力，从而导致行业协会在经过层层审核最终抵达国家级行业协会的最终审核后，当事人仍有可能继续选择转向外部行政机关或司法机关寻求救济，使得行业协会的内部复审机制被虚置。此外，上述3个机制的各自效力及相互衔接机制仍然存在缺陷，对于行业协会在相关侵权类纠纷中所扮演的裁判角色、所具有的裁判效力等问题，国内立法都缺乏明确统一的规定。

本书认为，在行业纠纷的裁决层面应从以下几个方面予以改进：第一，总体来说，面对授权的监管事项与非授权的监管事项，救济的方式应当有所区分。面对授权的监管事项，相关救济应当穷尽行业内部救济的手段，包括调解、复核与仲裁，对其结果不服的方可向授权主体提出复核申请或提起行政诉讼。而面对委托等非授权的监管事项，法律责任则应由委托主体承担，按照现行行政复议与诉讼的方式展开救济，内部救济的手段措施应当排除在外。第二，目前我国在行业协会的纠纷解决领域，仲裁机制运用较少，应当予以重点补足。在性质上，仲裁机构不是国家机关而是民间机构，同行业协会的民间性、自愿性等属性相通，而社会权力的监督、救济与保障等工作更适合通过仲裁机制来实现。第三，针对内部行业会员之间的侵权纠纷，为充分尊重行业自治，行政与司法救济途径可适度发挥兜底功能，但更应注重发挥行业内部复核、调解、仲裁机制的功能与作用。第四，针对行业协会成员同非会员之间产生的侵权纠纷，基于对救济机制在公开性、透明性等层面的考量，同时兼顾对行业自治的尊重，可尝试将行业内部复核、调解、仲裁机制作为前置性程序，但并不排除行政与司法救济的外部途径。

四、优化行业协会管理的程序规则

一个完整的公法规则体系应当由程序性与实体性规则共同构成，二者缺一不可。目前，我国管理行业协会的实践领域，在中央层面仅存在《社会组织登记管理机关行政处罚程序规定》这一特定部门规章，而对于相关的行政许可、行政强制以及其他相关管理权力的行使领域尚缺乏相应的程序规范。在地方层面存在《广东省社会组织登记管理机关实施行政处罚程序规定》（粤民民〔2010〕66 号）、《江苏省社会组织登记管理机关实施行政处罚程序规定》（苏民规〔2010〕6 号）等个别程序规则，但无论中央还是地方层面目前对于行业协会管理均未给予专门的程序规定。

行业协会的管理程序主要可分为以下 4 个部分：行业协会的设立登记程序、行业协会的变更登记程序、行业协会的日常监管程序以及行业协会的注销清算程序。虽然在我国现有立法层面已对前两个程序的内容有所规定，但内容大都较为宽泛且可操作性较弱，难以满足当下行业协会的发展需求。而现有立法制度对后两个程序的内容也尚无全面、细致的规定。行业协会的发展运行需要制度保障。

（一）行业协会的设立登记程序

虽然中央政府出台了大量政策性文件推进行业协会的直接登记，但目前仍然处于试点阶段且未能及时有效地转化为立法规范，不具有强制约束力。根据我国现行的法律法规规定，设立登记程序的法律依据主要包括《社会团体登记管理条例》及各省市地方出台的行业协会规定，现阶段行业协会的设立登记程序主要包括筹备与登记两大程序。

本书认为，根据中央推进行业协会直接登记改革的政策精神，今后行业协会在设立登记层面的立法应当以实现程序简化、高效为目标，重点完善以下 5 个方面：第一，缩短、统一行业协会设立审批时限。根据我国

《社会团体登记管理条例》及各省市地方关于行业协会设立登记的法律规定，行业协会设立的审批时限规定不一。其中《社会团体登记管理条例》规定的审核时限为60日，《广东省行业协会条例》规定的时限为30日，《云南省行业协会条例》规定的时限为20日，《深圳经济特区行业协会条例》规定的时限甚至缩减到了3个工作日。本书认为，考虑到全国范围内行业协会的发展水平不同，将登记主管部门的审批时限从《社会团体登记管理条例》规定的60日统一缩短规定为10个至15个工作日较为适宜。第二，减少事前审批程序，推进“事中事后”的行业监管制度构建。第三，全面规范业务主管部门在筹备阶段的审核程序，逐步取消前置性审核程序，统一由民政登记部门管理。第四，健全行业协会设立的公示、公开程序，避免因信息不对称而产生多行业业务冲突的不合理后果。第五，统一取消行业协会设立分支机构的审核程序，改为备案程序即可。组织自治权属于行业自治的重要内容，而分支机构的设置属于组织自治权的重要表现形式，因而应予以合理保障。

（二）行业协会的变更登记程序

行业协会的变更权是其行业组织权力的又一重要内容，应当予以尊重和保障。伴随我国经济、社会以及技术等领域的不断发展，行业协会的业务范围也在不同领域进行及时的更新、缩减或扩张，因而从制度上保障行业协会及时调整业务，优化组织结构对其长远发展具有较大益处。从整体上看，行业协会的变更登记程序应当符合快速、便利与高效的整体原则。

根据本书第二章所指出的部分治理困境，行业协会的变更登记程序应当关注三方面内容：第一，明确政策整改同法定变更程序的衔接问题。具体是指个别行业协会因当地政策调整而相应整改的行为定性问题，是重新登记问题抑或是行业变更问题，在立法上应当予以明确。第二，简化、规范变更登记申请人的法定程序。《社会团体登记管理条例》第18条规定社会团体登记事项需要变更的，应当自业务主管单位审查同意之日起30日内，向登记管理机关申请变更登记。可见，行业协会的变更程序同样需要业务主管部门的前置性审核，而这一规定在当下推进行业协会自治的时代背景之下应当予以删去。同时对于行业协会变更的审核时限问题，现有法律规范都未予以规定，本书认为考虑到行业协会的变更事项往往集中在名称、业务范围以及法定代表人等特定领域，对于相关的审核内容并不需要再次考虑行业协会的住所、宗旨以及活动资金等设立条件方面的相关内容，因此应当在行业登记的审批时限基础上予以进一步缩减，规定为10个工作日以内较为合理。第三，完善同变更程序相关的利害关系人的告知、公开程序。具体是指针对变更程序的公开程度问题，即行业变更的信息内容应详细包括行业协会的新旧业务范围、新旧活动地域、新旧名称、新旧组织机构以及新旧法定代表人等方面。

（三）行业协会的日常监管程序

从整体上看，日常监管程序的完善应当注重从被监管人的诉求说理表达是否充分，主管部门对其意见建议的听取程度，监管行为的记录、笔录程序是否完善，处罚决定依据、理由及相关救济权利、程序是否详细明示等方面予以改进。当下部分省市的业务主管部门对于行业协会的监管措施众多，且内容、程序与标准互有差别，因此首先应从整体上推动行业协会日常监管程序的常态化、标准化与一体化，避免出现行业主管部门的权力寻租与滥用的不法现象。根据上文所梳理的相关法律规范，目前行业协会的日常监管措施主要包括年度检查、行业评估、异常名单、信息备案以及日常监督检查共5种方式。但除去年度检查在《社会团体登记管理条例》以及各省市地方的法律规定当中具有一定的程序性规定（一般在每年3月底递交年度报告）以外，对于行业评估、异常名单、信息备案及日常监督检查剩余4种监管措施的内容规定则相对匮乏，程序规则的相关规定也存在疏漏，且已有规定在当下也具有一定的滞后性。

对于上述4类监管措施应从以下程序方面予以完善：第一，除去个别抽查的监管措施，其余各类监管措施也应参考年度检查措施的程序期限，在法律法规层面上对其检查期限、检查方式以及程序步骤予以固定化、机制化、常态化，避免相关部门开展钓鱼执法行为。第二，除去利害关系人举报、投诉的违法行为，针对个别抽查这一特定监管措施，也应完善监管措施的事前程序行为，给予被监管人在审核材料、财务账单、会计支出等方面予以合理的准备期限，从而提升监管效能。第三，在行业主管部门开展监管的具体执法程序层面，其相关监管工作仍然需要按照现行法律法规规定严格执行，不存在法外空间。例如，涉及行业协会的处罚问题，行业主管部门从调查、检查、询问、制作笔录、保存收集证据到出示执法证件、载明处罚依据、告知救济路径等程序并作出行政处罚决定时，都应严格按照《行政处罚法》第54条至第65条的规定执行。从本书第二章的论述中可以看出，存在行业主管部门凭借自己在监管行业协会中的强势地位，在具体监管过程中违反法定程序执法的案例，应当从上述具体层面予以严格监管。第四，对于行业指导与建议的行为也应构建特定的法定程序要件。应从立法上健全行业指导的法定程序，明确行业主管单位所作出的行业指导，也应以公开书面的形式载明指导行为的相关主体、内容以及依据等，避免行业主管单位中个别领导人通过单独指示、命令或施压的非公开手段干涉行业自治的情况发生。公开、透明的书面行政指导意见也有利于利害关系人寻求权利申诉与救济，有利于司法机关对行政行为性质进行具体的专业判断。

（四）行业协会的注销清算程序

作为公民自愿成立的社会团体组织，行业协会的注销同样应当属于成员自愿的范畴，行政主管部门不应给予过多干涉。但目前从相关立法规定来看，我国行业协会的注销清算程序依然较为烦琐。《社会团体登记管理条例》第20、21条规定，社会团体在注销登记之前应当在业务主管部门及其他机关的指导下成立清算组织，进行清算程序。随后，在清算结束的15日之内应当向登记管理机关办理注销登记，并需要提交注销登记申请书、业务主管单位审查文件以及清算报告书。可见仅一个注销清算程序就需要不同阶段、不同主体的介入与监管等烦琐程序。

完善行业协会的注销清算程序应从以下四个方面入手：第一，规范行业协会的清算程序。《社会团体登记管理条例》规定社会团体的清算工作应由主管单位及其他有关机关指导完成，但在实践过程中“有权指导”往往存在转化为“有权干预”的风险。行业协会的清算工作应当由其独立自主选择的具有资质信用的财税会计第三方展开，行政机关不应予以干预。第二，逐步取消注销登记前业务主管部门的审查程序。对于行业协会的注销权限，应当统一交由登记管理机关行使，行业协会只需将注销登记申请书及清算报告书交由其统一开展形式审查即可，业务主管部门的审查程序并无必要。第三，明确清算报告书的申请、制定程序。清算报告书涉及行业协会在会计、财务以及税后等多个方面的专业事实认定，但目前对于清算报告书在程序上的制作主体、制作期限等问题并无规定。第四，健全行业注销登记后的剩余财产分配与注销公示程序。《社会团体登记管理条例》第22、23条对于注销登记后的财产分配与公示程序规定不明。行业协会是基于特定成员自愿成立的非营利性社会团体，其收入主要来自会员会费、会员服务收费以及政府补贴三大类，因而行业协会注销之后的剩余财产应当明确向全体会员及当地政府按照比例予以合理分配。并且注销公示也应当明确此类程序的期限、内容与平台，方便利害关系人查询。

五、全面构建行业主管部门的责任制度体系

此部分探讨的责任制度问题不仅包括行业登记管理部门在行使管理权

力后所产生的法定责任，还应包括其在社会治理过程中所应履行的积极作为义务。

全面构建行业主管部门的责任制度体系应从以下 4 个方面予以推进：第一，立法明确行业主管部门的不作为责任。根据《社会团体登记管理条例》第 24、25 条的规定，行业主管部门主要负责行业协会的成立、变更、年度检查、违法行为监督以及注销登记 5 个法定职权。但目前个别主管部门在行业协会的成立及违法行为监督两大方面存在一定的不作为现象，首先在行业协会的成立层面，主要体现为“业务领域相似”的行业协会登记问题。目前国务院已经提出要在行业协会引入多元化竞争机制，提倡各地区“一业多会”体系的构建，但根据本书前述案例分析可见，个别省市地方的主管机关仍然为了监管便利，从源头上消极受理或不予受理业务相同甚至名称类似的行业协会登记申请，导致地区行业协会可能出现种类单一、业务垄断的风险。其次，在违法行为的监督层面，主要体现为行业主管部门对协会会员或利害关系人投诉、举报的不作为行为。根据本书第二章论述，目前我国协会会员的投诉内容主要是行业协会的违法及不作为行为，而利害关系人的投诉内容则主要聚焦于协会会员或行业协会的违法行为。根据现有法律规则，上述投诉内容毫无疑问都应划入行业主管部门的职责权限之内，但个别行业主管部门在实践中却以上述投诉内容属于“信访行为”或“行业内部事务”为由而不予作为。对此，应当在立法层面明确行业主管部门消极不作为所应承担的法律责任或给予司法机关监督其不作为的制度空间。

第二，强化司法机关对行业主管部门的权力监督。从本书第二章所搜集的案例当中可以看出，部分地方法院经常以尊重行政管理权为由拒绝受理行业主管部门权力纠纷案件。然而，行业协会虽然在法律规定层面应当接受主管部门的监督管理，但其在组织关系层面并不隶属于行政主管机关，相关监督管理并非行政机关的“内部管理”措施，司法机关开展监督并无不当。同时面对当下数量众多的行业协会，我国行业主管部门行使着许可、处罚以及强制等多种职能权限，其同行业协会存在组织、地位上的不平等性，并且其权力的范围和效力早已突破了行业内部管理的界限，具有普遍性的约束力，因而其管理权力的行使不应脱离司法监督的视野。

第三，完善行业登记主管部门在许可、处罚以及强制等监管措施方面的公开制度，健全社会层面的监督机制。根据我国各省、市、地区民政部门官网的公示信息，目前我国关于行业主管部门作出的许可、处罚等监管措施的公示信息较为匮乏，在已经公示的部分处理决定书中，其在执法主体、执法依据以及救济途径等层面也存在多种缺失，导致社会监督的力度缺乏。因此，监管措施的公开制度应当从两个方面予以完善：在数量层面，监管措施的处理决定应当在各地民政部门官网上全面公开。在内容层面，在已公开的处理决定书中，应当按照权力主体、执法依据、权力程序以及救济途径的顺序予以全面公示，从而全面接受社会监督。

第四，明确行业主管部门的责任类型、种类及其追究机制。首先，针对行业主管部门的违法行为，应从责任的渊源层面实现其类型内容的多元化。这就需要我国从法定或约定层面予以明确，从而实现责任规定的详尽与严密，做到不留责任空白、不留规避责任空间，从立法层面上做到“有责可究、有责必究”。其次，应当明确多元治理主体之间的权责分工。在社会治理之中，治理主体的权力是多元化的，因而责任承担也应实现多元化。行业协会同主管部门之间应当根据各自职权确立责任内容，并将行业主管部门的“无限责任”变为其同行业协会两者之间的“有限责任”。而对于行业主管部门内部而言，则应构建起行业监管层面的调查与决策分离、审核与执法分离、决策与执行分离以及罚缴分离等内部职权分工的精准体系。再次，实现主管部门责任内容的多元化。其具体可以包括主管人员的行政处分，公务机关的国家赔偿、罚款以及公告批评，机关和个人的行为罚、自由罚、人身罚以及财产罚等诸多种类。最后，强化责任追究的效力。其具体可包括行政机关的自力执行与法院的强制执行等方式，从而最终建构一套系统全面、权责一致、可操作性较强的行业主管部门责任追究机制。

第四节　厘清行业自治的权力内容与权责边界

“公共机构能否实施特定公共管理，公民能否参与特定公共管理过程，主要取决于公法是否赋予其公共治理主体资格”①，而此公共治理主体的资格在公法领域中则主要应当表述为治理主体在治理权力、行为规范以及监督救济机制等多个实践方面是否具有法定授权。从目前来看，行业自治的相关立法对于上述3个层面的规定均存在一定不足，需要予以完善和补足。具体而言，行业自治权的内容应当具备权力性、事务性、具体性以及技术性4个基本特征。行业自治权的充分实现不仅同其民主参与水平紧密相关，而且取决于其在制定行业规约、协调行业关系、裁决行业纠纷以及引导行业治理等层面能否发挥权威性的力量和作用。

具体来看，在探讨行业自治的权力内容与责任边界之前，首先需要关注行业协会的授权，即权力的来源问题。从权力产生的逻辑上看，充分授权是开展行业监督管理的前提，没有能力的权力是无法运行的。当下“放管服”改革的逻辑同样也是先“放权”，而后实现“监管和服务”。同时，组织是权力运行的基础，行业协会没有完整的组织规模与足够广泛的行业覆盖领域，其权力的授予就缺乏承接的载体，也就难以实现真正意义上的充分授权。而这就不仅需要政府最大限度地“自上而下地放权”，也需要

---

① 罗豪才、宋功德：《公域之治的转型——对公共治理与公法互动关系的一种透视》，载《中国法学》2005年第5期。

民营经济发达、行业发展较为成熟的地区“自下而上地发展权力”。目前在我国的政府放权层面，行政机关的机构改制领域存在整体不均衡的特征，经过机构改制而来的行业协会主要分布在有色金属、煤炭工业、钢铁工业等重工业领域，对于部分轻工业、制造业以及高新技术产业等行业领域的机构改制则相对较少。而在地区行业协会的发展权力层面，不同地区行业发展在地位、功能以及数量规模等方面都不够平衡，个别地区的行业协会在数量、规模的发展上比较有限。如果行业自治的权力在各个地区、行业之间的授权层面不够充分、明确、系统，那么行业主管部门的管理也可能失去意义。目前我国行业授权方式较为单一，还没有从宪法、基本法律、行业专门立法、行政组织法以及行业协会章程等多个方面构建立体式、综合式的规则制度授权体系。而在此体系之中，授权也是权力监督的重要途径，权力在被明确授予的同时也被明确了受约束与规范的范围。只有授权明确，才能精准认定何谓超越授权，何谓违法越权。

虽然我国行业自治权力有很大一部分来源于立法机关授权、行政机关授权委托以及行业章程约定 3 种授权形式，但对其权力内容的认知绝不应仅局限于这一范围。由于行业协会成立的自愿性、协商性特征，从另一个面向来看，行业协会成员及相关非成员的权利诉求也应当成为其重要的法定权力渊源。权力和权利之间并没有绝对清晰的分水岭，在行业自治这一私权公法化、公权私法化的领域之中，如当人民对环境保护、受教育权利、消费者权利以及食品安全等方面的权利诉求已经逐渐扩大并转为一种社会公众层面的普遍关注问题之时，权利完全可以转而成为公权。从这个意义讲，社会自治权既可以说是国家公权的某种私法化，如行业自治的许可、行业规范权力的制定等，也可以说是私权本身发展、转化与抽象的普遍性结果，如公民结社、学术文化活动的权利自由等。从宏观层面来讲，行业自治权力主要包括行业规则与标准制定权、行业监督管理权、行业争端调解权以及行业服务与代表权四大种类，应当在制度实践中逐步予以落实。而厘清行业自治的权力内容与权责边界，则需要从以下四大方面入手。

一、落实行业资质的审核许可权

当下行业内资质的审核批准权同行政许可权的调整与下放息息相关。目前我国在推进简政放权的过程中，行业审批事项的清理工作是其重中之重。截至2021年9月，国务院虽已多次发布关于取消和下放行政许可事项的有关决定，但涉及行业自律管理的权力事项仍然相对较少。而在行业自治权的实现过程中，行业自治的审核许可权应当首先是落到实处的核心权力。行业协会是指具有特定人力、智力以及物力为条件的人群组成的特殊团体领域，其以提供专业服务的方式赢得国家的支持、市场的竞争力以及民众的信任，因而在此特定领域，这一具有特定知识的群体才最具有发言权。同时从专业性、技术性、便民性以及节省行政成本的角度考虑，行业自治的审核许可权交由行业协会自身审核更为妥当，更为便利，也更具有权威性。

实践中，虽然我国较多行业协会的资质审核许可权已经交由特定的行业协会承担，但其在效力上或程序上往往仅限于初审或前置性阶段，最终的审核批准权力仍然掌握在相关行政机关的手中。以我国律师协会为例，在律师正式具有法定执业资格前，其需通过当地律师协会的初步审核以及当地司法局的最终审核。那么有3个具体问题值得探讨和反思：首先，律师协会初步审核的效力如何？从实践中来看，律师协会的初步审核内容包括专业培训、课程结业和面试审核3个部分，每一个步骤都对下一个程序能否顺利进行具有事实上、法律上的阻断性效力，并且经过这一系列全面、细致的培训与考核程序，被考核对象一般也在事实上达到了执业律师的专业水准与资质。其次，实践中地方司法局对执业律师申请的材料，如被审核人的法律职业资格证书、无犯罪证明、律师协会实习审核合格材料以及申请人的身份证明等进行审查，由此可见对于申请人是否具备律师执业资格的许可，地方司法局只对上述材料进行形式审查，而并不涉及任何实质性审查的内容。因此，本书认为，可以将资质审核权直接交由行业协会行使。最后，除了上述的律师协会之外，对于其他种类的行业协会也可提出此类质疑。例如，就个别高新技术行业领域的行业资质认证、审核、鉴定、检测、测试与评估行为而言，行业协会本身已经对其作出了实质性、专业性与权威性的审核、认定与判断，但最终的资质许可权（以颁发证书为表现形式）仍然掌握在行业主管部门等行政机关手中。并且从行政管理的成本上考虑，这一程序完全可以合并前置，交由较为专业的行业协会统一行使。

二、完善行业规则与标准的制定权

从政策法规层面来看，总体来说《标准化法》（中华人民共和国主席令第 78 号）与《标准化法实施条例》（中华人民共和国国务院令第 53 号）共同确认了行业协会在制定技术标准过程中的法律地位。1988 年 12 月《标准化法》首次通过，其在第 12 条第 1 款中规定："制定标准应当发挥行业协会、科学研究机构和学术团体的作用。" 1990 年 4 月《标准化实施条例》正式施行，其在第 19 条第 2 款规定："制定国家标准、行业标准和地方标准的部门应当组织由用户、生产单位、行业协会、科学技术研究机构、学术团体及有关部门专家组成标准化技术委员会，负责标准草拟和参加标准草案的技术审查工作。未组成标准化技术委员会的，可以由标准化技术归口单位负责标准草拟和参加标准草案的技术审查工作。" 2017 年 11 月，《标准化法》予以修订，原第 12 条规定虽然被取消，但其在第 18 条第 1 款中规定："国家鼓励学会、协会、商会、联合会产业技术联盟等社会团体协调相关市场主体共同制定满足市场和创新需要的团体标准，由本团体成员约定采用或者按照本团体的规定供社会自愿采用。" 而上述法律法规无疑为我国行业协会参与制定技术标准提供了制度支持，但能看出，相关支持多属于原则性的鼓励，对于如何具体发挥行业协会的作用、功能效用发挥的具体程度、保障功能发挥的权利义务等问题的相关规定仍不够细致。

实践中虽然国家发展和改革委员会主导着行业标准的管理权限，但行业协会也在行业标准的制定中行使着越来越多的管理职权。2006 年国家发展和改革委员会曾批准将 445 项国家标准调整为行业标准，行业协会在标准拟定方面的职能得到了进一步扩展。除此之外，汽车、煤炭、纺织、石油化工以及有色冶金等领域的行业标准在实践中均由行业协会自行制定，并报国家发展和改革委员会核准审批。综上可以看出，尽管相关立法已经在行业标准领域表现出"征求行业协会意见"的整体倾向，并开始逐渐重视保障行业协会参与标准制定的权利问题，但在现行制度环境下，在整个行业标准制定的过程当中，以国家发展和改革委员会为代表的行政机关仍然主导着行业标准等领域的管理职能。首先，相关法律法规并未将行业协会列为征求意见必须告知的对象，而在相关规定中采用"可""可以"等选择性规定。如果个别行业协会的信息获取不充分或行政机关选择性通知，行业标准的制定未能得到全面、透明的论证与考量，就可能从而影响标准的制定的公平性、科学性。其次，现有法律法规也未规定告知的具体程序与步骤。例如，告知与正式的标准制定之间应留有合理的准备时间，以便保障行业协会在充分准备的基础上有效地参与行业标准制定工作。再次，行政机关应逐步完善其标准制定的信息公开制度。对于多数行业协会所提出的专业意见、建议，无论是采纳还是否决，行政机关都应予以说明。最后，对于已经制定与实施的行业标准而言，一旦出现制定程序、内容不合法、不合理，导致标准的拟定对于部分行业协会而言难以实行，或因其存在内在的技术性与时效性特征，不及时修正可能会对相关行业造成普遍的负面影响等情况，都应当规定行业协会享有申诉、救济以及批评建议的合法权利。

行业事务的决策权是行业自治的重要内容，而行业规则与标准的制定则是其行使决策权的重要表现形式。行业协会本身就是由一群具有专业知识、经验的特定会员组成的社会团体，在此特定的行业协会领域，其他机构很难比此类人群更具有专业话语权。因此相较于行政机关而言，其所制定的特定行业自治领域的规则，毫无疑问将会具有针对性更强、专业水平更高以及协商民主成分更多的整体特征。同时在构建当下新时代“共建共治共享”格局的过程中，除法律法规代表的“国家意志”之外，社会自治立法所代表的“公共意志”同样需要得到充分地表达、反映与尊重，而行业规则与标准的制定权力就是社会不特定多数领域的“公共意志”的重要表现形式。但同上述行业自治的审批许可权相同，行业规则与标准的制定权同样并不实质地掌握在行业协会手中，尤其是当行业协会的规则同地方法律政策发生重合、交叉之时，行业协会更多地表现为一种行业规则的遵守者、适用者与实施者，而非决策者。为了实现国家公权对于行业协会规则制定权的监督，保障行业自治权在国家法制框架下运行，行业规则与标准在制定之后可以呈报民政部门予以备案，但具体的制定、审核工作应当交由行业协会自身统筹安排，独立完成。

具体而言，行业规则与标准应当包括行业章程、行业准入规则、行业道德行为规范、行业惩罚规范以及行业争端解决规范 5 大部分：首先，行业章程主要体现为一种行业自治的组织规范，是行业成立、运行发展的基础守则。它主要应当包括行业协会的成立目的、组织构成、议事规则以及内部会员的权利义务等。其次，行业准入规则主要体现为一种行业自治的资质规范。它主要应当包括行业会员所应达到的职业或执业资质、数量规模、技术标准以及程序条件等要求。再次，行业道德行为规范主要体现为一种行业自治的行为规范。它主要应当包括行业协会的管理行为规范、行业成员的道德规范以及行业行为的组织纪律等方面。需要特别强调的是，只要取得行业成员的同意，行业协会在行为与道德标准上可以高于普遍法律规则。复次，行业惩罚规范主要体现为一种行业内部的惩戒规范，它主要应当包括行业批评、记过、警告、通报、公开批评、劝退、除名、开除会籍以及暂停和取消会员资格等内部处分措施。需要注意的是在涉及罚款、人身罚、自由罚等处分措施时，行业内部的组织纪律处分应当同行政处罚、强制等法律规范严格区分界限，在没有明确法律规定的前提下，行业协会无权以“内部组织纪律”为名行“行政处罚”“行政强制”之实。以足球协会、篮球协会为例，实践中其对职业运动员以违反体育道德等为处分理由对其成员进行禁赛以及大额罚款的处罚，在性质上就不应属于内部组织纪律，应当接受立法权与司法权的合法性监督。最后，行业争端解决规范主要是指行业协会有权制定争端解决的相关规则。它主要应当包括4个部分，即行业协会的内部复核、行业仲裁、行业调解以及上述3种机制同行政复议、行政诉讼之间的衔接规则。

三、推动行业维权职责的积极履行

行业协会的管理权是行业自治权中的又一重要内容，是行业规则与标准制定权的具体执行，它主要包括行业运行的日常组织管理权、违法行为的惩戒权以及荣誉行为的奖励权等。首先，在日常的内部组织管理权层面，行业协会主要针对两大类对象展开，对于企业会员而言，行业协会主要关注其组织规模、成立条件、运作水平、行会活动、收支管理以及财务状况等方面是否符合行规内容。而对于个人会员而言，行业协会则主要关注其职业资质、职业道德、会费缴纳以及执业水准等是否符合行业规定及相关法律规定。其次，在违法行为的惩戒权层面，这里的违法包括违反法律法规以及行业规范规则的广义“违法”行为，行业协会有权根据法律法规的授权或行业规则的授权对违法行为开展惩戒和处罚。最后，在针对行业会员的荣誉奖励层面，行业协会有权对行业领域内的优秀人物、企业、行为、事迹等予以公开表彰，适当的荣誉奖励有助于正面激励行业协会整体发展动力，提升行业运行水平。但需予以注意的是，行业协会的荣誉奖励也容易导致个别会员在行业发展中享有不合理的优先权，甚至是垄断权，因此，行业协会对于特定对象的荣誉表彰应当在程序上做到公平、公正与公开。而上述三大管理权力都需要我国在立法层面上予以具体明确，需要我国相关行政机关予以逐步放权。

与此同时，目前部分行业协会在行业内部治理的实践中还存在消极维权、维权机制不完善的现象，实践中行业协会维权的对象与范围有限也影响了行业监管。具体体现为行业协会在面对利害关系人举报、申诉与投诉行业会员的违法行为之时，行业协会在维权层面存在“没权做，不想做”的实践现象。而其原因则在于行业协会在内部维权领域的法定授权不够充分。从本书第二章的实践争议内容中可以看出，行业协会在维权领域的不作为类纠纷并不在少数。而此类纠纷则需要相关法律法规对上述3个权力的内容、效力及程序等予以全面补足和强化，将行业协会的维权功能与作用落到实处，提升行业协会在维权领域的权威性与积极能动性。

四、全面推进行业领域的信息公开

行业协会作为会员自愿成立的非营利性社会团体组织，其内部纠纷的解决机制应当主要依靠内部协商、协调解决，而非依靠行业协会内部申诉、行业主管部门行政复议、行政诉讼等方式，因而信息公开机制便是很好的纠纷解决机制。在实践中许多内部治理的争议问题都是因为行业成员或非行业成员对行业协会作出的管理行为、管理决定在程序、内容、期限上的透明度存在疑问而产生。① 如果行业协会自治权也能保证在阳光下进

---

① 参见倪某科诉余姚市科学技术协会案，浙江省宁波市中级人民法院（2015）浙甬行终字第143号行政裁定书等。

行，那么相关纠纷将在很大程度上得到缓解和解决。

随着数字化技术的飞速发展，信息技术在公共治理中所占据的比重也越来越大。关于信息公开问题，2017 年 2 月，《中央编办（国务院审改办）、发展改革委、公安部等关于实行行政审批中公民、企事业单位和社会组织基本信息共享的通知》（中央编办发〔2017〕54 号）发布，该文件提出要采取“互联网 +”的形式逐步推进国家事业单位、社会组织等各类机构的全国信息共享。这一通知主要是为便利行政机关的审批工作而设定，而对于便利公民大众、行业会员等主体查询社会组织信息的内容规定，当下我国相关法律法规仍然存在不足。目前，我国除了《深圳经济特区行业协会条例》第 40、55 条规定了行业协会应当建立向行业会员公开、公示的信息制度之外，其他省市地区的信息公开机制都未予以建立。具体来看，在内部治理层面，行业协会应当向会员公开会费收取情况、服务项目收费、其他收入情况、经费使用情况以及监事会、理事会决议共五大事项。而在外部治理层面，针对登记管理部门，行业协会应当公示行业协会登记信息、行业协会年度报告信息以及行业协会等级评估信息等，行业协会可以通过此信息平台提交年度报告、公布会员惩戒信息等。

郭道晖教授曾经提出，社会权力就是社会组织拥有的社会资源，包括经济的、物质的等对于国家和社会的影响力、支配力。而信息则是社会资源中的重要组成部分，互联网时代下掌控信息资源便意味着掌控权力，而权力则应当始终在阳光下运行。随着行业协会行使越来越多的公共管理职权，掌握越来越多行业成员与市场主体的资质类、信用类以及交易类等各类信息，其在相关行业的信息公开就应上升为法定义务，否则就可能产生权力滥用与暗箱操作的风险。行业协会领域的信息、数据关乎领域内外不特定相对人与利害关系人的发展利益，因此其在信息公开层面的法定义务不仅应包括对内部会员的公开，也应包括对外部利害关系人的信息公开，其与政府信息公开的履行义务不应有所差异。同时，行业协会作为法定申请人时也享有知情权与监督权，其有权要求行业主管部门积极履行信息公开义务。

2018年1月，民政部发布了《社会组织信用信息管理办法》(中华人民共和国民政部令第60号)，其在第4、6、7、8、9条中规定了社会组织信用信息的管理应遵循依法公开、统一管理、分级分责、信息共享、动态更新的原则；社会组织信用信息包括基础信息、年报信息、行政检查信息、行政处罚信息和其他信息；登记管理机关应当在信息形成或获取后5个工作日内将应予记录的社会组织信息采集录入到社会组织信息管理系统，尚未建立社会组织信息管理系统的登记管理机关，应当采取适当方式及时采集、记录相关信息；登记管理机关依据社会组织未依法履行义务或者存在违法违规行为的有关信用信息，建立社会组织活动异常目录和严重违法失信名单制度。上述规定为未来行业协会的信息公开提供了制度完善的整体方向，然而此规定重在信用类信息的公开和管理，其覆盖面仍然相对较窄，有待在内容、范围层面进一步予以拓宽。

未来行业协会信息公开的内容范围应当考虑3类相关因素：第一类是利益关联性行业信息，即行政机关掌握的某类信息、即将制定的法律法规或政策改革的信息内容同行业协会的成立、发展和运行存在利益关联的，不论其关联程度的高低，行业协会都有权向其申请公开，如此公法制度的运行才能得到各类行业领域的普遍认同。第二类是行业类的专业性信息，即那些涉及行业协会管理、服务领域的技术性、专业性的数据、标准、规模以及资质等信息，行业协会应当有权向行政部门申请公开，如此方能为行业协会的专业性发展提供保障。第三类是行业类的具体事务信息，即部分企业会员的财务与绩效信息、部分个人会员的职业与执业信息、部分行业会员的信用信息以及行业服务市场的数据信息等，行业协会也应有权向行政部门申请公开，如此方能为行业协会的服务、管理行为提供便利。但需注意的是，行业协会的治理和运行同样需要充分考量人员、机构、治理所耗费的资金成本，因而行业信息的公开也应当遵循行业领域内公开的规则、程序与标准，应当依申请而非盲目地全公开，以防出现行业内成员对信息资源领域的“搭便车”现象。

第五节　健全行业领域侵权的救济规则体系

行业领域侵权的救济体系同样是行业自治不可或缺的一部分，目前由于我国行业协会在特定领域行使越来越多的法律授权、政府授权或委托的管理权力，加上相关的制度规则未能予以及时的更新与跟进，我国目前行业协会对其会员或部分非会员的侵权行为时有发生，产生了不必要的社会矛盾。同时，在行业协会内部关系中，尽管协会是以内部会员自愿为基础而成立的，但这并不意味着两者的目标和意图就能真正实现高度统一。且由于双方之间并不平等的法律关系，相对人出于保护自身职业发展等目的又不得不选择保留意见而被迫服从行业自治的规则和要求，这就进一步增加了行业协会侵权救济的实践难度。

本书第三章已经指出，目前我国在行业协会侵权的救济理论与规则体系建设层面存在不足，其主要表现为 4 个方面：第一，行业管理权力的公私性质界定不够明确，影响了救济的实现。第二，由于行业内部治理机制及法律规范的存在不足，行业内部纠纷的复审程序和效力也不甚明晰。第三，对于行业协会成员以外的利害关系人，涉及行业协会侵权的救济路径不够完善。第四，对于行业协会复核与主管部门审核的机制衔接、效力区分问题仍待厘清。因此，救济规则体系的构建应当从整体上实现 3 个目标：首先，应当有利于高效、实质地化解行业自治领域的纠纷与冲突。其次，应当充分尊重行业协会自治的权利体系。最后，应有效矫正行业管理中包括主管部门监管、行业协会自治等领域的不合法、不正当、不公平现象。

一、行业协会管理权力的法律性质定位

作为公共管理领域的重要一环，行业协会的管理权力在形式上虽然具有内部管理的“外衣”，但在实质上却具有超越行业内部局限的普遍行政管理行为之内核。尤其是在行业协会对内部会员开展包括会员的资质准入、行业处罚以及部分行业强制措施等多种行业管理行为的过程中，相对于普遍意义上的行政许可、行政强制以及行政处罚而言，行业会员或个别利害关系人在事实上同行业协会构成了一定的特别的内部的权力（利）关系。因为相关个人在进入此类特定行业领域并正式成为团体会员之前也自愿承诺接受、放弃或让渡一部分权利给予行业协会这一整体社会团体，并接受其管理，这在形式上有其明显的内部性特征。但本书认为，应从法律视角观察这一权力属性，不应仅从管理的形式、方式等外在表现观察，而应更多地关注其管理权力所产生的实质性法律后果，实现其内部职权、职能与职责在制度层面的对称性。

事实上，行业管理的“内部性”“特殊性”是从行政学、管理学等非法学视角开展的属性认定，其是以政府这一普遍的、广义的行政管理主体作为参考对象所产生的分类后果，对于公法学领域不具有参考性。从行政法学视角来看，行业管理权力已经对行业领域内、外的不特定相对人的合法权利产生了事实上的、普遍性的损益性后果。具体来看，行业协会对其会员或个别利害关系人的管理，无论是行业协会政策标准的拟定，如汽车、食品协会的行业标准，还是行业会员资质的审核与准入，如律师、医师行业的执业证审核，抑或是行业协会的处罚与强制，如足球、篮球行业协会对于职业运动员的禁赛、罚款，又如乒乓球、羽毛球行业协会对于职业运动员在接受商业广告、赞助的从业限制等，从其对相关个人造成的权利限制与损益等法律后果上看，其与广义上的行政许可、行政处罚以及行政强制等国家行政权力并无差别。因此，对行业内部管理权力的规范性问

题之探讨，应从实现行政法治的整体思路出发，从立法、执法、司法以及社会监督四大方面切入，提升行业协会领域立法水平，实现行业协会内部管理的规范化，强化司法机关对于行业协会的监督，从而构建全面有效的社会监督体系，确保过罚相当、罚当其责，避免这一特定公权运行领域出现法治层面的监督死角与真空。

二、健全行业协会纠纷的内部救济机制

维护行业协会成员利益，处理协会内部的争议纠纷既是行业协会的基本功能之一，也是其充分实现行业自治的需要。而本书探讨的内部救济制度主要系用于解决行业协会内部成员之间以及行业协会成员与协会之间所发生的争议纠纷。除去外部层面的行政救济与司法救济外，行业内部救济制度主要包括行业调解、内部复议、内部申诉以及行业仲裁 4 种方式。但整体来看，尽管行业内部的救济制度在形式上具有证据收集便利、信息沟通流畅以及当事人召集迅速等高效率优势，但由于我国行业立法尚不够成熟与完善，现行内部救济机制仍然存在三大方面的问题：首先，公开性不足。目前我国行业协会的内部救济在规则内容的拟定、讨论、通过，救济程序的听证、参与、回避以及裁决的参与者与裁判者选定、结果告知等多个方面均缺乏公开性。其次，中立性不足。相比于法律法规的客观公正性，行业救济规则的内容显得较为灵活与主观，它反映出多样化成员的诉求甚至是个别负责人的主观态度。并且内部救济机制的构建也难免会出现“自己做自己案件的法官”的公正性质疑。最后，权威性不足。行业协会救济规则的权威性大多是源于内部成员的认同与授权，因而其在位阶层面上低于且不能背离国家现行法律与普遍社会道德，所以其内部裁决不具有终局性与足够的权威性。且出于全国大部分地区行业协会对政府的依赖，其也难以充分发挥其自治权力。因而，许多内部救济制度缺乏同行政复议、行政诉讼制度一样的“刚性”“硬性”效力以及公信力，在完善行业

内部救济制度层面我国仍有很长的路要走。

针对上述问题，本书认为完善内部救济体系应从以下四方面进行改进：第一，应当完善内部听证程序。为提升行业救济的公正性、公开性与透明性，防止争议纠纷当事人的合法权利被不当侵害，同部分行政处罚的法定程序规则相同，当行业协会成员受到较为严重的财产或人身处罚时，其应当享有听证的法定权利，而具体的人员选定、陈述申辩、公开参与等制度规则可比照我国现行的听证制度进行构建。

第二，应当健全内部复议程序。此处的复议程序是指区别于行政复议的行业内部复议，其程序的启动主要适用于争议当事人对于行业内部惩罚存有异议的情形。目前行业复核程序的规定仍存在不足，在行业内部的复议机构、复议的调查机制、复议决定的效力及复议机构的级别效力等方面均存在不同程度的问题。① 本书认为，复议程序的改进应当根据当事人的主体身份区分两种情形：其一，当争议双方当事人是作出惩罚的行业协会与行为相对人时（一般包含行业协会成员或行业内相关利害关系人），为避免“自己做自己案件的法官”之现象出现，复议机构应为上级行业协会内部设置的复议机构。其二，当争议双方当事人是行业协会成员或行业领域内的利害关系人时，其复议机构则应为享有管理权力的行业协会。同时为了防止争议纠纷反复复议而久拖不决，保障权利救济的及时性与权威性，尽管实践中行业协会的层级也包括全国、省（自治区、直辖市）以及地级市 3 级，但仍应当仿照行政复议制度的规定，明确行业内部复核的审核级别限制，因而当事人对行业复议结果不服的只能向上级机构申请一次复议。但也有例外，若行业协会内部的惩罚行为是由全国性行业协会作出的，那么则应当突破内部局限，由其同级民政主管部门作为其复议机构。

① 具体例如《中国电梯行业行规行约》规定复议机关为理事会，而《中国棉花协会会员公约》却又未规定复议的具体机关。类似的混乱现象在目前我国各类行业协会的章程、行规之中都有存在。

第三，应当完善申诉程序。相对于复议程序而言，申诉程序的运行则隶属于另外一个权利救济体系。实践中负责申诉的内部机构一般为行业内设置的监事会或特定专业委员会。具体而言，启动此类程序可以基于多种理由，如对复议结果、裁决结果、惩罚结果不服都可以提起相应的申诉程序，但不同于复议程序具有的层级效力，鉴于申诉机构的组织设置特点，对于申诉后的处理结果仍然不服的，当事人可选择行政救济或司法救济的相应途径，但不能直接向上级监事会或特定专业委员会再次申诉。需要强调的是，目前我国申诉程序也同样存在多方面的缺陷，即部分行业协会仍未设定监事会或专业委员会，行业监事会与专业委员会由于成员构成原因（强势企业会员居多）难以完全实现中立裁决以及申诉过程中的回避、调查、陈述、申辩以及处理等程序，相应规则也不够健全。本书认为，申诉程序应从以下 3 个方面进行改进：首先，此类救济程序依赖于监事会与专业委员会的独立设置，这就需要实践中行业协会健全自身的组织机构设置。其次，鉴于此类救济方式具有明显的内部救济特征，其要充分利用行业自治中的自愿性与能动性，尝试构建内部调解专员、专业调解员等协商调解机制，实现内部争议纠纷的高效、实质性解决。最后，内部申诉机制也要重视其透明性与中立性，因而在规则层面对于裁判人员的选任、当事人的程序权利保障以及申诉结果和依据的公开等方面均需得到全面的补足与完善。

第四，推进行业仲裁制度的全面建立，减少行政、司法监管的介入与成本。目前，我国涉及行业纠纷的仲裁制度仍然处于理论探索阶段。行业仲裁既能充分尊重行业协会领域的专业性，又能兼顾当事人的意思自治，还不缺少类似于司法机关所具有的公正性与公开性特征，应当予以重点扶持与保障。今后此类制度的建立应当重点完善以下 3 个具体方面：首先，完善行业仲裁员的专家人才资源库的构建制度，完善专业型裁判人员的组成机制。其次，逐步推进部分行业内部纠纷裁判权向行业仲裁转移。最后，明确行业仲裁的法律效力和审级机制，原则上已经诉诸行业仲裁救济的，不应再有权寻求行业协会内部及行政主管部门救济，但司法救济除外。

与此同时，内部救济不应排除同外部救济之间的衔接，因而两种救济制度之间应当明确如何衔接。本书认为应当着重从以下 4 个方面推进具体衔接：第一，当事人已经寻求内部救济手段的，应当穷尽内部救济规则。从现行法律规定来看，行业协会是由公民自愿联合成立的社会团体之一，行业运行过程中的章程与其他自治规范是成员共同协商的意志体现。因此最大限度地发挥行业内部在信息、人员以及成本等方面的优势，尊重行业内部开展救济规则，有利于争议纠纷的实质性化解。同时从节省管理成本的视角来看，对于当事人已经充分寻求了内部救济手段的，为减少国家公共管理机构的成本与负担，与之衔接的外部救济程序应当予以合理限制，这样设计的目的在于不仅能最大限度地推进纠纷高效、快速地解决，而且能提升内部救济制度的权威性，避免权利救济出现在内部“循环救济后”仍向行政复议、行政诉讼程序“扎堆”的负面后果，导致行业内部救济机制被不当“虚置”。但内部救济的穷尽原则更多指向的是一种裁决程序上的前置性，而不是效力上的终局性，内部争议纠纷的解决不能排除行政、司法救济的介入，且内部救济原则并不是外部救济途径的必要前置程序。

第二，加大行业调解的运行频率，强化行业调解的拘束力。行业调解是内外救济体系的重要桥梁，并且行业自治权相对于强调命令与服从的国家公权而言具有及时、便利的特点，因此协商、调解一直扮演着行业救济领域的重要方式。实践中，在解决争议纠纷之时，当事人不倾向于选择调解方式，主要原因在于调解的拘束力和执行性有限，从而可能使当事人调解之后出现反复救济的现象。而这就需要对行业调解制度在以下 3 个方面予以完善：首先，推进行业调解协议的构建，明确行业调解协议的法律效力。当事人一方违反已达成的调解协议的，另一方有权直接向法院提起强制执行。其次，强化行业调解的执行力度和效率。明确义务履行人的履行期限及违约责任，构建与之匹配的信用惩戒制度。最后，实现行业调解的透明化运行。健全行业调解从启动、运行到结果各个程序的参与和公开，提高其公信力与权威性。

第三，明确行业协会复核程序同行政、司法救济的衔接。这里的复核同上文提到的“内部复议”指的是同一救济程序，只不过在不同地方行业的立法规定中称谓不同而已。当争议纠纷的当事人首先选择内部复核程序时，应按照上文所述内容走完全部程序。而当当事人对内部复议结果不服时，其可向行业主管部门寻求审核监督的救济，原则上行政主管部门的审核监督面向各个层级的行业协会内部复核决定，只要当事人对行业协会的内部复核结果不服，其随时可向行政主管部门提起申诉，而此时对行政主管部门的处理结果不服的，则只能按照《行政复议法》的规定向上级提起一次复议或直接向法院提起诉讼。

第四，强化地方法院的司法监督和参与。虽然行业内部纠纷的救济路径具有诸多优势，但由于内部规则同不特定多数行业成员的利益息息相关，并且其在讨论、制定等多个环节存在一定的倾向性、主观性以及偏见性，其需要司法权力的积极监督与规范。同时相比较而言，司法监督的对象与范围更广，且其在公正性、权威性方面是其他救济方式无法比拟的，原则上其面向各个层级的行政协会内部复核及行政主管部门的申诉审核，只要当事人提起符合受案范围的行政诉讼，地方法院应当予以受理。同时，司法权应当作为纠纷解决的最终权力与最后保障。对于当事人已提起行政诉讼的，无论其案件争议进行到何种层级，都不应再寻求其他救济手段。

三、行业协会纠纷的外部救济机制完善

此部分主要探讨的是当事人面对争议纠纷时排除内部救济途径而直接寻求外部救济的实践情形。外部救济制度主要指行业主管部门的复核以及司法机关的裁判。本书在第二章已经指出，无论是行政机关的复核、复议

还是司法机关的监督裁判，两个机关在相关权力规范或权利救济的过程中都倾向于以不干涉行业自治为由而选择消极不作为。在当下行业内部救济机制本就不够健全的实践情况下，这无疑加剧了争议纠纷当事人寻求权利救济和保障的困难。

对于外部救济机制的完善应当从以下3个方面予以展开。

第一，行政主管部门应当积极、合法地履行行业监督职责，避免出现职权的缺位与不到位。从权力体系来看，在一个法治国家之中，公权力的取得、享有与运行首先需要遵循职权法定原则，需要由国家法律授予和确认。但是目前就行业协会管理权限的内容、范围与程序等问题，立法层面并未能予以明确的授权和规范，而这就需要行业主管部门在执法监管层面予以积极矫正，保证行业协会管理权限的规范化运行。行政主管部门的监管责任应当重点关注以下内容：首先，行业协会在管理和服务过程中的违法行为。主要表现为行业协会在行业规则与标准制定、行业资质审核、行业内部处罚、行业竞赛奖励以及行业协会活动等方面的违法行为。其次，行业协会在管理和服务过程中的不作为。主要表现为利害关系人举报行业会员违法的不受理，针对行业不正当竞争、行业垄断等秩序乱象的不作为以及不积极组织行业业务培训、会员交流等服务、学习活动等。最后，行业协会发展与运作过程中的低效能、低质量行为。行业协会的发展需要政府在财政税收方面的部分支持，同时其能否实现高质、高效发展也关乎我国社会公益事业的服务供给水平，因此，行业主管部门要密切跟进行业协会的运作状况，保障其能持续性地提供高质量的社会服务供给。此类行为主要表现为个人会员的执业水平与能力、企业会员的办公设施及条件、行业协会服务的水平与质量以及行业协会检测、认证、信息数据收集行为的专业性与权威性等。而针对上述三大类行为可能给利害关系人带来的不利影响，行业主管部门可以通过年度检查、日常监管、定期抽查、异常名录、行业评估以及行业信息公示等多方面的监督管理措施予以避免或减轻，从而在直接或间接层面提升行业协会运行的规范性、合理性与专业性。

第二，应从制度层面督促司法权发挥功能作用。除行政权之外，司法权在当下我国行业协会监督管理过程中也应发挥至关重要的作用。对于公权力而言，法无明文规定不可为。在当下行业协会立法水平有限的实践背景下，行业主管部门以及行业协会所行使的管理权限都存在不同程度的困境，需要司法机关积极能动地开展监督，否则上述两个公权力将可能因为现行立法的缺失而产生权力滥用的风险。

第三，明确信访行为同上述两种监督机制的合理区分。从本书第二章的论述可以看出，面对当事人对行业协会侵权的申诉、救济与举报行为，一些行政主管部门与司法机关将其认定为信访行为，这是不合理的。在行业救济领域的实践立法中，在面对已存在救济路径与机制的前提下，不能将信访作为统一的兜底方式予以使用。对此需要相应从以下 3 个方面予以明确和完善：其一，行业管理的权力违反行业规章或法律法规的具体授权规定时，其违法行为造成的争议纠纷应当首先通过行业内部救济、行政复议或行政诉讼途径解决。其二，信访行为的性质应当具体明确，信访权利不能被滥用。针对行业侵权的不当行为，尽管利害关系人在形式上是通过举报、投诉等方式予以维权，但在实质上其所申诉的对象仍然是指向具体的行业违法行为，因此应且仅应通过行业救济路径展开维权，而信访则不能宽泛地、无原则地、无依据地从形式上将全部举报事项纳入受理范围，否则将会造成信访机制的滥用，违反立法原意。其三，在行业领域的争议纠纷领域，需要行政主管部门同司法机关相互协同、积极发挥监督职能，应避免两者以“信访行为”的性质为名，逃避监管的法定职责，行消极不作为之实。

需要特别强调的是，尽管本书认可行业协会自治权力授予的必要性，但权力的授予应当科学、合理，避免过度、粗放的非理性放权：首先，如果政府过多地转让其原本应当履行的公共管理职责，一旦出现公共财政补贴不能同时跟进的情形，就有可能不当增加行业协会的运行成本，损害行业协会成员的合法权益，导致行业协会最终走向分离。其次，应当避免政府向行业协会授权或委托一些本应取消的管理权限，包括不合法与不合理的权限，防止行业协会成为政府规避法律风险的避风港或成为行政垄断行业市场领域的专业工具。最后，政府授权也应尊重行业协会成员的利益诉求。政府主要关注社会公共利益的实现，其范围更广，对象也更为普遍，因而政府更为关注社会大众的普遍性而忽略行业会员的特殊性。相对而言，行业协会更为关注这一相对特定的、封闭性的行业领域会员的特殊利益诉求，因而两者之间存在一定张力。因此，政府授权也并非一厢情愿的随意事项，应当在得到行业协会会员承认与尊重的基础上，在权衡社会公共利益与行业公共利益关系的前提下，作出适当性、科学性与针对性的放权。

结　　论

行业协会治理的研究需要历史的回顾，更需要实证的考察。本书经过详尽的分析、归纳与论述之后，尝试提出以下5个观点。

第一，在我国的行业协会发展之中，国家是决定的因素，而行业协会是被决定的因素。具体而言，我国行业协会尤其是具有公共管理权力的多数行业协会是由行政机关主导、组织、统筹、规划或通过政府精简组织机构、“简政放权”、“行政机关脱钩”等方式而“被动”产生的实践结果。因而在整体的治理组织体系中，国家的地位高于行业协会的地位，这是必须承认也无法否认的客观现实。而这就必然导致我国行业协会的治理实践存在以下4个特征。首先，由于政府自始至终的主导性作用，行业协会同政府机关在组织机构、领导人员、行为模式以及权力责任之间具有天然的紧密联系，因而也较可能产生政府从上述层面介入和影响行业自治的风险。其次，国家权力与行业协会发展互容依存。既然部分行业协会脱胎于行政组织体系，那么两者之间就更多地存在一种协调分工而非对立冲突的组织关系，彼此难以互相独立。再次，我国行业协会虽然在数次政府机构改革之后保留、承接和发展了越来越多的行业管理权力，但由于其在组织地位层面低于行政机关，为了实现行业组织力量规范有序地参与社会治理，其在成立、发展、注销等各个阶段应当自觉、主动、依法接受行政机关的依法监管。最后，不同于西方行业协会，在中国这片土地上，行业协会治理的创新与改革应当主要关注行业自治领域需要什么权力（利）、政府应当向行业协会领域转移、释放和授予什么权力（利）以及政府应当同行业协会在哪些领域实现“事务上的脱钩”“权责上的区分”等多项问题。因而尽管在法律地位上政府高于行业协会，但政府应戒除“强权思维”，有所为而有所不为，两者应当在具体的性质、功能与结构上有所区分。

第二，行业协会应当具有“公”“私”兼具的法律性质，二者共同铸成了行业协会法治蓝图的全景，缺一不可。本书认为，从全面优化行业协会治理的功能主义视角来讲，只关注行业协会的“私”属性很可能会忽视其作为“公权力”治理主体的权力规范与监管问题，而只关注行业的“公”属性有可能会忽视其作为“私权利”被治理主体的权利保障与救济问题。因而当行业协会作为公权力代表的行业治理者之时，其权力的来源、监管的权限、治理行为与程序的合法性以及行业侵权的救济等多项问题都需要从制度层面予以全面的规范与监督。同时，当行业协会作为私权利代表的行业被治理者之时，其权利与自由的保障、权利被侵犯后的救济以及其自治权同主管部门的权力界限等问题同样需要从制度层面予以明确规范。

第三，从公法视角研究行业协会治理，应当全面关注其作为被治理者的权利保障与治理者的权力规范两大法治问题。除去历史影响，在当下我国行业协会作为被治理者的外部治理层面，立法规范体系不够健全、行业主管部门执法有待规范、司法机关作为不足构成了外部治理层面的三大主要困境。同时，行业协会也行使着内部自治的多项管理权力，由于目前我国行业自治领域的立法还不够完善，行业协会在行使管理权力的过程当中也存在消极不作为或权力滥用进而侵犯行业协会成员的风险。在行业协会作为治理者的内部治理层面，外部强制性规定的限制、内部治理规范不足、内部治理机制不健全、内部救济体系不完善构成了内部治理层面的四大主要困境。

第四，研究当下的行业协会治理问题，需要从结构上理顺行业协会同政府之间的关系、地位差异，从而寻找出符合中国行业协会治理的本土模式与指导理念，而这就需要从我国古代公理思想中的“公”“私”治理概念中寻找答案。中国传统的治理理念之中并无“国家”与“社会”之分，而只有“公”与“私”、“官”与“民”、“中央”与“地方”之分，政府以外的主体统一都归为“私”。从整体历史脉络中梳理，中国公理思想的发展史就是一部“公”与“私”在伦理价值差异上不断缩小的发展史，又是“公”对“私”的伦理价值从排斥到包容的发展史，更是一部“私”的伦理价值不断提升并逐渐与“公”走向“和谐归一”“互相补充”的发展史，而在这个过程之中“公”所代表的伦理价值始终处于核心地位。因而我国对待“公私主体”就具有不同于西方的独有治理理念。其一，在伦理价值层面，中国公理思想中的“公”是天然优于“私”的，在地位上“公”也是高于“私”的，这一点没有争议。因而不同于西方“公”与“私”在结构地位上的平行与抗衡，伦理价值上的对立冲突，甚至是“私”对“公”构成挑战的理念传统，中国的公理思想更为强调“公”对“私”的包容与统筹性，“私”与“公”的协调与一致性，即“公”的理念要平等地包容形式多样、内容丰富的“私”，而“私”的需求不可违背“公”的定理。其二，中国的治世机制更多地表现为一种集体一致、和谐统一、不断调试的有机整体，国家与社会是统一、同构的，相互间不分立、不对立，权（利）力之间的对抗、冲突和无序也并非其运行、发展的主要特征。因而在我国的社会治理之中，即使“私”的欲望（包括本能性欲望、生存性欲望及社会性欲望）在不断扩张，公理的内涵也会随之作出适应性的变革与调整，从而表现出完全不同于西方自然法传统的一种“和而不同”“天下归一”的整体和谐状态。其三，中国“公”与“私”的界限并非泾渭分明。中国的“公”在伦理价值上一直是优于“私”的，在地位上是高于“私”的，在功能上也的确是为“私”谋福利的，是具有正当性基础的。因而私权要想获得生存的空间，获得伦理价值上的普遍认可，就需要接受公理的指导，同公理保持协调一致。

第五，面对我国当下庞大的治理规模与负荷，从制度上保障“公”“私”主体的合法权力（利）运行，推进“公”“私”权能的精细化分工才是构建新时代“共建共治共享”治理格局的核心关键。新时代我国的社会治理创新需要国家的宏观引导和规制，但同样需要行业协会的微观互动和参与，双方的治理功能都不应“缺位”。而这就需要政府与行业协会从关系、结构与权能层面在以下5个具体方面予以制度上的完善与改进。首先，中国特色的社会治理模式应当是政府主导，社会协助的合作分工思路，因而行业协会在社会治理的组织结构定位上应当更多扮演政府的辅助、建议以及协作者角色，而非西方式的同政府对抗、冲突的制衡者角色。虽然行业协会在我国的法律定位上属于自愿成立的社会团体，但由于其在社会治理过程中承担的公共责任以及在管理权力、对象和资金等方面所具有的公益属性，其应当在发起成立之时满足一定的强制性条件，在发展运行之中接受行业主管部门的监督和管理，在注销之前向行业主管部门履行一定的告知义务。因此，中国公民结社的自由应当被尊重，但其通过私权的聚合产生了公共性的权力与责任，并有可能对不特定多数人的权利带来实质性影响，故这一法定自由应当是有限的自由，是政府管理与指导之下的有序自由。

其次，政府主导要真正做到合法合理。尽管我国在国家与社会结构上更多采用的是统一模式，但为实现高效提供社会公共服务的治理现代化目标，两者的权责内容需要作出具体的区分与协调。在当下治理实践之中，除我国深圳、广东、上海等行业协会治理较为成熟的地区之外，其他多数省市地区的行业主管部门的实践监管仍然存在一些问题。其原因在于目前我国主管部门监管在立法、执法以及司法监管方面都存在一定不足，在立法层面，目前行业协会的实践管理缺乏兼具统一性、协调性、规范性与可操作性的法律依据，主管部门权力的授权规定也存在一些“真空地带”。在执法层面，由于执法依据、规范规则不可避免地存在滞后性，部分地方行业主管部门的服务与法治水平有限，在治理行业协会的过程当中也存在一些问题。而在司法监管层面，面对行业协会同其主管部门的诉讼纠纷，地方法院体现出谨慎的监管态度，存在以受案范围不适格为由排除行业领域行政诉讼纠纷的情况。

再次，政府主导的模式要理性而有限度，国家应当充分放权，释放社会自治活力。面对我国庞大的社会治理负荷，从提升社会治理与公共服务供给效能的目的出发，政府需要对在特定领域具有专业性、技术性优势的行业协会充分放权。其具体需要注意三大方面的问题：其一，政府针对行业自治领域的放权应主要面向行业标准规则制定、行业资质审核、行业维权、行业惩戒处罚以及行业纠纷裁决等多个事务性、专业性以及技术性较强的行业内部自治领域，并且授权应当充分、彻底、明确、细致。其二，政府放权之后，应避免行业主管部门假借行政指导之名，行干预行业自治之实。行政指导虽然在法律属性上不具有强制性，但仍然需要限定指导的具体对象、方式与范围。其三，组织是权力实施的载体，要从组织规模上充分保障对行业协会的充分授权。目前，我国在行业协会成立登记领域正在大力推进“直接登记”等改革，但一些行业主管部门仍然以“一业一会”“未取得主管部门同意”“未取得名称预审核”“发起人不具有权威性”等多种理由限制行业协会的合法成立。本书认为，行业协会成立的初衷是为人民服务，只要其在资金、场地、人员以及机构等方面具备提供公共服务的能力水平并且符合现有立法的形式规定，主管部门都应保持包容开放的态度批准其成立，而不应考虑不相关因素对其进行不合理限制。

复次，行业内部治理也要于法有据，从而确保治理权能的高效合法运转。目前在行业自治领域，也需要从内外两方面进行完善。在外部制度层面，现有法律法规在社会团体的名称、印章、编制、业务、章程等多项行业自治领域都有强制性规定。而在内部治理层面，行业协会立法的相对滞后与不足也影响了治理效果。这就需要行业协会的有关专门立法，尤其是对行业内部治理机制的规定方面应当予以重点补足和完善。同时，对于行业协会自治的授权尤其是立法授权，应当尽量在内容与程序层面做到具体、明确与细致，避免使行业协会“无权可用”或因“空白性”授权而权力无边界、无限制。

最后，有权必有责，权责应匹配。对于行业协会治理过程中的国家公权与行业内部管理权，都需要从制度上构建完善的权力归责与权利救济体系以保证两者的合法运行。在行业主管部门的权力监管层面，立法与司法要积极发挥其规范与监督功能。目前，我国行业协会的管理主要依据《社会团体登记管理条例》执行，而党中央确立的“共建共治共享”社会治理目标以及国务院大力推行的“行业协会直接登记”“行业协会与行政机关脱钩”“一业多会”等多项改革内容需要在立法层面予以及时修订、落实，立法规定没有及时跟上行业治理的实践需要。同时，司法机关在面对主管部门同行业协会之间的行政诉讼之时，应根据公法救济的相关原则、理念积极解释法律规则，从而将主管部门的管理权力真正纳入司法权力的规范与监督之内。而在行业协会的内部治理层面，从构建全面、完善的救济体系视角来保障行业内部管理权的规范性与合法性，不失为一种较为具有可操作性的方法。行业内部治理的救济包括内部申诉、复核、调解、仲裁等机制，而现阶段上述机制都需要我国从立法层面对其裁决机关、运行程序、裁决效力及其同行政复议、行政诉讼之间的具体衔接予以明确。同时应当明确行业内部救济机制并不具有效力上的终局性，其应当接受行政复议与行政诉讼等公法体系的外部监督。《行政复议法》第 15 条规定了当行业会员对行业协会管理行为不服时，享有向行业主管部门申请行政复议的权利。同时《最高人民法院关于适用〈中华人民共和国行政诉讼法〉的解释》第 24 条也规定了行业协会在作出法律法规授权的行业管理行为之时，其具备适格的行政诉讼被告资格。因而当利害关系人提起相应的行政复议与行政诉讼之时，行业主管部门与司法机关应当积极履行其监管义务，保障当事人的合法权益，避免行业自治成为脱离制度监管的法外领域。

2022 年 10 月 16 日，中国共产党第二十次全国代表大会胜利召开，党的二十大报告指出，要理顺行业协会、学会、商会党建工作管理体制；加强新经济组织、新社会组织、新就业群体党的建设。2023 年 3 月 16 日，中共中央、国务院印发《党和国家机构改革方案》，文件指出要组建中央社会工作部，负责统一领导全国性行业协会商会党的工作，协调推动行业协会商会深化改革和转型发展，指导混合所有制企业、非公有制企业和新经济组织、新社会组织、新就业群体党建工作，指导社会工作人才队伍建设等，作为党中央职能部门。在新时代党和国家制度机构逐渐趋于科学、系统的大背景下，我国行业协会治理必将迈上新台阶，社会整体治理水平也必将走向新高度。

参考文献

一、中文类参考文献

（一）著作类

［1］［德］马克思、［德］恩格斯：《马克思恩格斯选集》（全4卷），中共中央马克思恩格斯列宁斯大林著作编译局编译，人民出版社2012年版。

［2］李林：《中国法治变革》（上下册），中国社会科学出版社2019年版。

［3］黎军、高俊杰、周卫：《行业自治研究》，中国社会科学出版社2018年版。

［4］王名：《中国社会组织（1978－2018）：社会共治——正在生成的未来》，社会科学文献出版社2018年版。

［5］鲍明钤：《中国民治论》，商务印书馆2017年版。

［6］［奥］凯尔森：《法与国家的一般理论》，沈宗灵译，商务印书馆2017年版。

［7］周雪光：《中国国家治理的制度逻辑——一个组织学研究》，生活·读书·新知三联书店2017年版。

［8］殷海光：《中国文化的展望》，中华书局2016年版。

[9]［法］莫里斯·奥里乌：《法源：权力、秩序和自由》，鲁仁译，商务印书馆2015年版。

[10] 吴恩裕：《马克思的政治思想》，商务印书馆2014年版。

[11]［英］马丁·洛克林：《公法与政治理论》，郑戈译，商务印书馆2013年版。

[12] 王名：《社会组织论纲》，社会科学文献出版社2013年版。

[13]［美］塔尔科特·帕森斯：《社会行动的结构》，张明德、夏遇南、彭刚译，译林出版社2012年版。

[14]［日］沟口雄三：《中国的公与私·公私》，郑静译，生活·读书·新知三联书店2011年版。

[15] 孙本文：《当代中国社会学》，商务印书馆2011年版。

[16]［德］赫尔曼·黑勒：《国家学的危机：社会主义与民族》，刘刚译，中国法制出版社2010年版。

[17]［美］朱迪·弗里曼：《合作治理与新行政法》，毕洪海、陈标冲译，商务印书馆2010年版。

[18]［美］杰里·马肖：《贪婪、混沌和治理：利用公共选择改良公法》，宋功德译，商务印书馆2009年版。

[19]［新西兰］迈克尔·塔格特：《行政法的范围》，金自宁译，中国人民大学出版社2009年版。

[20] 薛刚凌主编：《行政主体的理论与实践：以公共行政改革为视角》，中国方正出版社2009年版。

[21]［奥］尤根·埃利希：《法律社会学基本原理》，叶名怡、袁震译，中国社会科学出版社2009年版。

[22] 邓国胜等：《民间组织评估体系：理论、方法与指标体系》，北京大学出版社2007年版。

[23] 张小也：《官、民与法：明清国家与基层社会》，中华书局2007

年版。

［24］黎军：《行业自治与国家监督：行业协会实证研究》，法律出版社 2006 年版。

［25］沈岿编：《谁还在行使权力：准政府组织个案研究》，清华大学出版社 2003 年版。

［26］［美］E. S. 萨瓦斯：《民营化与公私部门的伙伴关系》，周志忍等译，中国人民大学出版社 2002 年版。

［27］黎军：《行业组织的行政法问题研究》，北京大学出版社 2002 年版。

［28］应松年、薛刚凌：《行政组织法研究》，法律出版社 2002 年版。

［29］王名：《中国社团改革：从政府选择到社会选择》，社会科学文献出版社 2001 年版。

［30］王绍光：《多元与统一——第三部门国际比较研究》，浙江人民出版社 1999 年版。

（二）论文类

［1］郁建兴：《改革开放 40 年中国行业协会商会发展》，载《行政论坛》2018 年第 6 期。

［2］石佑启：《论协会处罚权的法律性质》，载《法商研究》2017 年第 2 期。

［3］周黎安：《行政发包的组织边界—兼论“官吏分途”与“层级分流”现象》，载《社会》2016 年第 1 期。

［4］郭道晖：《论法治社会及其与法治国家的关系》，载《中共中央党校学报》2015 年第 1 期。

［5］郭道晖：《法治新思维：法治中国与法治社会》，载《社会科学战线》2014 年第 6 期。

[6] 何增科：《政府治理现代化与政府治理改革》，载《行政科学论坛》2014年第2期。

[7] 江必新、李沫：《论社会治理创新》，载《新疆师范大学学报(哲学社会科学版)》2014年第2期。

[8] 马金芳：《社会组织多元社会治理中的自治与法治》，载《法学》2014年第11期。

[9] 蔡志鸿等：《社会共治：多元主体共同治理的实践探索与制度创新》，载《中国行政管理》2014年第12期。

[10] 沈永东等：《从双重管理到合规性监管——全面深化改革时代行业协会商会监管体制的重构》，载《浙江大学学报（人文社会科学版)》2014年第4期。

[11] 张康之：《论主体多元化条件下的社会治理》，载《中国人民大学学报》2014年第2期。

[12] 周黎安：《行政发包制》，载《社会》2014年第6期。

[13] 周黎安：《再论行政发包制：对评论人的回应》，载《社会》2014年第6期。

[14] 周雪光：《中国国家治理及其模式：一个整体性视角》，载《学术月刊》2014年第10期。

[15] 纪莺莺：《当代中国的社会组织：理论视角与经验研究》，载《社会学研究》2013年第5期。

[16] 汪莉、解露露：《行业协会自治权之程序规制》，载《行政法学研究》2013年第2期。

[17] 俞可平：《让国家回归社会——马克思主义关于国家与社会的观点》，载《理论视野》2013年第9期。

[18] 郁建兴等：《后双重管理体制时代的行业协会商会发展》，载《浙江社会科学》2013年第12期。

［19］湛中乐、苏宇：《社会管理创新与行政法形态之变革》，载《行政法学研究》2012 年第 1 期。

［20］周雪光：《运动型治理机制：中国国家治理的制度逻辑再思考》，载《开放时代》2012 年第 9 期。

［21］鲁篱、楚建会：《行业协会非法律惩罚救济问题研究》，载《西南民族大学学报（人文社会科学版）》2011 年第 1 期。

［22］王名、孙伟林：《社会组织管理体制：内在逻辑与发展趋势》，载《中国行政管理》2011 年第 7 期。

［23］江必新、邵长茂：《社会自组织管理的司法应对》，载《行政法学研究》2010 年第 4 期。

［24］汪莉：《行业协会自治权性质探析》，载《政法论坛》2010 年第 4 期。

［25］汪莉：《论行业协会自治权的权源及其性质》，载《学术界》2010 年第 7 期。

［26］余凌云：《行政主体理论之变革》，载《法学杂志》2010 年第 8 期。

［27］郭道晖：《社会权力：法治新模式与新动力》，载《学习与探索》2009 年第 5 期。

［28］郭道晖：《论社会权力的存在形态》，载《河南省政法管理干部学院学报》2009 年第 4 期。

［29］姜明安：《全球化时代的"新行政法"》，载《法学杂志》2009 年第 10 期。

［30］屠世超：《行业自治规范的法律效力及其效力审查机制》，载《政治与法律》2009 年第 3 期。

［31］周雪光：《基层政府间的"共谋现象"——一个政府行为的制度逻辑》，载《开放时代》2009 年第 12 期。

［32］郭道晖:《论社会权力——社会体制改革的核心》，载《中国政法大学学报》2008年第3期。

［33］何增科:《试析我国现行权力监督存在的问题及原因》，载《学习与探索》2008年第4期。

［34］俞可平:《中国治理变迁30年（1978—2008）》，载《吉利大学社会科学学报》2008年第3期。

［35］何增科:《社会管理体制改革背景下的社会工作发展思路——中国社会管理体制改革与社会工作发展研究之三》，载《毛泽东邓小平理论研究》2007年第10期。

［36］何增科:《社会管理体制改革的总体思路:走向新的社会管理模式——中国社会管理体制改革与社会工作发展研究之二》，载《毛泽东邓小平理论研究》2007年第9期。

［37］何增科:《论改革完善我国社会管理体制的必要性和意义——中国社会管理体制改革与社会工作发展研究之一》，载《毛泽东邓小平理论研究》2007年第8期。

［38］鲁篱:《行业协会社会责任与行业自治的冲突与衡平》，载《政法论坛》2008年第2期。

［39］鲁篱、周道树:《行业协会价格卡特尔反垄断法规制的比较研究》，载《河北法学》2007年第9期。

［40］莫纪宏:《论对社会权的宪法保护》，载《河南省政法管理干部学院学报》2008年第3期。

［41］王名:《改革民间组织双重管理体制的分析和建议》，载《中国行政管理》2007年第4期。

［42］于安:《论社会行政法》，载《现代法学》2007年第5期。

［43］于安:《论我国社会行政法的构建》，载《法学杂志》2007年第3期。

[44] 黎军：《论司法对行业自治的介入》，载《中国法学》2006年第4期。

[45] 黎军：《基于法治的自治——行业自治规范的实证研究》，载《法商研究》2006年第4期。

[46] 林莉红：《民间组织合法性问题的法律学解析——以民间法律援助组织为视角》，载《中国法学》2006年第1期。

[47] 鲁篱：《论行业协会自治与国家干预的互动》，载《西南民族大学学报（人文社科版）》2006年第9期。

[48] 王名：《非营利组织的社会功能及其分类》，载《学术月刊》2006年第9期。

[49] 江平：《社会权力与和谐社会》，载《中国社会科学院研究生院学报》2005年第4期。

[50] 罗豪才、宋功德：《公域之治的转型——对公共治理与公法互动关系的一种透视》，载《中国法学》2005年第5期。

[51] 刘培峰：《社团管理的许可与放任》，载《法学研究》2004年第4期。

[52] 张新文、谢焕文：《西方发达国家行业协会的角色功能及运行机制》，载《广西民族学院学报（哲学社会科学版）》2004年第5期。

[53] 黎军：《试论行业组织管理权力的来源》，载《当代法学》2002年第7期。

[54] 鲁篱：《论社会对权力的制约——以行业协会为中心展开的研究》，载《社会科学研究》2002年第5期。

[55] 周安平：《社会自治与国家公权》，载《法学》2002年第10期。

[56] 郭道晖：《权力的多元化与社会化》，载《法学研究》2001年第1期。

[57] 王名：《中国的非政府公共部门（上）》，载《中国行政管理》

2001 年第 5 期。

[58] 俞可平：《治理和善治：一种新的政治分析框架》，载《南京社会科学》2001 年第 9 期。

[59] 高丙中：《社会团体的合法性问题》，载《中国社会科学》2000 年第 2 期。

[60] 俞可平：《当代西方社群主义及其公益政治学评析》，载《中国社会科学》1998 年第 3 期。

[61] 王沪宁：《社会主义市场经济的政治要求：新权力结构》，载《社会科学》1993 年第 2 期。

[62] 刘刚：《行业法治研究》，吉林大学 2019 年博士学位论文。

[63] 董志鹏：《中国近代社团法制体系的构建与变迁》，华中师范大学 2017 年博士学位论文。

[64] 陈佩：《社会自治中的纠纷解决机制研究》，中共中央党校 2016 年博士学位论文。

[65] 季卫华：《社团规章与合作治理》，南京师范大学 2016 年博士学位论文。

[66] 赖佩媛：《社会组织在中国国家治理中的作用研究》，中共中央党校 2016 年博士学位论文。

[67] 唐兴军：《嵌入性治理：国家与社会关系视阈下的行业协会研究——以上海有色金属行业协会为个案》，华东师范大学 2016 年博士学位论文。

[68] 黄建：《民主政治视域下中国非政府组织发展研究》，中共中央党校 2014 年博士学位论文。

[69] 胡承华：《我国城市出租车行业经济法规制研究》，安徽大学 2013 年博士学位论文。

[70] 陆晶：《我国非政府组织管理法治化问题研究》，吉林大学 2011

年博士学位论文。

[71] 石碧涛：《转型时期中国行业协会治理研究》，暨南大学2011年博士学位论文。

[72] 卫欢：《中国第三部门的法理学研究》，武汉大学2011年博士学位论文。

[73] 于铁群：《我国社会组织管理体制研究》，吉林大学2011年硕士学位论文。

[74] 郭薇：《政府监管与行业自律——论行业协会在市场治理中的功能与实现条件》，南开大学2010年博士学位论文。

[75] 陆冰然：《非正式制度，社会资本与契约选择——基于我国行业协会发展的综合分析》，南开大学2010年博士学位论文。

[76] 付小飞：《我国行业协会权力研究》，湖南大学2009年博士学位论文。

[77] 胡杨成：《非营利组织市场导向与绩效的关系研究：环境变动与组织创新的影响》，浙江大学2008年博士学位论文。

[78] 梁敏燕：《社会中介组织及其法律规制研究》，吉林大学2008年博士学位论文。

[79] 屠世超：《契约视角下的行业自治研究——基于政府与市场关系的展开》，华东政法大学2008年博士学位论文。

[80] 谢增福：《行业协会功能研究》，中南大学2008年博士学位论文。

[81] 叶明：《行业协会限制竞争行为的反垄断法规制》，西南政法大学2008年博士学位论文。

[82] 冯静：《中间团体在现代国家形成中的政治功能研究》，复旦大学2007年博士学位论文。

[83] 蔡丽新：《中国非政府组织的发展与政治文明建设》，苏州大学

2006 年博士学位论文。

［84］陈晓军：《互益性法人法律制度研究——以商会、行业协会为中心》，中国政法大学 2006 年博士学位论文。

［85］方洁：《社团处罚研究》，中国政法大学 2006 年博士学位论文。

［86］庞兰强：《论社会行政主体》，苏州大学 2006 年博士学位论文。

［87］庞正：《法治视阈下的非政府组织功能研究》，吉林大学 2006 年博士学位论文。

［88］董亚炜：《政府职能、国家权力与社会发育——当代中国行业协会的政治学研究》，复旦大学 2005 年博士学位论文。

［89］范省伟：《基于组织变迁视角的行业协会发展研究》，西北大学 2005 年博士学位论文。

［90］张凤仙：《论行业协会的法律地位》，中国政法大学 2005 年硕士学位论文。

［91］蔡磊：《非营利组织基本法律制度研究》，西南政法大学 2004 年博士学位论文。

［92］宋子慧：《中国行业协会立法研究》，中共中央党校 2004 年硕士学位论文。

［93］张喜红：《当代中国社会团体政治参与问题研究》，吉林大学 2004 年博士学位论文。

［94］沈恒超：《行业协会管理体制研究：基于国家与社会关系的分析》，清华大学 2003 年硕士学位论文。

［95］鲁篱：《行业协会经济自治权研究》，西南政法大学 2002 年博士学位论文。

二、外文类参考文献

（一）论文类

［1］Edith Archambault, *Book Review: The Economics of Voluntary Behavior: Theoretical and Empirical Analysis*, International Journal of Voluntary and Nonprofit Organizations, Vol. 11: 4, p. 389 - 390 (2000).

［2］John Wilson, *Volunteering*, Annual Review of Sociology, Vol. 26: 1, p. 215 - 240 (2000).

［3］Dennis R. Young, *Alternative Models of Government-Nonprofit Sector Relations: Theoretical and International Perspectives*, Nonprofit and Voluntary Sector Quarterly, Vol. 29: 1, p. 149 - 172 (2000).

［4］Andrew G. Walder, *Local Governments as Industrial Firms: An Organizational Analysis of China's Transitional Economy*, American Journal of Sociology, Vol. 101: 2, p. 263 - 301 (1995).

［5］Lester M. Salamon, *The Rise of the Nonprofit Sector*, Foreign Affairs, Vol. 73: 4, p. 109 - 122 (1994).

［6］F. Robert Dwyer, Paul H. Schurr & Sejo Oh, *Developing Buyer-Seller Relationships*, Journal of Marketing, Vol. 51: 2, p. 11 - 27 (1987).

［7］Lester M. Salamon, *Rethinking Public Management: Third-Party Government and the Changing Forms of Government Action*, Public Policy, Vol. 29: 3, p. 255 - 275 (1981).

［8］John W. Meyer & Brian Rowan, *Institutionalized Organizations: Formal Structure as Myth and Ceremony*, American Journal of Sociology, Vol. 83: 2, p. 340 - 363 (1977).

［9］John Dowling & Jeffrey Pfeffer, *Organizational Legitimacy: Social*

Values and Organizational Behavior, Pacific Sociological Review, Vol. 18: 1, p. 122 – 136 (1975).

（二）著作类

[1] Burton A. Weisbrod ed., *To Profit or Not to Profit: The Commercial Transformation of the Nonprofit Sector*, Cambridge University Press, 1998.

[2] Paul C. Light, *Sustaining Innovation: Creating Nonprofit and Government Organizations that Innovate Naturally*, Jossey-Bass Publisher, 1998.

[3] Jean L. Cohen & Andrew Arato, *Civil Society and Political Theory*, The MIT Press, 1994.

[4] Justin Davis Smith, Colin Rochester & Rodney Hedley eds., *The Voluntary Tradition: Philanthropy and Self-help in Britain* 1500 – 1945, Routledge Press, 1995.

[5] Benjamin Gidron, Ralph M. Kramer & Lester M. Salamon eds., *Government and the Third Sector: Emerging Relationships in Welfare States*, Jossey-Bass Publisher, 1992.

中国法学会后期资助项目文丛

BOOK SERIES FUNDED BY CHINA LAW SOCIETY

1.《行政程序法典化研究》姜明安 等著

2.《解读青年马克思的黑格尔法哲学批判》姚远 著

3.《清代“杀一家三人”律、例辨析》吴杰 著

4.《中央地方关系中的民主集中制研究》苗泳 著

5.《证券内幕交易构成要件比较研究》曹理 著

6.《欧洲婚姻财产法的未来》樊丽君 译

7.《德国刑法教义学上的客观处罚条件》王钰 著

8.《结果加重犯的基本原理与认定规则研究》邓毅丞 著

9.《刑事诉讼中法院职权调查问题研究》林铁军 著

10.《人民陪审员角色研究》刘方勇 著

11.《非典型劳动者权益保护研究》班小辉 著

12.《创新与反垄断——互联网企业滥用行为之法律规制研究》仲春 著

13.《不得援引国家豁免的商业交易诉讼研究》纪林繁 著

14.《国家侵权的国际私法问题研究》李华成 著

15.《法律的空间意象性》朱垭梁 著

16.《罗马体育法要论》赵毅 著

17.《〈大清律例〉律目研究》张田田 著

18.《陕派律学家事迹纪年考证》闫晓君 著

19.《论行政法上的意思表示——兼论行政行为构成中的意识要件》田勇军 著

20.《新农村建设中保障农民政治参与权利的制度创新研究》蔡振亚　王为东 著

21.《国家赔偿法研究述评》上官丕亮 主编

22.《个人信息与权利配置——个人信息自决权的反思和出路》刘金瑞 著

23.《从"大陆"走向"混合"的路易斯安那民法典》李宁 著

24.《防控网络恐怖活动立法研究》皮勇 著

25.《背信犯罪：当代社会的白领犯罪》刘荣 译

26.《刑事诉讼中的鉴定意见质证制度研究》王跃 著

27.《互联网规制的国际贸易法律问题研究》孙南翔 著

28.《相关市场界定研究——以技术许可协议为视角》周围 著

29.《外资并购国家安全审查制度的平衡机制研究》杨静 著

30.《司法改革背景下裁判文书说理繁简分流研究》罗灿 著

31.《当代中国法制的政治逻辑》瞿郑龙 著

32.《美国行政法规的司法审查研究》杨蕾 著

33.《非上市公司股份交易法律问题研究》黄爱学 著

34.《中国商事立法研究》张保红 著

35.《日本民事再审事由研究——以判例分析为中心》翟志文 著

36.《论民法教义体系与家庭法的对立与融合：现代家庭法的谱系生成》刘征峰 著

37.《香港与内地刑事法制冲突问题研究》马正楠 著

38.《刑事程序性法律后果研究》马永平 著

39.《抢劫罪量刑经验研究》赵学军 著

40.《生态安全义务履行与人的致灾性法律控制》王建平 著

41.《税法的分配功能研究》侯卓 著

42.《裁判结果透明化的制度审思和完善路径》胡玉明 著

43.《德国判例使用方法研究》高尚 著

44.《现代性视域下的法律数字研究》高一飞 著

45.《商周刑罚制度研究》魏晓立 著

46.《面向行政任务的听证程序构造》石肖雪 著

47.《我国物流法律私法体系之建构——以方法论为视角》张敏 著

48.《再保险法》杨帆 译

49.《金融稳定法论》袁达松 著

50.《中国民事检察监督制度的改革与完善研究》路志强 著

51.《规范论在刑法解释中的作用》李世阳 著

52.《北京市盗窃罪量刑实证研究——以2736份判决书为样本》董晓华 著

53.《德国证据禁止规则研究——法典与判例的有效融合》张袁 著

54.《中国主权观的演进与发展》杨永红 著

55.《中国涉外商事仲裁裁决撤销：机制与实证》张春良 等著

56.《国际投资背景下的跨国公司与人权保护》隽薪 著

57.《法律解释权模式研究》徐凤 著

58.《中国共产党党内法规理论逻辑研究》侯嘉斌 著

59.《行政课予义务诉讼研究》胡煜 著

60.《民法典体系化的哲学》许中缘 著

61.《当代知识产权研究与实践的生态逻辑——基于马克思主义的反思》薛华 著

62.《实现担保物权非讼程序研究》李林启 著

63.《共同过失犯罪理论争鸣与探索》王东明 著

64.《交通犯罪对策研究》杨宁 译

65.《以审判为中心诉讼制度改革视野下的刑事诉讼法律关系研究》边慧亮 著

66.《科学测谎之认知脑电的法庭证据适用原理和方法》刘洪广 著

67.《金融科技监管法律制度构建研究》张永亮 著

68.《生态利益的物权法表达》项波　孟春阳 著

69.《亚投行技术援助机制构建研究》孟于群 著

70.《海上人身伤亡赔偿法比较研究》刘焕省 著

71.《涉外监护法律适用理论与实证研究》秦红嫚 著

72.《当代海商法价值论》孙思琪 著

73.《农村合作金融的法律监管问题研究》李媛媛 著

74.《董事义务研究》林少伟 著

75.《作为共治主体的行业协会法治研究》段传龙 著